6교시
아메리카 고대 문명

책 속의 QR 코드로 용선생의 세계 문화유산 강의를 볼 수 있습니다.
QR 코드를 스캔하여 회원 가입 및 로그인 진행 후
도서 구매 시 제공된 영상 쿠폰 번호를 등록해 주세요.

영상 재생 방법
❶ QR 코드 스캔 ⋯▶ ❷ 회원 가입 / 로그인 ⋯▶ ❸ 영상 쿠폰 번호 등록 ⋯▶ ❹ 영상 재생

회원 가입/로그인 후에 영상 재생을 위해 QR 코드를 다시 스캔해 주세요.
쿠폰 번호는 최초 1회만 등록 가능하며, 변경 또는 양도할 수 없습니다.
로그인 상태라면 즉시 영상을 재생할 수 있습니다.
PC에서는 용선생 클래스(yongclass.com)에서 시청할 수 있습니다.

영상 재생 방법 안내

글 이희건
서울대학교 고고미술사학과를 졸업하고 오랫동안 책 만드는 일을 해 왔으며, 사회평론 역사연구소장을 역임했습니다.

글 차윤석
서울대학교 독어독문학과를 졸업하고 같은 학교 대학원에서 석·박사 과정을 거친 뒤 독일 뮌헨대학교에서 중세문학 박사 과정을 마쳤습니다.

글 김선빈
고려대학교 국어국문학과를 졸업하고 웹진 <거울> 등에서 소설을 썼습니다. 어린이 교육과 관련된 일을 시작하여 국어, 사회, 세계사와 관련된 다양한 교재와 콘텐츠를 개발했습니다.

글 박병익
고려대학교 사학과를 졸업했습니다. 사실의 나열이 아닌 '왜?'와 '어떻게?'라는 질문을 통해 어린이들이 역사와 친해지는 글을 쓰기 위해 오늘도 고민하고 있습니다.

글 김선혜
고려대학교 사학과를 졸업하고 여러 회사에서 콘텐츠 매니저, 기획 업무를 담당했습니다.

그림 이우일
홍익대학교에서 시각디자인을 공부한 만화가입니다. '노빈손' 시리즈의 모든 일러스트레이션을 그렸으며 지은 책으로는 《우일우화》, 《옥수수빵파랑》, 《좋은 여행》, 《고양이 카프카의 고백》 등이 있습니다.

설명삽화 박기종
단국대학교 동양화과와 홍익대학교 대학원을 나와 지금은 아이들의 신나는 책 읽기를 위해 어린이 책 일러스트 작가로 활동하고 있습니다.

지도 김경진
'매핑'이란 지도 회사에서 일하면서 어린이, 청소년 책에 지도를 그리고 있습니다. 얼마 전까지 중학교 교과서 만드는 일도 했습니다. 참여한 책으로는 《아틀라스 중국사》, 《아틀라스 일본사》, 《아틀라스 중앙유라시아사》, 《미래를 여는 한국의 역사》 등이 있습니다.

구성 정지윤
서울대학교 국어교육과를 졸업하고 문화예술, 교육 분야 기관에서 기획 업무를 담당했습니다.

자문 및 감수 김병준
서울대학교 동양사학과를 졸업하고 같은 학교 대학원에서 석·박사 학위를 받았습니다. 현재 서울대학교 역사학부 교수로 재직 중입니다. 《순간과 영원: 중국고대의 미술과 건축》, 《고사변 자서》 등을 우리말로 옮겼고, 《중국고대 지역문화와 군현지배》 등을 지었습니다. 함께 지은 책으로 《사료로 보는 아시아사》, 《역사학의 성과와 역사교육의 방향》, 《동아시아의 문화교류와 소통》 등이 있습니다.

자문 및 감수 박병규
고려대학교 서어서문학과를 졸업하고 멕시코 국립대학(UNAM)에서 문학 박사 학위를 받았습니다. 현재는 서울대 라틴아메리카 연구소 HK교수로 재직 중입니다. 《불의 기억》, 《파블로 네루다 자서전-사랑하고 노래하고 투쟁하다》, 《1492년, 타자의 은폐》 등을 우리말로 옮겼습니다.

자문 및 감수 성춘택
서울대학교 고고미술사학과와 대학원에서 고고학을 전공했으며, 워싱턴 대학교 인류학과에서 고고학으로 석사와 박사 학위를 받았습니다. 현재 경희대학교 사학과 교수로 재직 중입니다. 《석기고고학》이란 책을 쓰고, 《고고학사》, 《다윈 진화고고학》, 《인류학과 고고학》 등을 우리말로 옮겼습니다.

자문 및 감수 유성환
부산대학교 영문학과를 졸업하고 미국 브라운대학교에서 박사 학위를 받았습니다. 현재 서울대 아시아언어문명학부에서 강의를 하고 있습니다. <이히, 시스트럼 연주자-이히를 통해 본 어린이 신 패턴>과 <외국인에 대한 이집트인들의 두 시선> 등의 논문을 지었습니다.

자문 및 감수 이지은
이화여대 사학과를 졸업하고 한국외국어대학교와 인도 델리대학교, 네루대학교에서 석사·박사 학위를 받았습니다. 현재 한국외국어대학교 인도연구소 HK연구교수로 일하고 있습니다. 함께 지은 책으로는 《탈서구중심주의는 가능한가》가 있으며 <인도 식민지 시기와 국가형성기 하층카스트 엘리트의 저항 담론 형성과 역사인식>, <반서구중심주의에서 원리주의까지> 등의 논문을 지었습니다.

교과 과정 감수 박혜정
성균관대학교 역사교육과를 졸업하고 현재는 경기도 용인 신촌중학교에서 근무하고 있습니다. 『나의 첫 세계사』를 집필하였습니다.

교과 과정 감수 한유라
홍익대학교 역사교육과를 졸업하고, 현재는 경기도 광명 충현중학교에서 근무하고 있습니다. 『12.3 사태, 그날 밤의 기록』을 집필하였습니다.

교과 과정 감수 원지혜
동국대학교 역사교육과를 졸업하고, 현재는 경기도 시흥 은계중학교에서 근무하고 있습니다. 『더 늦기 전에 시작하는 생태환경사 수업』의 공저자입니다.

기획자문 세계로
1991년부터 역사 전공자들이 모여 함께 고민하고 연구하며 한국사와 세계사를 가르치고 있습니다. 《용선생의 시끌벅적 한국사》 기획에 참여했고, 지은 책으로는 역사동화 '이선비' 시리즈가 있습니다.

1 고대 문명의 탄생
4대 문명과 아메리카 고대 문명

교양으로 읽는
용선생 세계사

글 | 이희건 차윤석 김선빈 박병익 김선혜
그림 | 이우일 박기종

차례

**400만 년 동안의 긴 여행—인간은 어떻게 이토록
다재다능한 손과 영리한 머리를 갖게 되었을까** 010

1교시 문명을 향해 첫걸음을 떼다

빙하기가 끝났다!	028
농경과 목축이 시작되다	034
싸움이 시작되다	039
강력한 권력을 가진 왕이 등장하다	046
계급 사회가 되다	050
도시가 만들어지다	054
문자가 만들어지다	060
나선애의 정리노트	065
세계사 퀴즈 달인을 찾아라!	066
용선생 세계사 카페	
선사 시대의 신앙	068
어떤 동물이 가축이 되었을까?	070

교과 연계 중학교 역사① Ⅱ-1 선사 문화와 문명의 특징

2교시 메소포타미아에서 인류 최초의 문명이 꽃피다

메소포타미아 문명의 현장 이라크를 가다	076
메소포타미아가 어디야?	080
수메르인이 최초의 도시 문명을 이루다	083
수메르인은 왜 거대한 신전을 지었을까?	088
수메르인의 놀라운 발명품들	094
최초로 메소포타미아를 통일한 아카드 제국	102
함무라비왕이 바빌로니아 제국의 전성기를 열다	105
나선애의 정리노트	111
세계사 퀴즈 달인을 찾아라!	112
용선생 세계사 카페	
《길가메시 서사시》 세상에서 가장 오래된 이야기	114
메소포타미아 사람들은 어떻게 살았을까?	116

교과 연계 중학교 역사① Ⅱ-1 선사 문화와 문명의 특징

3교시 나일강의 선물 이집트 문명

나일강의 나라 이집트가 궁금해	122
나일강이 만든 풍요로운 땅	126
이집트가 통일되고 파라오가 등장하다	132
이집트 사람들은 왜 피라미드를 짓고 미라를 만들었을까?	138
피라미드는 어떻게 만들었을까?	142
수학을 공부하고 달력을 만들다	148
그림 문자를 사용하다	152
힉소스의 침략으로 위기를 맞다	156
나선애의 정리노트	167
세계사 퀴즈 달인을 찾아라!	168
용선생 세계사 카페	
《사자의 서》, 사후 세계를 무사히 통과하기 위한 안내서	170
이집트 문명이 남긴 위대한 문화유산을 찾아서	172

교과 연계 중학교 역사① Ⅱ-1 선사 문화와 문명의 특징

4교시 모래 밑에서 찾아낸 인더스 문명

인더스 문명의 요람 인도 아대륙을 가다	180
인도가 어디야?	186
모래 밑에서 찾아낸 첨단 도시들	191
전쟁보다 교역으로 번영을 누리다	195
인더스 문명의 도시들은 왜 몰락했을까?	201
아리아인이 베다 문명을 꽃피우다	204
인도의 어두운 그림자 카스트 제도가 뿌리내리다	210
나선애의 정리노트	217
세계사 퀴즈 달인을 찾아라!	218
용선생 세계사 카페	
고대 인더스 문명의 아이들은 어떤 놀이를 하고 놀았을까?	220
인더스 문명의 상징 인장에 새겨진 신기한 동물들	222

교과 연계 중학교 역사① Ⅱ-1 선사 문화와 문명의 특징

5교시 세 강 유역에서 시작된 동아시아 문명

동아시아 문명의 보금자리 중국은 지금……	228
세 강 유역에서 신석기 문명이 꽃피다	234
황허강 중하류에 먼저 나라가 들어선 까닭은?	239
하나라는 전설일까, 역사일까?	242
갑골로 점을 치고 갑골 문자를 남긴 상나라	248
청동기 문화가 크게 발전하고 왕권이 강화되다	252
천명을 받들어 주나라를 세우다	259
주나라를 떠받친 봉건 제도와 정전제	264
나선애의 정리노트	269
세계사 퀴즈 달인을 찾아라!	270
용선생 세계사 카페	
강태공, 곧은 낚싯바늘로 중국을 낚아 올리다	272
3,000년 만에 드러난 싼싱두이 청동기 문명	274

교과 연계 중학교 역사① Ⅱ-1 선사 문화와 문명의 특징

6교시 아메리카 대륙에 피어난 고대 문명들

아스테카 제국의 땅에 세워진 현대의 나라 멕시코를 가다	280
아메리카로 건너간 매머드 사냥꾼들	284
온갖 악조건을 이겨 내고 농사를 짓기 시작하다	288
올메카 문명 - 해안 지역에서 꽃핀 메소아메리카의 원조 문명	293
사포테카 문명 - 고원 지대로 옮겨 간 문명의 중심	298
차빈 문명 - 안데스의 원조 문명	303
차빈 문명을 이은 나스카 문명과 모체 문명	308
나선애의 정리노트	315
세계사 퀴즈 달인을 찾아라!	316
용선생 세계사 카페	
태평양 연안에서 기상 이변을 불러오는 엘니뇨 현상	318
아메리카 고대 문명 최대의 수수께끼 나스카 지상화	320

교과 연계 중학교 역사① Ⅳ-3 서아시아와 유럽 사회의 변화

한눈에 보는 세계사-한국사 연표	324
찾아보기	326
참고문헌	329
사진 제공	335
퀴즈 정답	338

초대하는 글

용선생 역사반, 세계로 출발!

여러분, 안녕! 용선생 역사반에 온 걸 환영해!

용선생 역사반의 명성은 익히 들어 잘 알고 있겠지? 신나고 즐거운 데다 깊이까지 있다고 소문이 쫙 났더라고. 역사반에서 공부한 하다와 선애, 수재, 영심이도 중학교 잘 다니고 있다는 소식을 들었지.

그런데 어느 날 중학생이 된 하다와 선애, 수재, 영심이가 다짜고짜 찾아와서 막 따지는 거야.

"선생님! 왜 역사반에서는 한국사만 가르쳐 주신 거예요?"

"중학교 가자마자 세계사를 배우는데, 이름도 지명도 너무 낯설고 어려워요!"

"역사반 덕분에 초등학교 때는 천재 소리 들었는데, 중학교 가서 완전 바보 되는 거 아니에요?"

한참을 그러더니 마지막에는 세계사도 가르쳐 달라고 조르더라고.

"너희들은 중학생이어서 역사반에 들어올 수 없어~"

그랬더니 선애가 벌써 교장 선생님한테 허락을 받았다는 거야. 아닌 게 아니라 다음날 교장 선생님께서 나를 불러 이러시더군.

"용선생님, 방과 후 시간에 역사반 아이들을 위한 세계사 수업을 해 보면 어떨까요?"

결국 역사반 아이들은 다시 하나로 뭉쳤어.

원래 역사반에서 세계사까지 가르칠 계획은 전혀 없었지만… 피할 수 없다면 즐겨라. 역사반 아이들이 이토록 원하는데 용선생이 어떻게 가만히 있을 수 있겠어? 그래서 중·고등학교 세계사 교과서들은 물론이고, 서점에 나와 있는 세계사 책들, 심지어 미국과 독일을 비롯한 세계사 교과서까지 몽땅 긁어모은 뒤 철저히 조사했어. 뭘 어떻게 가르칠지 결정하기 위해서였지. 그런 뒤 몇 가지 원칙을 정했어.

첫째, 지도를 최대한 활용하자! 서점에 나와 있는 책들은 대부분 지도가 부족하더군. 역사란 건 공간에 시간이 쌓인 거야. 그러니 그 공간을 알아야 역사가 이해되지 않겠어? 그래서 지도를 최대한 많이 넣어서 너희들의 지리 감각을 올려주기로 했단다.

둘째, 사람들이 살아가는 모습을 꼼꼼히 들여다보자! 세계사 공부를 할 때 중요 사건이 왜 일어났는지도 중요하지만, 그때 사람들이 어떤 모습으로 살았는지도 중요해. 그 모습을 보면, 그들이 왜 그렇게 살았는지, 우리와는 무엇이 같고 다른지 알 수 있게 될 거야.

셋째, 사진과 그림을 최대한 많이 보여주자! 사진 한 장이 백 마디 말보다 사건이나 시대 분위기를 훨씬 더 효과적으로 전달할 때가 많아. 특히 세계사를 처음 배울 때는 이런 시각 자료가 큰 도움이 되지. 사진이나 그림은 당시 분위기를 파악하는 데도 아주 좋은 자료란다.

==넷째, 다른 역사책에서 잘 다루지 않는 지역의 역사도 다루자!== 인류 문명은 어떤 특정한 집단이나 나라가 만든 게 아니라, 지구상에 살았던 모든 집단과 나라가 빚어낸 합작품이야. 아프리카, 아메리카 원주민, 유목민도 유럽과 아시아 못지않게 인류 문명의 발전에 기여했다는 말이지. 세계 각지에서 일어난 문명과 역사를 알면 세계사가 더 쉽게 느껴질 거야.

==다섯째, 과거와 현재를 연결하자.== 수업 시작하기 전에 그 시간에 배울 사건들이 일어났던 나라나 도시의 현재 모습을 보게 될 거야. 그 장소가 과거뿐 아니라 지금도 사람들의 삶의 현장이라는 것을 보여 주기 위해서지. 예를 들어 메소포타미아 하면 사람들은 메소포타미아 문명이 일어난 곳으로만 알지, 지금 그곳에 이라크라는 나라가 있다는 사실은 모르는 경우가 많아. 지금 이라크 사람들의 모습과 옛날 메소포타미아 문명 사람들의 모습을 비교해 보는 것도 좋은 역사 공부 방법이란다.

이런 원칙으로 재미있게 세계사 공부를 하려는데, 작은 문제가 하나 있어. 세계사는 한국사와 달리, 직접 현장을 방문하기가 쉽지 않다는 점이지. 하지만 용선생이 누구냐. 역사 공부를 위해서라면 물불 가리지 않는 용선생이 이번에는 너희들이 볼 수 있는 영상도 만들었어. ==책 속의 QR코드를 찍으면 세계 곳곳의 문화유산과 흥미로운 사건을 볼 수 있을 거야.==

자, 얘들아. 그럼 이제 슬슬 세계사 여행을 시작해 볼까?

등장인물

'용쓴다 용써' 용선생

어쩌다 맡게 된 역사반에, 한국사에 이어 세계사까지 가르치게 됐다. 맡은바 용선생의 명예를 욕되게 할 수는 없지. 제멋대로 자란 머리카락을 휘날리며 오늘도 용쓴다.

'장하다 장해' 장하다

'튼튼하게만 자라 다오.'라는 아버지의 소원대로 튼튼하게만 자랐다. 세계적인 축구 스타가 꿈! 세계를 다니려면 세계사 지식도 필수라는 생각에 세계사반에 지원했다. 영웅 이야기를 좋아해서 역사 인물들에게 관심이 많다.

'오늘도 나선다' 나선애

역사 마스터를 꿈꾸는 우등생. 공부도 잘하고 아는 게 많아서 잘 나선다. 글로벌 인재가 되려면 기초 교양이 튼튼해야 한다는 생각으로 용선생을 찾아가 세계사반을 만들게 한다. 어려운 역사 용어들을 똑소리 나게 정리해 준다.

'잘난 척 대장' 왕수재

시도 때도 없이 잘난 척을 해서 얄밉지만 천재적인 기억력 하나만큼은 인정. 또 하나 천재적인 데가 있으니 바로 깐족거림이다. 세계를 무대로 한 사업가를 꿈꾸다 보니 지리에 관심이 많다.

'엉뚱 낭만' 허영심

엉뚱 발랄한 매력을 가진 역사반의 분위기 메이커. 남다른 공감 능력이 있어서 사람들이 고통을 겪을 때면 눈물을 참지 못한다. 예술과 문화에 관심이 많고, 그 방면에서는 뛰어난 상식을 자랑한다.

'깍두기 소년' 곽두기

애교가 넘치는 역사반 막내. 훈장 할아버지 덕분에 뛰어난 한자 실력을 갖추고 있으며, 어휘력만큼은 형과 누나들을 뛰어넘을 정도. 그래서 새로운 단어가 등장할 때마다 한자 풀이를 해 주는 것이 곽두기의 몫.

400만 년 동안의 긴 여행

인간은 어떻게 이토록 다재다능한 손과 영리한 머리를 갖게 되었을까

우리 인류의 먼 조상이 지구상에 처음 나타난 것은 지금으로부터 대략 400만 년 전이었어. 물론 지금 우리 모습과는 많이 달랐지. 키는 1미터 남짓에, 뇌 크기도 지금의 3분의 1밖에 안 됐어. 날카로운 이빨도, 큰 덩치와 강력한 힘도, 날쌘 다리도 없었어. 언어나 불을 이용한다든지 도구를 만든다든지 하는 특별한 재주도 아직은 없었지. 인류의 먼 조상은 치열한 생존 경쟁이 펼쳐지는 동물의 세계에서 그야말로 가장 힘없는 존재였던 거야. 하지만 놀라운 반전이 일어났어. 400만 년에 걸친 긴 진화의 결과 이 미약한 존재가 만물의 영장으로 우뚝 선 거야. 그리고 마침내 놀라운 문명을 만들기에 이르렀지.

도대체 무엇이 이러한 반전을 가능하게 했을까? 그건 바로 다재다능한 손과 영리한 두뇌였어. 지금부터 인류의 진화 과정에서 일어난 중요한 사건들을 되짚어 보며 어떻게 인류가 그러한 손과 두뇌를 갖

나선애의 세계사 사전
만물의 영장 세상 모든 것들의 우두머리라는 뜻으로, 사람을 가리켜.

곽두기의 국어사전
진화 나아갈 진(進) 될 화(化). 어떤 생명체나 사물이 시간의 흐름에 따라 점점 변해 가는 현상을 말해.

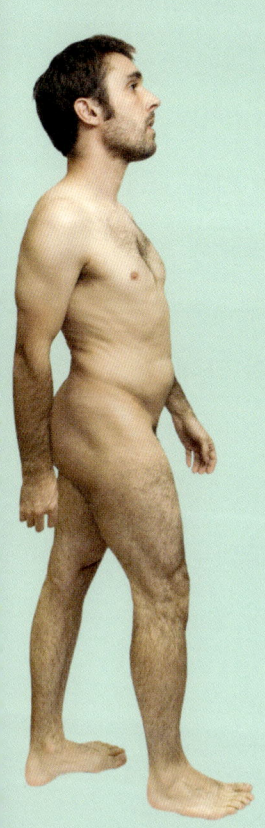

게 되었는지, 또 그것들이 어떻게 인류를 만물의 영장으로 우뚝 세웠는지 알아보기로 하자.

인류의 고향은 아프리카

인류가 처음 출현하고 진화한 곳은 아프리카였어. 그중에서도 남아프리카와 동아프리카의 초원이 인류의 요람이었을 것으로 생각하지.

실제로 인류가 처음 출현한 400만 년 전부터 200만 년 전까지 초기 고인류 화석들은 모두 아프리카에서 발견됐어. 인류는 무려 200만 년 동안이나 오직 아프리카에서만 살았던 거야. 그렇다면 왜 인류는 아프리카 초원에서 출현했던 걸까?

우리 인간과 침팬지는 공통의 조상으로부터 갈라져 나왔어. 그 공통 조상은 아프리카의 적도 부근 숲속에서 살던 유인원이었지. 약 600만 년 전부터 지구의 기온이 뚝 떨어져 아프리카의 숲이 줄어들고 초원 지대가 늘기 시작한 거야. 인류는 어쩔 수 없이 숲을 떠나 초원에서 살게 되었어. 그리고 새로운 환경에 살아가기에 알맞도록 진화했지. 인류가 아프리카의 초원에서 처음 출현한 건 이런 이유 때문이란다.

곽두기의 국어 사전
요람 흔들 요(搖) 대바구니 람(籃). 아기를 흔들어서 재울 때 쓰는 대바구니. 어떤 사물의 근원지나 발생지를 가리키는 말로 쓰여.

곽두기의 국어 사전
유인원 침팬지, 고릴라, 오랑우탄처럼 인간과 비슷하게 생긴 포유류를 말해.

➡ **고인류 화석이 발견된 아프리카**
투르카나호에서는 호모 에렉투스, 탕가니카호에서는 호모 하빌리스, 라에톨리에서는 발자국 화석, 타웅에서는 오스트랄로피테쿠스 아프리카누스 화석이 발견되었어.

400만 년 동안의 긴 여행 **011**

오스트랄로피테쿠스가 두 발로 걷기 시작하다

허영심의 상식 사전

직립 보행 두 발로 서서 걷는다는 뜻이야. 침팬지도 이따금 두 발로 걷지만 항상 두 발로 걷는 유인원은 인간뿐이야.

나선애의 세계사 사전

오스트랄로피테쿠스 남쪽 원숭이라는 뜻이래. 아프리카의 제일 남쪽인 남아프리카 공화국에서 처음 발견되었기 때문에 이런 이름이 붙었어.

 흔히 직립 보행은 인류 진화의 첫걸음이라고 해. 왜냐하면 직립 보행 덕분에 손이 자유로워졌고, 그 손으로 자신의 약점을 보완해 줄 도구를 만들면서 진화의 수레바퀴가 돌아가기 시작했기 때문이지. 그렇다면 누가, 언제 처음 직립 보행을 했을까? 탄자니아의 라에톨리에서는 약 360만 년 전의 발자국 화석이 발견되었어. 촉촉하게 비가 내린 화산재 위에 어른 둘과 아이 하나가 어디론가 걸어가면서 생긴 발자국이 그대로 굳어서 화석으로 남겨진 거야. 발자국의 주인공은 오스트랄로피테쿠스 아파렌시스라는 종으로 지금까지 발견된 인류의 가장 오래된 조상 중 하나지.

↑ 라에톨리의 발자국 화석

← 오스트랄로피테쿠스 아파렌시스

호모 하빌리스가 도구를 만들다

신체적으로 무력하기 짝이 없는 인류의 조상이 힘세고 빠르고 사나운 동물들이 판치는 동물의 세계에서 어떻게 살아남을 수 있었을까? 그것은 도구를 이용해 자신의 약점을 보완할 줄 알았기 때문이야. 또 인간이 영리한 두뇌를 갖게 된 것도 도구와 밀접한 관련이 있어. 원하는 도구를 만들려면 머릿속에서 미리 계획을 세워야 하는데, 그 과정이 뇌의 성장을 자극했기 때문이지.

인류는 돌을 이용해 찍개라는 도구를 만들었어. 찍개는 말 그대로 뭔가를 찍는 데 사용하는 도구인데, 돌의 한쪽 면을 다른 돌로 세게 내려쳐서 깨뜨리는 간단한 방법으로 만들었지. 돌이 깨지면서 생긴 날카로운 모서리를 뭔가를 자르거나 부수고 쪼개는 데 사용했단다. 한동안은 260만 년 전쯤에 출현한 ==호모 하빌리스==가 인류 최초로 제대로 된 도구를 만든 것으로 알려져 있었어. 그러나 최근엔 그보다 오래된 330만 년 전의 오스트랄로피테쿠스 역시 도구를 사용했다는 증거가 발견되고 있단다.

나선애의 세계사 사전

호모 하빌리스 '손 쓴 사람'이라고도 해. 호모는 '인간'을 뜻하고, 하빌리스는 '손재주 좋은'이라는 뜻이야.

◀ **찍개**
아프리카의 올두바이 협곡에서 발견된 190만 년 전의 찍개. 호모 하빌리스가 만든 도구야.

▶ **호모 하빌리스**

호모 에렉투스가 아프리카를 벗어나 유라시아 곳곳으로 퍼져 나가다

나선애의 세계사 사전

호모 에렉투스 곧선사람이라고도 해. 에렉투스는 '똑바로 선'이라는 뜻이야.

고인류 옛 인류. 진화 과정에서 나타났다가 지금은 화석으로만 남은 인류의 조상들을 말해.

호모 에렉투스는 180만 년 전쯤 아프리카에서 처음 출현한 뒤 7만 년 전까지 살았던 고인류야. 지구상에서 오랫동안 살았던 고인류 중 하나지.

호모 에렉투스는 여러 가지 면에서 현대인과 매우 비슷했어. 머리도 아주 영리해서 주먹도끼와 같이 정교한 석기를 만들었지. 또 불을 처음 사용한 것도 호모 에렉투스였어.

또 호모 에렉투스는 우리 인류의 조상들 가운데 처음으로 아프리카를 벗어나 유럽과 아시아 전역으로 퍼져 나갔던 사람들이야. 앞에서 말한 여러 특징들 덕분에 다양한 환경에 적응할 수 있었기 때문이지.

▲ 아프리카를 벗어나 유라시아 곳곳으로 퍼져 나간 호모 에렉투스

◀ 호모 에렉투스

호모 에렉투스는 주로 동굴이나 야외의 막집에 거주하면서 사냥과 채집으로 먹고 살았대. 이들이 살았던 흔적은 중국, 인도, 인도네시아 등 아시아 쪽에서 발견되기도 했어. 멋진 주먹도끼가 발견된 우리나라의 전곡리 유적도 대표적이야.

호모 사피엔스가 출현하다

호모 에렉투스는 아직은 우리와 생김새가 많이 달랐어. 온몸이 털북숭이인 데다 이마는 뒤로 비스듬히 누웠고, 뇌도 우리보다 훨씬 작았거든.

그렇다면 우리와 똑같은 인간은 언제 어디서 처음 출현했을까? 바로 20만 년 전 아프리카였어. 뇌 크기나 키, 얼굴 생김, 신체 비율, 몸에 털이 줄어든 것까지 신체적으로는 우리와 똑같았지. 아마 깔끔하게 단장하고 고급 레스토랑에 앉아 있으면 여느 손님과 전혀 구분이 되지 않을 거야. 이들을 '호모 사피엔스'라고 불러. 영리한 사람이라는 뜻이지.

호모 사피엔스 역시 동굴을 거처로 삼아 비와 바람을 피하고 불을 피워 추위를 막았어. 또 무리를 지어 큰 동물을 사냥하고 식물의 뿌리와 열매를 채집했지. 도구를 만드는 기술도 크게 좋아져서 큰 몸돌에서 돌을 얇고 길게 떼어 내는 기술을 개발했어.

↑ 연천 전곡리 유적에서 출토된 주먹도끼
예술품이라고 해도 손색없을 만큼 정교하게 만들었어.

 나선애의 세계사 사전

호모 사피엔스 지혜로운 또는 영리한 사람이라는 뜻이야.

몸돌 얇게 돌을 떼어 내는 몸체인 돌을 말해.

← 호모 사피엔스

↑ 호모 사피엔스 사냥꾼 무리(상상화)   ↑ 몸돌에서 얇게 돌을 떼어 내 도구를 만드는 모습

이렇게 떼어 낸 얇고 긴 돌날을 날카롭게 다듬은 뒤 창으로 이용하면 큰 짐승도 먼 거리에서 안전하게 사냥할 수 있었지. 또 호모 사피엔스는 언어도 완벽하게 사용했기 때문에 사냥을 할 때 서로 훨씬 긴밀하게 협력할 수 있었어. 게다가 불까지 쓸 줄 알아서 호모 사피엔스는 지금까지 출현했던 어떤 고인류보다 뛰어난 사냥꾼이 되었지.

호모 사피엔스가 전 세계를 삶의 터전으로 삼다

호모 사피엔스는 5만 년 전쯤, 아프리카를 벗어나 유라시아 곳곳으로 퍼져 나가기 시작했어. 이때 유라시아에는 호모 에렉투스와 네안데르탈인이라는 고인류가 이미 자리 잡고 있었지. 그래서 한동안 호모 사피엔스는 호모 에렉투스, 네안데르탈인과 함께 살았어.

4만 5천 년 전쯤 장례를 지내고, 신앙 행위를 하는 등 우리와 행동 방식이 똑같은 사람들이 나타났어. 라스코 동굴 벽화를 그린 크로마뇽인도 이들 중 하나였어.

2만 9천 년 전쯤이 되자, 지구상에는 다른 고인류들이 자취를 감추고 호모 사피엔스만 남게 되었어. 정확한 이유는 아직 밝혀지지 않았지만, 400만 년에 걸친 기나긴 진화의 여정 끝에 호모 사피엔스만 남게 된 거야.

그리고 1만 5천 년 전, 호모 사피엔스 한 무리가 사냥감을 쫓아 아시아와 북아메리카 사이의 좁은 땅을 건넜어. 오늘날 이곳은 바다지만 당시에는 빙하기여서 땅이 드러나 있었지. 이들 중 일부는 남아메리카로도 내려갔어. 마침내 지구상의 모든 대륙에 사람이 살게 된 거야.

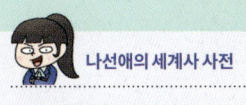

나선애의 세계사 사전

크로마뇽인 프랑스의 크로마뇽에서 발견된 유럽의 호모 사피엔스.

← **라스코 동굴 벽화**
프랑스에 남아 있는 크로마뇽인의 동굴 벽화야. 소, 말, 사슴 등 온갖 사냥감 동물들이 그려져 있는 것으로 보아 사냥에서 성공을 기원하기 위해 그린 그림일 것으로 여기지.

구석기인의 3D 영화관, 라스코 동굴 벽화

인류의 이동 경로

- 유럽
- 아시아
- 아프리카
- 오세아니아
- 인도양

- 4만년전~3만 5천 년 전
- 4만 5천 년 전
- 3만 5천 년 전
- 2만~3만 년 전
- 3만 년 전
- 4만 년 전
- 5만 년 전
- 4만 년 전
- 10만 년 전
- 10만 년 전
- 10만 년 전
- 5만 년 전

□ 빙하기에 빙하에 덮여 있던 지역
■ 빙하기에 육지였던 지역

네안데르탈인은 어디로 갔을까?

네안데르탈인은 30만~40만 년 전에서 3만 년 전까지 서아시아와 유럽에 살았던 고인류야. 이 지역에 흔한 석회암 동굴에서 잘 보존된 두개골과 뼈가 많이 발견되었지.

네안데르탈인은 덩치가 호모 사피엔스보다 크고 몸통도 굵었어. 뇌도 더 컸지. 심지어 죽은 사람을 묻으면서 시신 주위에 꽃을 바치기까지 했어. 힘으로나 머리로나 호모 사피엔스와 막상막하였던 거야.

호모 사피엔스가 나타나기 전까지 네안데르탈인은 유럽과 서아시아의 일대에 널리 퍼져 있었어. 그런데 호모 사피엔스가 출현한 지 얼마 되지 않아 급격히 수가 줄어들기 시작했고, 2만 9천 년 전쯤에는 지구상에서 완전히 사라지고 말았어. 도대체 그 이유가 뭘까?

예전에 학자들은 네안데르탈인이 호모 사피엔스와의 경쟁에서 패해 멸종했을 것으로 생각했어. 하지만 최근에는 네안데르탈인이 호모 사피엔스와 혼인을 통해 서로 뒤섞여 버렸을지도 모른다

↑ 네안데르탈인 화석 분포

← 네안데르탈인

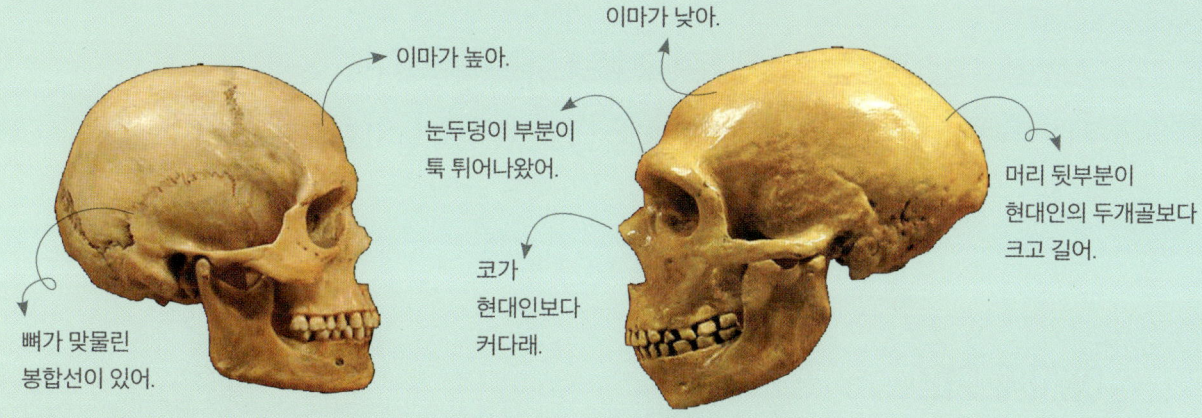

↑ 현대인(왼쪽)과 네안데르탈인(오른쪽)의 두개골

는 의견도 있단다. 이런 의견이 나온 것은 우리 유전자 속에 네안데르탈인으로부터 물려받은 유전자들이 일부 섞여 있다는 사실이 밝혀졌기 때문이야.

↑ 네안데르탈인의 장례 모습 상상도

이라크 북부의 동굴에서 네안데르탈인의 시신이 발견되었어. 학자들은 시신 주위에 잔뜩 흩어져 있던 꽃씨를 보고 깜짝 놀랐지. 장례를 치르면서 시신에 꽃을 바쳤던 흔적이었거든. 네안데르탈인이 장례를 치렀다는 것도 놀랍지만, 시신에 꽃을 바칠 만큼 감성이 풍부했다는 사실이 밝혀진 거야.

네안데르탈인은 어디로 갔을까? 정말 멸종했을까, 아니면 우리 몸속에 살아 있는 걸까? 이 질문은 여전히 구석기 시대 최대의 수수께끼로 남아 있어.

마지막 도전

그러나 최종 승자가 된 호모 사피엔스에게 새로운 도전이 기다리고 있었어. 지구의 기후가 급변한 거야. 사실 인류가 살아온 지난 400만 년 동안은 빙하기가 꽤 길었어. 아프리카에서 유라시아로 이주한 호모 사피엔스들은 춥고 쌀쌀한 들판을 누비며 매머드를 비롯한 큰 동물들을 사냥해 먹고살았지. 그런데 1만 2천 년 전부터 갑자기 날씨가 따뜻해지면서 큰 동물들이 급격히 줄어들고, 빙하가 녹으며 둑을 넘은 강물이 들판을 뒤덮기 시작한 거야. 어떤 집단은 순록 같은 동물을 사냥하며 살았고, 어떤 집단은 바닷가에서 물고기나 조개를 잡으며 살았지. 또 들에서 곡식을 재배하면서 사는 등 바뀐 환경에 적응해 나갔어. 그 결과 신석기 시대가 시작되고 지금과 같은 문명도 탄생하게 되었단다.

➜ 강가에 정착해 농사를 짓는 인류
400만 년 동안 사냥과 채집으로 살아가던 인류는 기후 변화로 그동안 살아왔던 방식을 포기하고 최초로 농사를 지어 식량을 얻기 시작했어.

400만 년 동안의 긴 여행 023

1교시

문명을 향해
첫걸음을 떼다

지금 우리는 동굴이 아니라 고층 아파트에서 살고,
주먹도끼가 아니라 컴퓨터를 사용하고 있어.
먹을 것을 찾아 산과 들을 헤매고 다녔던 우리 인류가
어떻게 여기까지 오게 된 걸까?
지금부터 우리는 그 놀라운 순간순간들을 되짚어 볼 거야.

자, 출발!

기원전 10000년 무렵	기원전 9000년 무렵	기원전 3500년 무렵	기원전 3000년 무렵
빙하기의 끝 농경과 목축 시작	예리코 건설	청동기 시대 시작	최초의 문자 탄생

빙하기가 끝났다!

칠판에 적힌 제목을 보며 장하다가 눈을 껌벅거렸다.
"빙하기? 빙하는 뭐고, 빙하기는 또 뭐지?"
"빙하는 얼음 빙(氷), 강 하(河), 즉 얼음 강이라는 뜻이야. 알프스나 히말라야 같은 높은 산맥이나 극지방에서는 거대한 얼음덩어리가 마치 강물처럼 계곡을 가득 메우고 있지. 여기서 얼음 강, 즉 빙하라는 말이 나왔어. 빙하기는 지구의 기온이 뚝 떨어지면서 거대한 얼음덩어리들이 육지의 많은 부분을 뒤덮고 있던 시기를 말해. 우리 인류는 지난 수백만 년 동안 빙하기에 적응하며 살아왔단다."
"헉, 그럼 지금도 빙하기란 말이에요?"
"허허, 그건 아니야. 다행히 1만 년 전쯤 마지막 빙하기가 끝났거

왕수재의 지리 사전

극지방 지구의 북극이나 남극과 가까운 지방. 기온이 낮아서 일 년 내내 얼음으로 덮여 있는 곳이 많아.

든. 빙하기와 빙하기 사이에 있는 따뜻한 시기를 간빙기라고 하는데, 지금은 간빙기란다."

"그럼, 빙하기가 또 온다는 말씀이에요?"

"응. 언제일지는 몰라도 틀림없이 또 빙하기가 올 거야. 지구에서는 늘 긴 빙하기와 짧은 간빙기가 반복되어 왔거든. 그런데 빙하기가 끝나고 간빙기가 되면서 우리 조상들의 삶에는 큰 변화가 찾아왔단다. 바로 구석기 시대가 끝나고 신석기 시대가 시작된 거야."

"빙하기가 끝나면서 신석기 시대가 시작되었다고요?"

"그렇단다. 얘들아, 신석기 시대 하면 뭐가 제일 먼저 생각나니?"

용선생의 질문에 아이들이 앞다퉈 대답했다.

"전 신석기 시대 하면 암사동 유적이 생각나요. 신석기 시대 사람들은 그렇게 강가에 움막을 짓고 물고기와 조개를 잡아먹으며 살았잖아요."

↓ 알프스산맥의 빙하
스위스에 있는 융프라우산의 모습. 수만 년 전에 생겨난 빙하가 남아 있어.

↑ **이라크 남부 티그리스강과 유프라테스강 사이의 습지** 강 하구의 습지는 야생 동물과 인간에게 풍부한 먹거리를 제공해 주었어.

"전 빗살무늬 토기가 생각나요. 우리나라 신석기 시대의 대표 선수니까요."

"신석기 시대 하면 당연히 석기가 생각나죠. 뗀석기 말고 간석기 말이에요."

아이들의 대답에 용선생이 미소를 지었다.

"오호, 다들 아주 잘 알고 있구나. 너희들 말대로 신석기 시대에는 간석기와 토기가 제작되고, 정착 생활이 이루어지고, 농경이 처음으로 시작되었어. 빙하기가 끝나고 자연환경이 급변한 가운데 거기에 적응하는 과정에서 이런 변화가 일어난 거지."

"선생님 말씀이 약간 이상해요. 날씨가 따뜻해지면 그냥 살기가 좋아질 텐데 새삼 무슨 노력이나 적응이 필요해요?"

"흠, 알래스카에 사는 에스키모가 따뜻한 아프리카에 가면 살기가 좋아졌다고 느낄까? 아마도 에스키모는 추운 알래스카에 적응해 살아왔기 때문에 아프리카에 가면 하루도 버티기가 쉽지 않을 거야."

"그 정도로 환경이 달라졌단 말씀이에요?"

"호호, 사실 그 정도는 아니고, 1년 평균 기온이 10도쯤 올라가는 정도였어. 하지만 이 정도만 해도 인간의 생활과 동식물의 생태가 바뀌기에는 충분했지. 예컨대 빙하기에 시베리아 같은 곳에는 덩치가 큰 동물이 많았어. 큰 동물은 두툼한 지방과 따뜻한 털 덕분에 추위에 강하기 때문이지. 시베리아에 사는 인류는 이렇게 큰 동물을 사냥해서 먹고살았어. 자연히 큰 동물을 사냥하기 위한 무기와 사냥 방법이 발달했지. 그런데 빙하기가 끝나자 큰 동물은 급격히 줄어들고 강가의 풀숲을 보금자리로 삼는 작은 동물이 늘어났어. 그럼 이제 어떻게 해야겠니?"

▼ **신석기 시대의 각종 도구들**
물고기를 잡던 그물바늘, 사냥에 쓴 화살촉과 작살들이야.

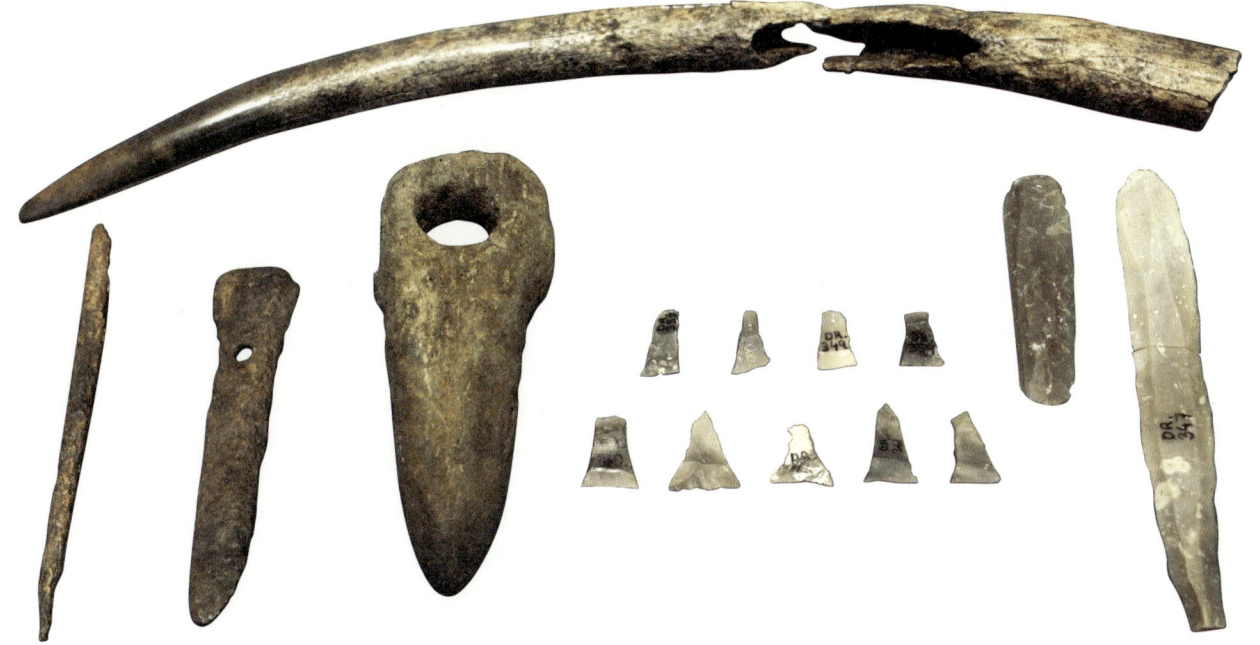

문명을 향해 첫걸음을 떼다 **031**

↑ 활을 들고 사냥에 나선 파푸아뉴기니 원주민 파푸아뉴기니 원주민은 아직도 활과 창을 이용해 식량을 마련해.

"뭐, 작은 동물이라도 사냥해야지 어쩌겠어요."

"하지만 한 가지 문제가 있었어. 큰 동물을 사냥할 때 쓰던 무기나 사냥법으로는 날쌔게 달아나 버리는 작은 동물을 사냥하기가 어려웠던 거야. 그래서 우리 조상들은 돌을 떼어 내거나 갈아서 작은 동물을 사냥하는 데 필요한 날카로운 무기를 만들어 냈단다."

"어휴, 신석기 시대가 저절로 온 게 아니군요."

"물론이지. 또 신석기 시대에 접어든 뒤에 우리 조상들은 강가나 해안에 정착하기 시작했어. 먹을 것을 구하기 쉬웠기 때문이지. 우리 조상은 강가나 바다에서 작살과 그물, 그리고 낚싯바늘을 만들어 물고기를 잡고, 조개를 채취하고, 날카로운 화살로 작은 동물을 사냥했어. 또 강가 풀숲에서 자라는 야생 곡물을 채취했지. 큰 토기를 비롯

한 생활에 필요한 도구도 만들었어. 큰 토기에는 식량을 저장해 먹을 것이 부족한 겨울철에 대비했지. 이렇게 해서 우리 조상들은 완전히 한곳에 정착해서 살아갈 수 있게 된 거야."

나선애가 조심스럽게 손을 들었다.

"선생님, 그런데 농사는 언제 시작되나요? 신석기 시대 때 농사를 짓기 시작했다고 배웠는데."

↑ 조개무지
우리나라 오이도에서 발견된 신석기 시대 조개무지야. 조개껍데기가 층층이 쌓여 있는 것으로 보아 이때 조개가 중요한 식량원이었음을 알 수 있지.

 **용선생의 핵심 정리**

빙하기가 끝나고 우리 조상들은 먹을 것이 풍부한 강가에 정착해 도구를 제작하고 농사를 짓기 시작하는데, 이것을 신석기 시대라고 함.

↓ 세계 여러 곳의 신석기 시대 토기들
정착 생활이 시작되면서 우리 조상들은 각종 살림 도구를 만들어 썼어. 씨앗을 보관하거나 음식을 담을 토기도 이때 만들어졌지.

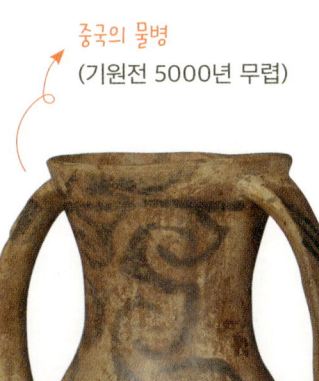

중국의 물병
(기원전 5000년 무렵)

우리나라 암사동의 빗살무늬 토기
(기원전 4000년~기원전 1000년)

튀르키예의 토기
(기원전 2000년~기원전 1500년)

문명을 향해 첫걸음을 떼다 **033**

농경과 목축이 시작되다

"딩동댕~! 신석기 시대에서 절대 빼놓을 수 없는 것이 바로 농경이야. 농경이 얼마나 중요한지는 신석기 시대를 신석기 혁명이라고 부르는 것만 봐도 알 수 있지."

"아무리 그래도 농사가 혁명이라니, 과장이 좀 심한 거 아니에요?"

"허허, 그건 농경이 우리 인류의 삶을 얼마나 크게 바꾸어 놓았는지 몰라서 하는 소리야. 아마 설명을 듣고 나면 생각이 달라질걸."

아이들은 시큰둥한 표정으로 대꾸했다.

"좋아요, 어디 한번 들어나 보죠."

"좋았어. 지금부터 농경이 뭔지, 왜 하필 신석기 시대에 농경이 시작되었는지, 농경이 우리 인류의 삶에 어떤 영향을 끼쳤는지 하나하나 알아보기로 하자. 자, 첫 번째 질문이야. 농경이 뭘까?"

"농사를 짓는 것, 그러니까 씨앗을 뿌리고 열매를 거두어들이는 게 농경이지요."

왕수재가 자신 있게 또박또박 대답했지만 용선생은 애매한 표정을 지었다.

"흠, 틀린 건 아니지만 그걸로는 약간 부족해. 씨앗을 뿌리고 열매를 거두어들이는 수준의 농사라면 구석기 시대에도 이미 이뤄졌단다. 먹다 남은 씨앗을 뿌려 놓고 다른 곳으로 이동했다가 열매가 익을 무렵 돌아와서 거두어들이는 것쯤은 충분히 할 줄 알았거든. 신석기 시대 농경에는 그보다 훨씬 더 많은 발전이 있었어."

"어떤 발전이죠?"

장하다의 질문에 용선생은 손가락 하나를 폈다.

"첫 번째는 품종 개량이야. 우리 조상들은 여러 작물 중에 알갱이가 굵거나 맛이 좋은 것들을 골라서 농사를 지었어. 이렇게 계속하면 점점 더 씨알이 굵고 맛 좋은 품종만이 남게 되거든. 신석기 시대 사람들은 의도하지 않았지만, 결과적으로는 품종을 개량해 나간 거야."

"우아, 진짜 신기하다! 좋은 씨앗을 골라 심기만 해도 품종 개량이 된다니."

용선생은 씩 웃으며 이번에는 손가락 두 개를 쫙 폈다.

"두 번째는 관개 공사야. 식물이 잘 자라기 위해서는 물이 적당히 공급되어야 해. 그런데 처음에는 오로지 빗물에만 의지해서 농사를 짓다 보니 걸핏하면 홍수가 나서 작물이 물에 잠기거나, 가뭄이 들어서 작물이 말라 죽곤 했지. 그래서 신석기 시대 후기로 접어들며 우리 조상들은 강에 둑을 쌓아 홍수를 방지하고, 물길을 만들어 강에서 멀리 떨어진 곳까지 강물을 끌어오고, 가뭄에 대비해 저수지를 만들기 시작했어. 이런 일을 통틀어서 관개 공사라고 한단다. 관개 공사 덕분에 농경지가 크게 늘어났고, 식량 생산도 크게 늘어났지."

용선생의 세계사 돋보기

처음에는 소박하게 논밭 하나에 물길을 내는 수준이었지만, 점차 규모가 커져 수천, 수만 명을 동원해 드넓은 평원에 그물처럼 촘촘하게 수로망을 건설했어. 이런 초대형 관개 공사를 지휘하고 수로망을 관리하는 과정에서 왕과 같은 강력한 권력자가 등장했다는 주장도 있지.

용선생은 이번에는 손가락 세 개를 폈다.

"세 번째는 정성이야. 씨앗을 흙으로 잘 덮어 주고, 거름을 주고, 잡초를 뽑아 주고, 제때 물

➔ **야생 밀과 재배 밀**
오늘날 우리가 먹는 곡식들은 모두 오랜 세월 품종 개량을 거친 것들이야. 이렇게 개량된 품종들은 야생종보다 훨씬 더 맛있고 굵은 알곡이 열려서 수확이 쉽지.

용선생의 세계사 돋보기

이렇게 정성을 다해 농사를 짓는 것을 집약 농업이라고 한단다. 정착 생활로 집약 농업이 가능해지자, 식량 대부분을 농산물로 해결할 수 있게 되었지.

꼬를 열어 물을 대 주고, 새들을 쫓아 주면서 온갖 정성을 다해 작물을 돌보는 거야. 이렇게 하면 같은 땅에서 최대한 많은 식량을 수확할 수 있지. 하지만 엄청난 시간과 노력이 필요한 일이기 때문에 정착 생활을 하기 전에는 시도조차 할 수가 없었어."

"농경을 시작했다는 게 생각보다 복잡한 뜻이었네요."

"자, 이렇게 품종을 개량하고, 관개 공사를 통해 농경지를 넓히고, 집약 농업을 시작하자 식량 생산이 비약적으로 늘어났단다. 어느새 사람들은 식량 대부분을 농경으로 얻게 되었지. 한마디로 농경 사회가 시작된 거야."

용선생의 설명을 듣던 하다가 시무룩한 표정으로 물었다.

"온종일 농사만 지으면 사냥은 언제 가요? 사람은 고기도 적당히 먹어 줘야 하는데……."

"너무 걱정 마. 우리 조상들은 이 무렵부터 가축도 기르기 시작했거든. 처음에는 생포한 야생 짐승을 우리에 가둬 뒀다가 잡아먹는 수준이었지만, 점차 이런 짐승을 길들여 가축으로 만들었단다."

"엥? 야생 짐승을 가축으로 만들다니, 그게 무슨 뜻이죠?"

"늑대와 개의 차이를 생각해 보면 가장 쉬워. 늑대는 사나운 야생의 본성을 가지고 있어서 집에서 기르기가 위험해. 하지만 늑대와 같은 종인 개는 사람을 잘 따르잖니."

"어, 그러네. 어떻게 그렇게 만들었죠?"

"식물을 품종 개량 하는 거랑 똑같아. 가축으로 기르기에 좋은 특성을 지닌 녀석을 골라 새끼를 낳게 하는 거지. 힘세고 온순하고 젖이 많은 소, 털이 많고 고기가 맛있고 젖이 많은 양, 아무거나 먹어도

곽두기의 국어 사전

가축 집 가(家) 짐승 축(畜). 집에서 기를 수 있도록 길들인 짐승이야.

↑ **물길 공사를 하는 농부들** 아프리카 수단의 농부들이 물길 공사를 하고 있어. 이처럼 물길을 만들면 작물이 잘 자랄 수 없는 메마른 땅에서도 농사를 지을 수 있지.

쑥쑥 잘 자라는 돼지 등등. 가축은 개량을 거치며 차츰 인간에게 유용한 동물이 되었어. 사람들은 이제 사냥을 나가는 대신 가축을 길러 고기와 젖, 털, 가죽을 얻었지. 이렇게 가축을 기르는 일을 목축이라고 해. 신석기 시대 사람들은 사냥과 채집 대신 주로 농경과 목축으로 식량을 구했단다."

"어쨌든 고기를 먹을 수 있었다니 다행이네요, 헤헷."

"가축을 길러서 얻을 수 있는 이점은 그보다 훨씬 많았어. 예를 들어, 소와 말을 농사에 이용하면 훨씬 더 빠르게 넓은 땅을 갈 수 있었지. 또 말을 타면 걷는 것보다 거의 스무 배 가까이 빠른 속도로 여행할 수 있었고, 낙타를 타면 물 한 방울 없는 사막을 건널 수 있었어. 이처럼 가축은 여러모로 우리 조상들의 삶에 엄청난 도움을 주었단다."

"정착 생활, 농경, 목축. 히야, 신석기 시대 들어 뭔가 엄청난 변화

곽두기의 국어 사전

목축 기를 목(牧) 짐승 축(畜). 소나 양, 돼지 같은 가축을 기르는 것을 목축이라고 해.

↑ **타실리 유적 벽화** 아프리카 사하라 사막 한복판에 있는 신석기 시대 유적이야. 기원전 1만 년 무렵부터 기원후 100년 무렵까지 사람이 살면서 1만 5천 점의 다양한 벽화를 남겼지. 위 벽화에는 소를 키우는 모습이 생생하게 묘사되어 있어. 지금 이곳은 풀 한 포기 자라지 않는 사막이지만 당시에는 야생 동물이 번성하고 목축이 가능한 초원이었음을 알 수 있어.

가 일어나고 있군요."

"그래. 하지만 지금까지 말한 것은 시작에 지나지 않았어."

"어머, 또 어떤 변화가 일어나는데요?"

"뭐, 워낙 여러 가지가 있지만 딱 하나만 꼽자면 인구 증가지!"

"흠, 아무래도 살기가 좋아지니까 인구가 늘어났나 보다, 그렇죠?"

"그래. 하지만 그게 꼭 좋은 일만은 아니었단다."

"아니, 왜요?"

용선생은 모니터에 지도 하나를 띄웠다.

"자, 먼저 이걸 한번 보렴."

용선생의 핵심 정리

신석기 시대에는 구석기 시대의 수렵과 채집 생활 대신 농경과 목축에 의존해 살아감.

싸움이 시작되다

"지도에 있는 차탈휘위크와 예리코는 대표적인 신석기 시대 농경 마을 유적이야. 아직 물길 내는 법도 몰랐기 때문에 두 마을 모두 빗물이나 샘을 이용할 수 있는 곳에 자리 잡았지. 차탈휘위크는 기원전 7500년부터, 남쪽의 예리코는 그보다도 훨씬 전인 기원전 9000년 무렵부터 사람이 정착해 농사를 짓고 살았대. 그런데 예리코를 보면 신석기 시대에 인구가 얼마나 빠르게 늘어났는지 알 수 있어. 예리코는 기원전 10000년 무렵만 해도 구석기 시대 사냥꾼들이 잠시 머무는 야영지 같은 곳이었대. 그러다 1,000년 뒤쯤 한 무리의 사람들이 이곳에 정착해 농사를 짓기 시작했어. 그리고 그때부터 1,000년 뒤인

곽두기의 국어 사전

야영지 들 야(野) 진영 영(營) 땅 지(地). 야외에서 쉬거나 잠을 잘 수 있는 임시 시설이야. 구석기 시대 사람들은 여러 날 멀리 사냥을 나갈 때 이런 야영지에서 머물곤 했어.

↑ **예리코의 신석기 농경 마을** 예리코는 들판이 내려다보이는 야트막한 언덕 위에 자리 잡고 있어. '술탄의 샘'이라 불리는 오아시스 덕분에 일찍부터 사람이 정착했지.

기원전 8000년 무렵에는 인구 2,000명이 넘는 큰 마을이 되었지."

"그래 봤자 1,000년 동안 2,000명 정도 늘어난 거잖아요."

"요즘 시각으로 보면 별일 아닐 수 있지. 하지만 구석기 시대에는 300만 년 동안 이런 일은 없었어. 지구상에 사는 인간의 수는 조금씩 늘긴 했어도 1,000년 만에 수십 배나 뻥튀기 수준으로 늘어나진 않았단다."

"그렇다면 그렇게 빨리 인구가 늘어난 이유는 뭐죠?"

"정착 생활과 농경 덕분이라고 할 수 있지. 구석기 시대에 인류는 아기를 많이 낳아 기를 수가 없었어. 아기를 안고 이동하기도 힘들뿐더러 곳곳에 맹수를 비롯해 아기의 생명을 위협하는 것들이 득실거렸지. 먹을 것도 넉넉하진 않아서 영양이라도 부족하면 엄마가 아기들에게 충분한 젖을 주지 못했어. 하지만 정착 생활이 시작되자 아기를 많이 낳아 안전하게 기를 수 있게 되었지. 또 농경이 성공적으로 이루어지며 먹을 것도 넉넉해졌어. 신석기 시대에 인구가 빠르게 증가한 것은 그 때문이란다."

용선생의 말에 아이들이 고개를 끄덕였다.

"처음 예리코나 차탈휘위크 같은 마을에 정착한 사람은 기껏해야 몇십 명 정도밖에 안 되는 작은 집단이었어. 사실상 가까운 친척이라 할 수 있는 몇몇 가족이 모여 살았지. 이들은 함께 농사를 짓고, 수확한 식량은 공동 창고에 보관해 두고 나누어 먹었어. 아직은 먹고살기 빠듯한 정도여서 남는 식량은 거의 없었지. 간혹 사람들 사이에 다툼이 생기면 마을의 어른이 나서서 조정했고, 모두 군말 없이 따랐어."

"히야, 정말 소박하고 평화로운 마을이었네요."

"하지만 그로부터 1,000년이 지나 인구 2,000명이 넘는 큰 마을이 되자 자연히 많은 것이 달라졌단다. 인구가 늘어난 만큼 다툴 일은 많아진 반면에 서로 친척이라는 생각은 예전보다 훨씬 약해졌지. 마을 사람들은 이제 한 집안이 아니라 여러 집안으로 나눠졌고, 그러다

나선애의 세계사 사전

씨족 공통 조상에서 갈라져 나온 후손들의 집단이야. 옛날에는 씨족 단위로 마을을 이루어 살면서 땅과 식량을 공동 소유하는 경우가 많았어. 그래서 공동 재산인 땅과 식량을 지키기 위해 똘똘 뭉쳐 외부의 적과 싸웠지.

보니 한 사람이 마을을 이끌어 가기는 힘들었어. 그래서 각 집안의 어른들이 대표로 참석하는 회의를 열어서 중요한 일을 결정했지."

"각 집안의 대표들이 회의를 통해 결정을 내리다니…… 나름 괜찮은 제도 같은데요?"

"그렇단다. 씨족을 이끄는 씨족장도 원로 회의에서 결정한 일을 실행에 옮기는 수준이었지."

"그런데 무슨 문제가 생긴다는 거죠?"

하다의 질문에 용선생이 모니터에 사진 한 장을 띄웠다.

"바로 이거야."

"그게 뭔데요?"

"응, 이건 예리코 사람들이 쌓았던 성벽의 일부야. 예리코의 성벽은 모두 합쳐 1만 톤이 넘는 돌이 들어갔을 정도로 높고 튼튼했지. 얘들아, 예리코 사람들이 왜 이런 성벽을 쌓았을까?"

"그야 당연히 남이 쳐들어오지 못하도록……"

말을 하던 선애가 갑자기 표정을 굳혔다.

"혹시, 서로 싸움이?"

나선애의 물음에 용선생이 빙긋이 웃었다.

"사실 아직까지 예리코 사람들이 무슨 이유로 이렇게 두꺼운 성벽을 쌓았는지 명확히 밝혀지지는 않았어. 다만 갑작스러운 홍수에 대비하기 위해서, 혹은 선애 말처럼 적의 기습에 대비하기 위해서 성벽을 쌓은 것이 아닌가 짐작할 뿐이란다."

◀ 예리코의 성벽
예리코의 성벽은 5미터 높이에 2미터 두께로 매우 튼튼하게 쌓여 있어.

"아하, 그렇군요. 근데 왜 갑자기 무슨 싸움이에요?"

"계속 인구가 늘어나서 점점 더 많은 식량이 필요해지자, 마을에선 더 많은 땅과 물을 구해야 했던 거야. 이런 사정은 이웃 마을도 마찬가지였어. 또 아직은 빗물에 의지해 농사를 짓다 보니 가뭄이나 홍수로 농사를 망칠 때도 많았는데, 그럴 때는 꼼짝없이 굶어 죽을 처지였지. 하지만 가만히 앉아 굶어 죽을 수는 없잖아. 그래서 옆 마을로 쳐들어가 식량을 빼앗아 오기도 했겠지. 또 아직 사냥과 채집으로 살아가는 씨족도 많았는데, 이들 역시 마을 창고에 쌓인 식량에 군침을 흘렸어. 이렇게 해서 마을과 마을 사이에, 수렵민과 농경민 사이에 식량과 땅, 물을 차지하기 위해 치열한 싸움이 벌어지기 시작한 거란다. 마을 사람들은 이따금 서로 다투기도 했지만 외부에 대해서만큼은 똘똘 뭉쳐서 싸웠지."

문명을 향해 첫걸음을 떼다

차탈휘위크 복원도

신석기 시대 사람들이 살던 아파트? 차탈휘위크

차탈휘위크는 지금의 튀르키예 남부에 있는 신석기 시대 농경 마을 유적이야. 기원전 7500년에서 기원전 5700년까지 약 2,000년 동안 사람들이 여기에서 살았지. 인도양에서 불어온 계절풍이 높은 산맥에 부딪혀 비를 뿌려 주기 때문에 차탈휘위크 사람들은 관개 기술이 없을 때도 빗물을 이용해 농사를 지을 수 있었단다.

차탈휘위크 유적은 마을과 가옥의 모습이 그대로 잘 보존된 데다가 당시의 생활상을 보여 주는 놀라운 유물이 쏟아져 나왔어. 덕분에 우리는 당시 사람들이 어떻게 살았는지 거의 정확하게 알 수 있게 되었지. 자, 신석기 시대 마을로 여행을 떠나 볼까?

- 동물 가죽이나 고기를 햇볕에 말리고 있어.
- 지붕은 사람들이 오가는 길이자 아이들의 놀이터, 음식을 말리는데 쓰이는 다목적 마당이었어.
- 문이 없는 대신 지붕에 출입구를 내고 사다리를 이용해 드나들었어.
- 사람들이 사는 건물 사이에 마구간이 있다는 것이 특이해.

대부분의 집에는 사당이 있는데, 소머리상을 걸어 두거나 벽화를 그려 두었어. 소 숭배는 이후에도 이 지역의 대표적인 신앙이야.

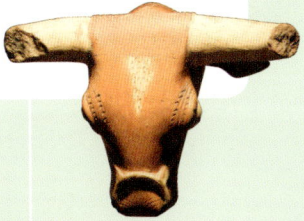

집에 빗물이 들어오는 것을 막기 위해 설치했어.

▲ **사슴과 사냥꾼** 차탈휘위크 벽화에 그려진 사슴 사냥 모습이야. 사람들이 농사뿐 아니라 주변에서 사냥을 하며 살아갔음을 알 수 있어.

벽은 진흙 벽돌을 쌓은 뒤 진흙을 발라 마무리했어. 또, 지붕은 나무를 걸치고 그 위에 갈대를 엮어 덮은 뒤 진흙을 발랐어.

나무 그릇과 토기를 만들어 쓰고, 큰 옹기에 곡물을 저장했어.

음식을 조리하는 데 쓰인 진흙 화덕이야.

죽은 사람은 집 안에 구덩이를 파서 묻었어.

➡ **차탈휘위크에서 발굴된 키벨레**
풍만한 여신이 사자 머리 모양 조각으로 장식된 의자에 앉아 출산하려는 모습이야. 키벨레는 아나톨리아에서 신석기 시대부터 섬기던 대지의 여신으로 풍요를 상징한단다.

용선생의 설명에 허영심이 한숨을 내쉬었다.

"농경 덕분에 살기가 좋아진 줄 알았더니, 쩝."

"싸움이 잦아지자 원로 회의를 중심으로 돌아가던 씨족 내부에도 변화가 생긴단다."

> **용선생의 핵심 정리**
>
> 신석기 시대에는 인구가 빠르게 늘어나고 예리코와 차탈휘위크를 비롯한 큰 농경 마을이 등장. 각 집안 어른들(원로)이 회의를 열어 중요한 일을 결정하고, 식량을 둘러싸고 마을 사이에 싸움이 벌어짐.

용선생의 세계사 돋보기

잉여는 '쓰고 남은'이라는 뜻이야. 마을 사람들이 1년 동안 먹고사는 데 쌀 100가마가 필요한데 그해 120가마가 생산되었다면 20가마는 잉여 식량이 되는 거야. 잉여 식량은 먹고사는 걸 해결하고 다른 활동을 할 수 있는 자원이므로 아주 중요한 의미가 있단다.

강력한 권력을 가진 왕이 등장하다

"싸움 때문에 씨족 내부에 변화가 일어난다고요?"

"그렇단다. 싸움이 잦아지면 어떤 사람이 씨족의 지도자가 될까?"

"그야 당연히 싸움 잘하는 사람이겠죠."

"그래. 그래서 나이 많은 원로 대신 싸움 잘하는 군사 지도자가 씨족의 지도자로 떠오르게 된단다. 군사 지도자는 창고에 쌓인 잉여 식량을 이용해 더 많은 무기를 마련하고 군사의 수를 늘렸어. 그리고 이웃 씨족으로 쳐들어가 식량과 보물을 약탈하고, 사람들을 붙잡아 와 일을 시키기도 했지. 그리고 그렇게 쌓은 부

를 이용해 더 많은 무기를 장만하고 군사를 늘려 계속 주변 씨족을 정복해 나갔어."

"전쟁이 벌어지는 거네요."

"응. 씨족장은 항복한 씨족에게는 공물을 바치게 하고, 반항하는 씨족에게는 무자비한 보복을 가했지. 결과적으로 씨족장은 이전과 비교할 수 없이 넓은 땅과 많은 사람을 다스리게 되었어. 모든 사람은 씨족장 앞에서 무릎을 꿇고, 그의 말에 복종했단다. 씨족장은 누구도 넘볼 수 없는 강력한 권력을 손에 쥐게 된 거야. 얘들아, 이 사람을 뭐라고 불러야 할까?"

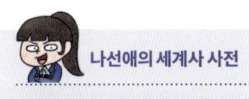

나선애의 세계사 사전

공물 중앙 관청이나 궁중에서 쓰려고 지방에 할당해 바치게 하는 특산물이야.

"왕요, 왕! 왕 말고 뭐가 있겠어요?"

하다의 시원스러운 대답에 용선생이 엄지를 세웠다.

"딩동댕~! 그래 왕이야. 왕은 자신이 신의 전령이니 신의 아들이니 하면서 자신을 신과 연결시켰어. 괴물을 물리치고 세상을 구하는 이야기, 알에서 태어나거나 하늘에서 내려온 이야기 등 오늘날 우리가 알고 있는 영웅 신화나 건국 신화가 만들어진 것도 이 무렵이었단다. 아마도 이런 이야기는 사람들이 왕을 특별한 존재로 여기도록 하기 위해서 꾸며 냈거나, 왕의 힘을 두려워한 사람들이 지어냈을 거야."

"사람이 신의 아들이라니, 그런 엉터리 이야기를 누가 믿기나 한대요?"

"이유가 있지. 옛날 사람들은 자연 현상을 신의 뜻으로 여겼기 때문에 신에

문명을 향해 첫걸음을 떼다 **047**

용선생의 세계사 돋보기

하지만 권위가 높은 만큼 왕이 져야 하는 책임도 무거웠어. 전쟁에서 목숨을 걸고 싸워야 하는 건 기본이고, 가뭄이나 지진 같은 천재지변이 나면 왕이 책임을 지고 자리에서 물러나거나 심지어 목숨을 바쳐야 하는 경우도 있었지.

곽두기의 국어 사전

신전 귀신 신(神) 전각 전(殿). 신을 모시거나 제사 지내는 건물.

대한 믿음이나 두려움이 지금 우리가 생각하는 것보다 훨씬 강했단다. 왕은 이렇게 무서운 신과 자신이 특별한 관계를 맺고 있다는 것을 보여 주며 권위를 높였어. 신에게 지내는 제사도 그중 하나였지. 예를 들면 이런 거야. 왕이 온갖 제물을 차려 놓고 높디높은 신전 위에 올라가 신에게 제사를 지내. 왕이 잘 알아듣지도 못할 주문을 막 외우자 갑자기 해가 가려지면서 밤처럼 캄캄해지는 거야. 일식이 일어난 거지. 또 신에게 제사를 지내고 며칠 후면 홍수가 일어나는 경우도 있었어."

"어떻게 그럴 수가 있죠, 왕이 무슨 마술사도 아니고?"

"왕이 마술사는 아니지만 마술사처럼 사람들을 홀린 거지."

"사람들을 어떻게 홀렸어요?"

"하하, 일반 백성들은 모르는, 하늘에서 일어나는 일을 왕은 훤히 알고 있었거든."

➔ **전쟁에 나서는 바빌론의 왕**
왕은 군사 지도자로서 군사를 이끌고 이웃 나라를 정복하기도 했어.

"에이, 설마요."

"진짜라니까. 우리 조상들은 별자리 위치로 계절의 변화를 알아내고, 그 정보를 농사에 활용하고자 밤하늘을 관찰하고 관찰한 내용을 기록했어. 그 결과 많은 천체 현상이 규칙적으로 일어난다는 것을 알게 되었고, 또 그 일이 언제 다시 일어날지도 예상할 수 있게 되었지. 왕은 바로 이러한 지식을 이용해 제사 날짜를 정했던 거야. 보통 사람들은 그런 내용을 전혀 몰랐기 때문에 왕을 신과 연결된 특별한 존재로 믿었던 거지."

"그러니까 왕이 사람들을 속인 거군요."

▲ 제사를 지내는 왕
아스테카 제국의 중심 도시 테노츠티틀란 광장에 있는 사원에서 왕이 제사를 지내고 있어. 제사장으로서 신께 제사를 지내는 일도 왕의 일이었지.

"음, 그렇다고 나쁘게 볼 일만은 아니란다. 교통이나 통신 시설은 물론 나라를 다스리는 데 필요한 제도도 제대로 갖춰져 있지 않았던 옛날에는 왕을 특별한 존재로 믿게 해야 사람들의 복종을 이끌어 낼 수 있었거든. 그런 점에서 온갖 제물을 차려 놓고 제사를 지내는 건 얼핏 보기에는 낭비 같지만 실은 현명한 통치 방법이었던 거야."

"그럼, 피라미드처럼 거대한 무덤을 지은 것도 그런 목적이 있었던 건가요?"

"물론이지. 거대한 신전이나 무덤을 지으려면 많은 사람을 동원해야 하고, 또 공사를 하는 동안 동원한 사람을 먹여 살려야 해. 그러니까 거대한 건축물은 바로 그 집단이나 왕이 큰 힘을 가지고 있다는 걸 증명하는 것이었지. 거대한 건축물을 짓는 건 얼핏 보면 낭비 같지만 실은 힘들이지 않고 경쟁자들을 굴복시키고 함부로 덤비지 못하게 만드는 효과적인 수단이었던 거야."

"제사, 무덤, 신전, 다 좋아요. 하지만 아무리 그래도 제일 중요한 건 힘이니까 계속 왕 자리를 지키려면 군사력부터 길러야 하지 않을까요?"

용선생의 핵심 정리

전쟁이 잦아지자 원로 대신 군사 지도자의 힘이 커짐. 왕과 같은 강한 권력을 갖춘 지도자는 자신의 힘을 과시하기 위해 거대한 건축물을 지었음.

계급 사회가 되다

나선애의 세계사 사전

청동기 시대 구리를 녹여 주석과 섞으면 청동이라는 단단한 금속이 만들어져. 청동기 시대에는 이 청동으로 무기와 그릇 등의 도구들을 만들어 썼어. 세계 최초로 청동기 시대가 시작된 곳은 서아시아였단다. 우리나라는 그보다 늦은 기원전 2000년 무렵에 시작돼.

"그야 물론이지. 너희들, 청동기 시대라는 말 들어 봤니?"
용선생의 물음에 수재가 얼른 대답했다.
"네! 청동으로 도구를 만들어 썼던 시대가 청동기 시대입니다."
"오호, 수재가 잘 알고 있구나. 인류는 기원전 3500년 무렵부터 청동기 시대로 접어들게 돼. 청동기 중에서도 가장 많이 사용한 것은 청동 검, 청동 도끼 같은 무기였

→ 청동 검
청동 무기는 돌이나 나무로 만든 무기보다 훨씬 날카롭고 단단한 데다 쉽게 원하는 모양으로 만들 수 있었어. 그래서 청동 무기를 지닌 부족은 그렇지 못한 부족을 쉽게 정복해 나갔지.

지. 청동 무기는 어찌나 날카롭고 단단한지 돌이나 나무로 만든 무기는 상대도 안 됐어. 전쟁이 잦아지자 여러 마을이나 도시들은 앞다퉈 청동 무기를 갖췄단다. 얼마 뒤에는 청동으로 만든 전차도 등장했어. 말이 끄는 청동 전차를 타고 적진으로 달려가면 적군은 혼비백산 흩어졌지. 근데 말이야, 청동 무기는 한 가지 큰 문제가 있었어."

"한 가지 문제요? 그게 뭔데요?"

"청동 무기는 만드는 기술도 까다롭고 재료가 나는 곳도 정해져 있어서 값이 매우 비쌌어. 그래서 왕과 왕의 군사만이 청동 무기를 갖추고 전쟁에 나가 공을 세울 수 있었지. 자연히 전리품은 왕과 전사의 차지였어. 청동이 이렇게 귀하다 보니 청동기는 제사를 지낼 때 사용하는 신성한 물건, 혹은 왕의 권위를 높여 주는 보물의 역할도 했단다."

용선생의 세계사 돋보기

전쟁에서 빼앗은 물품을 전리품이라고 해. 옛날에는 약탈, 즉 전리품을 얻을 목적으로 전쟁을 벌이는 경우가 많았어. 전리품들 가운데서도 중요한 전리품이 포로였어. 전쟁 포로는 공짜로 쓸 수 있는 노동력, 즉 노예로 삼을 수 있었거든.

▲ **아부심벨 부조** 이집트 람세스 2세가 전차를 타고 적진을 누비는 모습을 묘사한 거야.

▲ **전쟁에 지고 포로로 잡혀가는 사람들** 아시리아의 군대가 전쟁에서 패배한 포로들을 끌고 가고 있어.

"아하, 단순한 무기가 아니었던 거네요."

"왕은 공을 세운 부하들에게 전리품을 나눠 주고 나머지는 자신이 차지했어. 왕과 전사들은 포로를 노예로 부려 땅을 개간하고 농사를 지어 생산물을 독차지했단다. 씨족끼리 땅과 재산을 공동 소유하던 <u>관습</u>은 순식간에 무너져 버렸지. 이렇게 청동기 시대가 되자 신석기 시대의 평등했던 사회가 왕, 귀족, 평민, 노예로 이루어진 계급 사회로 바뀌고 만단다. 왕의 자식은 왕으로, 귀족의 자식은 귀족으로, 평민의 자식은 평민으로, 노예의 자식은 자손 대대로 노예로 살아야 했지."

"아휴, 도대체 이게 뭐야. 점점 더 나빠지기만 하잖아요."

허영심이 울상을 짓자 용선생이 난처한 표정을 지었다.

> **곽두기의 국어사전**
>
> **관습** 익숙할 관(慣) 익힐 습(習). 사회에서 오랫동안 지켜 내려와 사람들이 널리 인정하는 질서나 풍습을 가리켜.

"에구, 근데 영심아, 이게 꼭 나쁘기만 한 건 아니었단다. 당시에는 인구가 빠르게 늘어나고 있어서 농지를 넓힐 필요가 있었는데, 그러려면 대규모 관개 공사를 벌여야 했거든. 만일 강력한 권력을 가진 왕이 노예를 부릴 수 없었다면 결코 이런 거대한 공사를 벌일 수 없었을 거야."

"근데 그런 땅이 어디 있는데요?"

"큰 강 하류에는 끝이 보이지 않을 만큼 넓고 비옥한 땅이 널려 있었어. 홍수로 강물에 떠내려온 흙이 차곡차곡 쌓여서 만들어진 드넓은 들판이었지. 그중에는 한눈에 볼 수 없을 정도로 넓은 곳도 많단다."

"우아, 그렇게 큰 평야가 있단 말이에요? 농사를 지을 수만 있다면 진짜 식량 걱정은 없겠다."

"넓기만 한 것이 아니라 흙이 부드럽고 영양 물질이 풍부한 땅이었어. 하지만 걸핏하면 홍수가 나서 물에 잠기거나 강에서 너무 멀리 떨어져 물을 댈 수가 없었기 때문에 아직은 농사를 짓지 못하고 있었지. 왕은 바로 이런 땅을 농지로 만들기 위한 공사를 벌인 거야."

"어떻게요?"

"우선 홍수가 나지 않도록 둑을 쌓아야겠지? 그리고 곳곳에 가뭄을 대비해 물을 가두어 둘 저수지도 만들어 둬야 해. 게다가 멀리 떨어진 들판까지 물을 끌어올 수 있도록 물길도 만들어야 하지."

"그렇게 하면 진짜 농지로 변하게 돼요?"

"물론이지! 이런 대규모 관개 공사로 드넓은 들판이 농지로 개간되자 어마어마한 양의 식량이 생산됐어. 수만 명, 심지어 수십만 명이 모여 사는 거대한 도시가 들어설 수 있었던 것도 그 덕분이었지."

➜ **메소포타미아의 수로망 지도**
메소포타미아의 저수지와 물길, 논밭이 그려진 지도야. 여기에 새겨진 쐐기 모양의 문자들은 수로를 관리하기 위한 지시 사항이야.

"와, 수십만 명이 모여 산다고요?"

"그렇단다. 도시에서는 식량을 생산할 수 없기 때문에 큰 도시가 생기려면 그 주변에서 도시 사람들이 먹을 만큼 충분한 식량을 생산해야 하지."

 **용선생의 핵심 정리**

기원전 3500년 무렵, 청동기 시대가 시작됨. 신석기 시대는 씨족이 땅과 재산을 공동 소유하는 평등 사회였음. 그러나 청동기 시대에는 잉여 식량과 전리품의 불균등한 분배로 왕, 귀족, 평민, 노예로 이루어진 계급 사회가 됨.

도시가 만들어지다

"서울 같은 도시 말씀인가요?"

"고대의 도시는 오늘날의 도시와는 약간 달라. 너희들, 도읍이라는 말 알지? 도시의 '도'는 도읍에서 온 말이야. 도읍은 왕궁과 신전, 식량과 온갖 물품을 보관하는 창고, 관청 등 나라를 다스리는 데 꼭 필요한 시설이 모여 있는 장소였지. 사람들은 이런 시설을 보호하고자 도읍 주변을 빙 둘러 도랑을 파고 성벽을 쌓기도 했어. 그런데 도읍이 커져서 많은 사람이 살게 되면 이들에게 필요한 물건을 사고파는 시장이 생긴단다. 도시의 '시'는 시장을 가리켜. 그러니까 도시는 도읍과 시장이 합쳐진 거다, 이 말이지. 고대의 왕들은 이렇게 만들어진 도시를 근거지로 삼아 주변의 농촌을 지배했어. 그래서 이런 나라를 도시 국가라고 한단다. 자, 그럼 도시에 누가 살고 있는지도 한번 알아볼까?"

"선생님께서 말씀하신 시설에 어떤 사람들이 있는지 따져 보면 될 것 같아요. 먼저 왕궁에는 당연히 왕과 왕족이 있고, 신전에는 사제가 있겠죠? 관청에는 관리가 있을 거고, 성벽을 지키기 위한 군인도 있을 것 같아요. 당연히 이들의 가족이랑 노예도 도시에 살 것 같아요. 맞죠?"

곽두기의 국어사전

사제 맡을 사(司) 제사 제(祭). 제사를 맡아보는 사람을 가리켜.

"시장이 있다고 했으니까 상인도 있을 것 같아요."

아이들이 차근히 대답하자 용선생이 감탄사를 뱉었다.

"히야, 너희들 추리력이 정말 대단한걸. 그런데 아직 하나가 남았어. 도시에는 물건을 만드는 장인도 살았단다."

"장인이라고요? 장인은 왜 도시에 살아요?"

곽두기가 아리송한 표정을 지었.

"장인은 도시에 사는 사람들에게 필요한 청동 무기와 갑옷, 그릇과 의복 같은 물건을 만드는 전문 기술자이기 때문이야. 그리고 왕의 입

▲ **서아시아의 특산물 분포** 자원은 지역마다 고르지 않기 때문에 지역마다 각각 특산물이 있어. 그래서 인류는 먼 옛날부터 특산물을 서로 교환하는 교역을 했단다.

장에서 장인은 가까이 두고 철저히 관리해야 할 귀중한 기술자이기도 했지."

"왕이 왜 장인을 관리해요?"

"왕은 장인에게 물건을 만들게 하고 그 물건을 비싼 값에 내다 팔아 나라 살림에 보탰어. 또 장인이 만든 물건을 팔아서 자기 나라에서 나지 않는 귀중한 물건을 구해 오기도 했지. 그러니까 왕의 입장에서 장인은 나라의 소중한 자원이었던 거야."

"근데 자기 나라에서 나지 않는 물건을 구해 왔다는 건 외국이랑

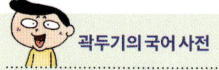

곽두기의 국어 사전

자원 재물 자(資) 근원 원(原). 어떤 목적에 이용할 수 있는 물자나 인재를 뜻하는 말이야.

무역을 했다는 말씀이신가요?"

나선애의 물음에 용선생이 고개를 끄덕였다.

"무역은 우리가 생각하는 것보다 훨씬 일찍부터 시작되었단다. 지도를 보렴. 이 지도는 서아시아 일대의 어디에서 어떤 특산물이 나는지를 표시한 거야. 무역은 사람들이 서로의 필요에 따라 각 지역의 특산물을 맞바꾸며 시작되었지. 예를 들어 메소포타미아의 왕이 청동 무기를 만들려고 한다고 치자. 청동 무기를 만들려면 구리와 주석이 필요한데, 메소포타미아에서는 둘 다 나지 않아. 그런데 듣자 하니 멀리 아나톨리아에서 구리와 주석이 많이 난대. 반면 아나톨리아에서는 메소포타미아의 특산물인 모직물이 인기야. 자, 메소포타미아 왕은 어떤 선택을 할까?"

용선생의 세계사 돋보기

모는 동물의 털을 뜻해. 모직은 동물의 털로 짠 옷감이고, 모직물은 그 옷감으로 만든 여러 가지 제품을 의미하지. 메소포타미아에서는 양털을 재료 삼아 일찍부터 모직물 산업이 발달했어. 참고로 목화솜으로 짠 옷감을 면직, 누에고치에서 실을 뽑아 짠 옷감을 견직이라고 해. 바로 이 견직이 너희들도 잘 알고 있는 비단이란다.

"간단하겠네요. 상인을 보내서 모직물을 주석과 구리로 바꿔 오게 한다. 끝!"

수재의 말에 하다가 고개를 저었다.

"더 간단한 방법이 있어. 군사를 이끌고 가서 싹 빼앗아 온다, 킥킥."

"으유~ 전쟁이라도 하라고 부추기는 거야 뭐야?"

아이들의 대답에 용선생은 고개를 끄덕였다.

"하다 말도 일리가 있어. 사실 따지고 보면 전쟁은 서로의 자원을 뺏기 위해 벌어졌거든. 하지만 어쩔 수 없을 때가 아니라면 전쟁보다는 교환이 일반적인 방법이었단다."

"나라 다스리랴, 제사 지내랴, 장인이랑 상인들 감독하랴, 전쟁하랴. 왕 노릇도 쉽지 않겠어요."

장하다가 고개를 절레절레 흔들었다.

문명을 향해 첫걸음을 떼다 **057**

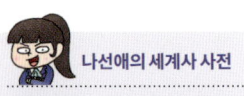

나선애의 세계사 사전

관료 제도 왕을 도와 나랏일을 맡아 하는 사람을 관료 또는 관리라고 해. 그리고 이들에게 일을 맡기고 감독하는 제도를 관료 제도라고 하지.

"그래, 도시가 커지고 다스려야 할 사람들이 늘어나자 왕이 해야 할 일도 복잡해졌어. 그래서 왕의 일을 도와줄 사람이 필요해졌지. 왕은 믿을 만한 사람들을 뽑아 나랏일을 맡겼어. 이들을 관리라고 해. 나라가 커지고 복잡해질수록 관리의 수도 늘어나고 점점 체계적인 관료 제도가 자리를 잡게 된단다."

"아까 성안에 있다고 한 그 관리들 말씀이신가요?"

"응. 왕은 세금과 공물을 거두는 일, 창고를 관리하고 물자를 나누는 일, 공사를 감독하는 일, 나라를 지키는 일 등 여러 분야의 일에 책임자를 정했어. 그리고 책임자에게 자기가 맡은 일에 대해 꼼꼼하게 보고하게 했지. 또 멀리 떨어진 곳에는 관리를 보내 왕의 명령을 전하게 했단다. 이제 왕은 왕궁에 가만히 앉아서도 온 나라에서 일어나는 일을 훤히 파악하고 그때그때 적절한 조치를 내릴 수 있게 되었어. 관료 제도 덕분에 큰 나라를 효율적으로 다스릴 수 있게 된 거야."

"그럼 이제 도시가 아니라 큰 나라가 되는 거예요?"

"그렇단다. 도시들 간에 치열한 경쟁을 벌인 끝에 점차 한 도시가 다른 도시를 굴복시키고 넓은 영토를 다스리는 큰 나라로 발전하게

되거든. 이렇게 나라가 커지자 또 하나 만들어진 것이 있지. 바로 온 나라에 똑같이 적용되는 법이야."

"법이오? 누가 법을 만드는데요?"

나선애가 고개를 갸우뚱 기울이며 물었다.

"왕의 명령이 곧 법이었지. 그런데 왕의 명령은 왕이 있는 곳에서 멀리 떨어진 도시일수록 잘 통하지 않았어. 각 지역의 세력가들이 왕을 무시하고 자기들 방식대로 도시를 다스렸거든. 그래서 왕은 명령을 바위나 비석에 새겨 사람들에게 공포하고, 관리를 보내 철저히 시행하도록 했어. 명령을 어기면 누구든 가차 없이 처벌했지. 그러자 나라 안의 모든 사람이 명령을 지키게 되었단다. 법이 만들어진 거야."

 곽두기의 국어 사전

공포 공평할 공(公) 펼 포(布). 법이나 결정된 사항을 사람들에게 널리 알리는 것을 말해.

"그러니까 나라 구석구석까지 왕의 명령이 그대로 통하도록 하면서 법이 만들어진 거군요."

나선애의 정리에 용선생이 고개를 끄덕였다.

"그렇지. 법은 힘없는 평민을 보호하는 역할도 했어. 법 덕분에 지방 세력가들이 멋대로 자기 땅을 다스릴 수 없었거든. 또 법을 어기더라도 귀족이나 관리의 처분에 맡겨지는 것이 아니라 법에 따라 처벌을 받았지."

 **용선생의 핵심 정리**

왕이 도시를 중심으로 주변을 지배하는 도시 국가가 나타나고, 도시들 간의 경쟁을 거쳐 넓은 영토를 다스리는 국가가 등장함.

문자가 만들어지다

"가만, 아까 법을 바위에 새겼다고 하셨으니 역사 시대가 드디어 시작된 건가요?"

왕수재의 말에 장하다가 눈을 동그랗게 떴다.

"엥? 역사가 시작되다니, 그럼 지금까지 이야기한 건 역사가 아니란 말이야?"

"한국사 수업 때 배웠잖아. 문자가 발명되기 전은 선사 시대, 문자가 발명된 이후는 역사 시대."

"수재 말처럼 문자가 발명되기 전을 선사 시대, 문자가 발명된 이후를 역사 시대라고 해. 역사 시대란 문자 기록이 있는 시대라는 뜻이야. 역사 시대가 되면 문자 기록 덕분에 조금 더 분명하게 당시의 모습을 파악할 수 있단다. 물론 지역마다 문자를 발명한 시기가 다르니, 역사 시대의 시작도 저마다 다르지."

"선생님, 근데 문자는 누가 처음 발명했어요?"

"확실한 건 아무도 몰라. 하지만 사제들이 맨 처음 문자를 쓰기 시작했을 것으로 추측하고 있지."

"사제가 왜요?"

♦ **이집트 신성 문자** 고대 이집트 사람들이 쓰던 상형 문자야. 신화에 따르면 상형 문자는 서기의 신인 토트가 발명하여 인류에게 준 선물이래.

"사제들은 신전에서 쓸 공물을 거두고 신전 창고를 관리할 때 나중에도 알아볼 수 있도록 그림이나 기호로 기록을 해 뒀어. 그 과정에서 문자가 발명되었다고 보는 거지. 처음에는 복잡했던 그림과 기호를 쓰기 쉽게 단순화하다 보니 문자가 되었다는 거야."

"그림이 단순해져서 문자가 되었다고요?"

두기가 눈을 동그랗게 뜨며 물었다.

"그래, 이렇게 그림이 점점 단순해져서 만들어진 글자를 상형 문자라고 해. 두기가 잘 아는 한자를 비롯해 세계의 많은 문자들이 그림

공물 이바지할 공(供) 물건 물(物). 신이나 제단에 바치는 물건이야. 왕에게 바치는 지방 특산물을 뜻하는 공물(貢物)과는 다른 단어야.

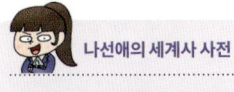

상형 문자 사물의 모양을 본떠 만든 글자야.

문명을 향해 첫걸음을 떼다 **061**

에서 시작됐단다. 또 점토판에 찍어 넣은 단순한 기호가 문자로 발전하기도 했어."

"아휴, 아무리 단순해도 그림은 그림이잖아. 나처럼 그림에 소질이 없는 사람은 아예 글도 못 배우겠군."

"사실 옛날에는 문자를 읽고 쓸 줄 아는 사람이 극히 드물었어. 그래서 문자를 다룰 줄 아는 사제와 서기들은 떵떵거리고 살 수 있었지."

"히야, 그럼 가난한 사람도 문자만 배우면 출세할 수 있겠네요?"

하다의 말에 용선생이 고개를 저었다.

"먹고살기 바쁜 가난한 사람들은 문자를 배울 엄두를 내지 못했단다. 문자가 너무 어려워서 여러 해 동안 문자 공부만 해도 다 배우지 못할 정도였거든. 그래서 보통 귀족 자녀들이 문자를 배워 사제나 서기가 되었지. 그것도 공부를 열심히 해야 했기 때문에 귀족 아버지들은 자식에게 '떵떵거리고 살고 싶다면 열심히 공부해서 꼭 서기가 되어라.' 하고 귀에 못이 박히도록 잔소리를 했대."

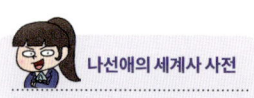

나선애의 세계사 사전

서기 일반적으로는 문서를 기록하고 관리하는 사람을 뜻하지만, 여기서 말하는 서기는 문자를 읽고 쓸 줄 아는 고대의 고위 관리를 가리켜.

용선생의 설명에 허영심이 한숨을 내쉬었다.

"휴! 옛날이나 지금이나 아이들이 불쌍한 건 똑같네요."

"그게 뭐가 불쌍해? 그래도 걔들은 귀족 집안 자식이잖아. 가난한 사람들은 공부하고 싶어도 할 수가 없었다고."

"근데 평민 중에서 읽고 쓰는 법을 배우는 사람들이 있었단다."

"네? 그건 또 무슨 말씀이세요?"

"상인 말이야. 멀리 떨어져 있는 다른 도시와 무역을 하는 상인은 문서를 사용했고, 또 말이 통하지 않는 외국인과 간단한 그림으로 의 사소통을 해야 할 때도 많았거든. 이 때문에 상인은 자기들끼리 간단히 알아볼 수 있는 기호를 만들어 썼는데, 이것 역시 문자가 되었단다."

"그럼 상인들이 쓰는 문자는 배우기가 쉬웠나 보죠?"

"그렇단다. 상인한테는 배우기 쉽고 사용하기 쉬운 문자가 최고의 문자였거든."

"엥? 그럼 사제나 서기들은 일부러 어려운 문자를 썼다는 말씀이에요?"

"조선 시대 양반들이 쉬운 한글을 두고 굳이 어려운 한자를 썼던 것과 비슷해. 만약 문자가 배우기 쉽다면 모두들 문자를 배울 테니 문자 좀 안다고 대우해 주진 않을 거 아냐. 또 사제들은 어려운 문자를 써야 좀 더 격식 있는 분위기를 낼 수 있다고 여겼어. 그래서 끝까지 어려운 문자를 고집했지."

"헤, 쓸데없는 고집이네요."

용선생은 아이들을 한 바퀴 둘러보았다.

"자, 지금까지 정착과 농경이 우리 인류의 삶에 어떤 변화를 가져왔는지 죽 살펴보았어. 어때, 재미있었니?"

"재미있긴 한데, 어찌나 휙휙 빠르게 변하는지 정신이 하나도 없어요."

"하하, 그랬니? 그렇다면 오늘 배운 걸 다시 한 번 간단히 정리해 볼까? 먼저, 지금으로부터 1만 2천 년 전쯤 빙하기가 끝났어. 이와 더불어 구석기 시대가 끝나고 신석기 시대가 시작됐지. 신석기 시대

↑ 미노스 선형 문자B
기원전 1500년 무렵 지중해 크레타섬 상인들이 쓰던 문자야.

에는 정착 생활이 시작되며 인구가 늘어났고, 전쟁도 시작됐어. 기원전 3500년 무렵이면 청동기 시대가 시작되지. 청동기 시대에는 도시가 등장하고, 사람들이 여러 계급으로 나누어졌어. 또 도시들 간에 치열한 경쟁을 펼친 끝에 넓은 영토를 다스리는 큰 나라가 등장하게 됐지. 그리고 큰 나라를 효율적으로 다스리기 위해 법과 관료 제도가 발달했단다. 마지막으로 문자 기록이 나타나면서 역사 시대로 접어들게 됐지."

"휴, 정리해 봐도 숨이 차네요."

"흐흐. 지금까지 배운 게 바로 고대 문명의 탄생 과정이란다. 고대 문명은 대략 기원전 3500년부터 기원전 2000년 사이에 세계 곳곳에서 모습을 드러내. 기원전 9000년 무렵 농경과 정착 생활이 시작된 이후 대략 5,000년에서 7,000년 만에 큰 변화가 일어난 거지."

"그러니까 이게 다 농경이 가져온 변화라는 거죠?"

"그렇단다. 그래서 고대 문명의 탄생 과정을 곧 신석기 혁명 또는 농업 혁명이라고 부르기도 해. 다음 시간부터는 인류 역사에 큰 영향을 미친 고대 문명을 하나씩 좀 더 자세히 알아보자꾸나. 그중에서도 제일 앞선 메소포타미아 문명에 대해서 공부할 거야. 자, 오늘은 여기까지. 얘들아, 이만 안녕!"

용선생의 핵심 정리

문자 발명 이전을 선사 시대, 이후를 역사 시대라 함. 신전 사제들이 신전 창고의 물품을 기록하는 과정에서 문자가 탄생했을 것으로 추정.

나선애의 **정리노트**

1. 신석기 시대의 시작
- 1만 년 전 무렵 마지막 빙하기가 끝나며 신석기 시대 시작
- 신석기 시대의 특징: 간석기 사용, 정착 생활과 농경 및 목축, 토기 제작
- 품종 개량과 관개 공사 등을 통한 본격적인 농경 시작

    * 정착 생활 + 농경 → 인구의 증가 → 땅, 물, 식량을 차지하기 위한 경쟁 시작!

2. 청동기 시대와 계급 사회
- 집단 사이의 충돌과 전쟁 → 군사 지도자들이 힘을 얻음. → 많은 사람들을 다스리는 왕 등장
- 청동기 시대 – 청동 무기 등장 → 왕과 전사들이 권력을 장악

    * 평등했던 신석기 시대 → 왕-귀족-평민-노예로 이루어진 계급 사회로 전환

3. 도시의 탄생
- 도읍+시장 = 도시 → 도시 국가 간 치열한 경쟁 끝에 큰 나라 등장
- 관리에게 나랏일을 맡기고 감독하는 관료 제도 발전
- 나라 구석구석 왕의 명령이 전달되며 법이 만들어짐.

4. 문자의 발명
- 사제들이 기록을 위해 사용한 그림이나 기호
    → 점차 단순해지며 상형 문자로 발전

세계사 퀴즈 달인을 찾아라!

1 신석기 시대의 생활 모습에 대한 설명으로 알맞은 것에 ○표, 알맞지 않은 것에 X표 해 보자.

○ 강가 주변에 정착해 살았어.　　(　　)

○ 총을 만들어 동물을 사냥했어.　(　　)

○ 식량을 저장하기 위해 토기를 만들었어.
　　　　　　　　　　　　　　　(　　)

○ 왕과 귀족, 평민, 노예로 이루어진 계급 사회였어.　　　　　　　　　　(　　)

2 신석기 시대에 대해 <u>잘못</u> 설명한 친구는?　　　　　　(　　)

 ① 정착 생활과 농경 덕분에 인구가 빠르게 늘어났지.

 ② 각 집안의 원로가 회의를 열어 중요한 일을 결정했어.

 ③ 인구가 빠르게 줄어들어서 잉여 식량과 전리품의 불균등한 분배가 이루어졌어.

 ④ 지도자는 거대한 신전을 짓고 신에게 제사를 지내기도 했어.

3 청동기 시대에 일어난 변화로 알맞지 <u>않은</u> 것은? ( )

① 씨족끼리 땅과 재산을 공동으로 소유했기 때문에 모두 평등한 사회였어.
② 청동으로 주로 만든 것은 무기나 제사를 지낼 때 사용하는 신성한 물건이었어.
③ 대규모 관개 공사로 농지를 개간하자 수만 명이 사는 도시가 들어서기 시작했지.
④ 왕은 전리품을 나눠주고, 전사들은 노예를 부려 농사를 지어 생산물을 독차지했지.

4 빈칸에 공통으로 들어갈 알맞은 말을 써 보자.

○○가 발명되기 전을 선사 시대, ○○가 발명된 이후를 역사 시대라고 해. 신전 사제들이 신전 창고의 물품을 기록하는 과정에서 ○○가 탄생했을 것으로 추정돼.

( )

5 다음 중 도시 국가의 탄생에 대한 설명으로 알맞은 것은? ( )

① 장인들은 상인들이 관리했어.
② 도시 안에는 왕과 사제들만이 살고 있었어.
③ 도시는 방어를 위해 험한 산 위에만 지어졌어.
④ 자기 나라에서 나지 않는 물건들을 구하기 위해 다른 나라와 교역했어.

6 다음 사진에 대한 설명으로 알맞은 것은? ( )

① 영어의 기원이 되었다.
② 어린아이들만 사용하던 그림 문자이다.
③ 고대 이집트 사람들이 쓰던 상형 문자이다.
④ 주로 가난한 농민들이 여가 시간에 쓰던 문자이다.

정답은 338쪽에서 확인하세요!

| 용선생 세계사 카페 |

선사 시대의 신앙

선사 시대의 인류는 삶과 죽음을 어떻게 받아들이고, 엄청난 위력을 가진 자연을 어떻게 이해했을까? 불교, 크리스트교, 이슬람교 등 오늘날 우리가 알고 있는 종교가 등장하기 오래전부터 인류는 다양한 형태의 신앙을 가지고 있었어. 이런 신앙을 원시 신앙이라고 해. 원시 신앙을 통해 우리는 옛사람들의 생각을 어렴풋하게나마 짐작할 수 있단다. 원시 신앙은 오지의 원시 부족들만이 아니라 문명 세계에서 살아가는 우리 생활 속에도 여전히 살아 있어. 별자리를 보고 점을 친다든가 무당을 불러 굿을 하는 것도 일종의 원시 신앙이거든.

▶ 애니미즘

모든 동물들과 식물들, 해, 달, 산, 강, 나무, 바위 등의 무생물, 심지어 천둥과 번개, 불 등의 자연 현상들에도 정령이 깃들어 있다고 믿고 숭배하는 원시 신앙이야. 오른쪽 사진은 재규어의 영혼을 숭배하는 남아메리카 원주민 부족이 재규어 탈을 쓰고 축제를 벌이는 장면이야.

◀ 샤머니즘

샤머니즘은 신과 인간을 잇는 특별한 존재인 무당, 즉 샤먼을 통해 신과 소통할 수 있다고 믿는 신앙이야. 샤먼은 격렬한 춤과 주문으로 인간에게 행복을 주는 착한 영혼은 불러들이고, 불행을 주는 나쁜 영혼은 쫓아내지. 우리나라의 굿을 떠올리면 금방 이해할 수 있어. 굿은 샤머니즘의 의식이고, 샤먼은 무당이라고 보면 되거든. 왼쪽 사진은 시베리아 바이칼호 주변에 사는 부리야트족 샤먼이 굿을 하는 모습이야.

🔹 토테미즘

특정 동물이나 식물과 자기 부족을 연결해 자기 부족의 기원을 설명하고, 그 동물이나 식물을 숭배하는 신앙이야. 튀르크인은 자신들을 늑대의 후손이라고 여기며 늑대를 숭배했고, 우리 한민족은 곰을 숭배하는 신앙을 가지고 있었어. 각 부족의 상징물을 그림이나 조각으로 표현한 물건을 토템이라고 해. 오른쪽 사진은 독수리를 부족의 기원으로 여기는 한 아메리카 원주민 부족이 마을 입구에 세워 놓은 독수리 형상의 토템이야.

🔹 영혼 숭배

우리 조상들은 사람이 죽으면 눈에 보이지 않는 영혼이 육신에서 빠져나와 어디선가 또 다른 생을 이어 간다고 여겼어. 우리가 돌아가신 조상님께 제사를 지내는 것도 대표적인 영혼 숭배야. 조상들의 영혼이 후손들을 잘 보살펴 주기를 바라는 마음에서 이런 제사를 지내는 거지. 왼쪽 사진은 예리코 유적에서 발견된 인물의 두상이야. 마을 사람들이 제사를 지내던 공통 조상 할머니였을 것으로 여기고 있지.

용선생 세계사 카페

어떤 동물이 가축이 되었을까?

야생에는 수천, 수만 가지 동물이 살지만 그중에서 가축이 된 것은 극소수에 지나지 않아. 왜 그럴까? 바로 야생 동물이 가축이 되려면 여러 가지 까다로운 조건을 통과해야 했거든. 그 조건은 병에 잘 걸리지 않을 것, 성격이 온순해서 사람을 잘 따를 것, 추위와 더위에 강할 것, 무엇보다 고기, 젖, 가죽 등 인간에게 유용한 자원을 제공해 줄 것 등이었어. 과연 어떤 동물이 이 많은 조건들을 통과해 가축이 되었을까?

먼저, 되새김질 동물이야. 소, 염소, 양, 말, 낙타와 아메리카의 대표 가축인 야마, 알파카 등이 되새김질 동물이지. 인류가 되새김질 동물을 가축으로 선택한 데는 몇 가지 이유가 있어. 우선, 되새김질 동물은 먹을 것이 없는 한겨울에 마른 풀만 먹고서도 살아갈 수 있어. 사실 되새김질 동물이 끊임없이 되새김질을 하는 것은 마른 풀을 소화해 영양분을 뽑아내기 위한 거란다. 그래서 겨울이면 언제나 추위와 식량 부족에 시달렸던 인류는 가축에게서 고기와 털, 젖을 얻어 생활할 수 있었지. 그리고 되새김질 동물은 대부분 성격이 순하고 무리 생활을 해. 혼자 생활하는 동물은 대규모로 기를 수가 없지만 무리 생활을 하는 동물은 수백 마리도 쉽게 기를 수가 있지.

↑ 로도스에서 발견된 야생 염소가 그려진 도자기

↑ 파키스탄 키르타르 국립 공원에 살고 있는 야생 염소

그 다음은 돼지야. 돼지는 무엇이든 잘 먹고 성장이 빨라 식량으로 안성맞춤이지. 다만 말을 알아듣도록 길들일 수 없고 무리 생활도 하지 않아 대량으로 기를 수는 없는 게 단점이었어. 하지만 인류는 돼지를 우리에 가두어 놓고 먹다 남은 음식물 찌꺼기 같은 먹이를 주고 키워 고기를 얻었단다.

또 한 가지 빼놓을 수 없는 것이 바로 개야. 개는 가장 먼저 길들여졌지만, 다른 가축과 달리 개에게서는 고기, 털, 가죽, 젖 등 어느 것도 얻을 수 없었어. 개의 역할은 따로 있었지. 첫 번째는 인간을 지켜 주는 보초 역할이야. 개는 조상인 늑대와 마찬가지로 경계심이 뛰어나고 큰 소리로 짖어 동료들에게 위험을 알리는 습성이 있어. 인류는 개를 길들여 맹수를 비롯한 외부의 위험을 경계하게 했지. 두 번째로 개는 가축을 한곳으로 모는 습성도 가지고 있어. 여럿이 협동해 사냥감을 한곳으로 몬 뒤 사냥하는 늑대의 습성을 물려받은 거지. 인류는 개의 습성을 활용하여 가축 떼를 몰거나 사냥을 했단다. 아마 개가 없었다면 인류가 수백, 수천 마리의 가축을 한꺼번에 기르기는 어려웠을 거야. 덕분에 개는 몇만 년 가까이 우리 인간을 지켜 주고 도와주는 동반자로 함께 살아왔단다.

↑ 양치기 개로 이용되는 보더콜리

↑ 베른하르트 플록호르스트의 〈착한 양치기 예수〉
예수님은 이렇게 양치기로 묘사되는 경우가 많아. 당시 이스라엘 사람들의 삶에서 양이 그만큼 중요했음을 알 수 있어.

← 논을 가는 소
농부가 소를 이용해 논을 갈고 있어.

2교시

메소포타미아에서 인류 최초의 문명이 꽃피다

메소포타미아는 1년 강수량이
200밀리미터도 안 되는 건조한 곳이야.
도대체 누가, 어떻게, 이 메마른 땅에
인류 최초의 문명을 꽃피운 것일까?
그리고 메소포타미아 문명은
우리 인류의 역사에 어떤 영향을 미쳤을까?

기원전 10000년 무렵	기원전 6000년 무렵	기원전 3500년 무렵	기원전 2334년	기원전 2100년 무렵	기원전 1750년 무렵
메소포타미아 북부에서 농경 시작	메소포타미아 중부에서 농경 시작	우르크 건설, 수메르인의 전성기	아카드 제국, 메소포타미아 통일	우르의 전성기	바빌로니아 제국, 메소포타미아 통일

비옥한 초승달 지대

주변 지역에 비해 상대적으로 비옥한 메소포타미아와 지중해 동부 연안 지역을 비옥한 초승달 지대라고 해.

아나톨리아반도

아카드

사르곤왕은 이곳을 근거지로 수메르를 정복하고 아카드 제국을 건설했어.

지중해

바빌론

기원전 1750년 무렵 바빌론이라는 도시가 메소포타미아를 통일하고 바빌로니아 제국을 세웠어.

홍해

아프리카

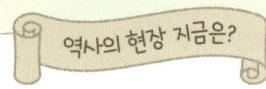

메소포타미아 문명의 현장 이라크를 가다

지금 메소포타미아에는 이라크가 있어. 이라크는 면적은 한반도의 약 2배, 인구는 4,400만 명이 넘는 서아시아 강국 중 하나야. 국토의 5분의 2는 사막인데, 북부 산악 지대를 제외하면 연평균 강수량이 200밀리미터 안팎에 불과해. 이라크 국민들은 1958년부터 2003년까지 45년 동안이나 군사 독재를 겪었어.

또 이웃 나라인 이란과의 전쟁, 서방 세계와 충돌로 벌어진 걸프전과 이라크 전쟁 등 세 차례의 전쟁으로 크나큰 고통을 당했지. 2003년 이라크 전쟁으로 독재자였던 사담 후세인이 내쫓긴 뒤 민주 정부가 탄생했지만 이념, 민족, 종파 갈등이 계속되면서 평화로 가는 길은 여전히 멀기만 하단다.

두 개의 강이 흐르는 이라크

티그리스강과 유프라테스강 덕분에 이라크는 서아시아의 다른 아랍 국가들과 달리 비교적 물이 풍부하지. 수도인 바그다드에는 티그리스강이 가로지르고 있고, 남부에는 넓은 습지가 위치해 있어. 이곳에 사는 이라크 사람들은 갈대로 엮은 전통 가옥에 살며 물고기 잡이로 생계를 이어 가고 있지. 옛 수메르인들도 이와 비슷한 방식으로 살았다고 해.

↑ 이라크 수도 바그다드

↑ 밀을 수확하는 바그다드 서쪽 지방의 농민들
이라크 국민의 대부분은 여전히 농업에 종사하고 있어.

↑ 이라크 남부 습지

풍부한 석유 자원을 가진 나라

이라크는 세계적으로 유명한 산유국이야. 현재까지 확인된 매장량만 해도 세계 5위 규모라고 해. 하지만 어떤 전문가들은 이라크에 훨씬 더 많은 석유가 묻혀 있을 것으로 보고 있어.

↑ 이라크의 석유 유전

이슬람교를 믿는 이라크 사람들

이라크 국민의 99퍼센트는 이슬람교를 믿어. 특히 이라크 남부의 나자프에 있는 이맘 알리 사원은 시아파 이슬람교도의 성지로, 많은 이슬람교도들이 이곳으로 성지 순례를 온대.

↓ 이맘 알리 사원

이라크의 끊이지 않는 갈등

걸프전 이후로 이라크에는 크고 작은 전쟁이 끊이지 않고 있어. 몇 년 전에는 미국과 전쟁을 벌였고, 최근에는 이슬람 극단주의 무장 단체인 IS와 격렬한 내전을 벌이고 있지. 게다가 이라크에 사는 소수 민족 쿠르드인 문제로 오랫동안 골머리를 앓고 있어. 600만 명 남짓 되는 쿠르드인들은 이라크의 독재 정권 아래에서 모진 탄압을 받다가 최근 자치권을 얻어 내고 독자적인 군대를 조직하는 등 세력을 넓히고 있지. 이들의 목표는 쿠르드인의 독립 국가를 만드는 거란다.

▲ 쿠르드인 민병대

◀ 이라크 군인들을 포로로 잡고 있는 이슬람 극단주의 무장 단체인 IS 대원들

▲ 이라크 북부의 유서 깊은 도시 아르빌
아르빌은 세계에서 가장 오래된 도시 중 하나야. 이라크 전쟁에 참전한 한국군 자이툰 부대가 주둔했던 곳이기도 해.

메소포타미아가 어디야?

"메소포타미아? 선생님, 메소포타미아가 뭐예요? 나라 이름이에요?"

두기가 칠판에 적힌 제목을 보고 물었다.

"하하, 아무래도 메소포타미아가 어디에 있는지부터 알아봐야겠구나."

용선생은 모니터에 커다란 지도 한 장을 띄웠다.

"아라비아 반도 북쪽에는 '비옥한 초승달 지대'라고 불리는 곳이 있어. 말 그대로 초승달처럼 생긴 비옥한 땅이라는 뜻이지. 서아시아의 다른 지역은 건조해서 농사를 짓기 어렵지만, 비옥한 초승달 지대에서는 농사가 매우 잘되었단다."

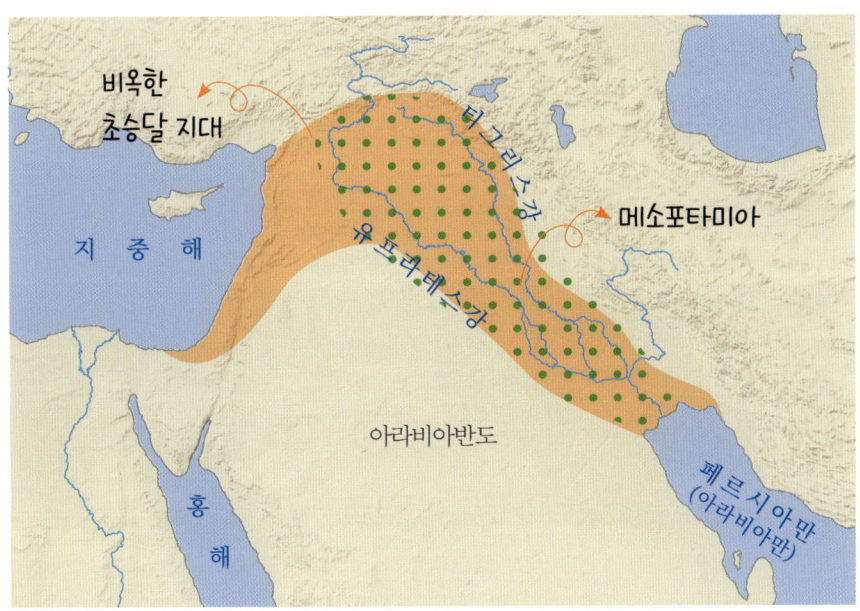

↑ **메소포타미아와 주변 지역** 메소포타미아는 티그리스강과 유프라테스강 사이의 넓은 평원이야. 오늘날 메소포타미아는 이라크에 속해 있지.

"어떻게 거기만 농사가 잘되었던 거죠?"

"농사를 짓는 데는 물이 필수잖니? 다행히 비옥한 초승달 지대에는 물이 풍부했어. 서쪽 지중해에서 겨울이 되면 불어오는 습한 바람의 영향을 받아 밀과 보리가 자랄 수 있을 만큼 비가 내리거든. 그 덕분에 지중해에서 가까운 해안 지대에서는 세계에서 가장 먼저 농사를 짓기 시작했지. 오늘 배울 메소포타미아 지역은 바로 이 비옥한 초승달 지대의 동쪽에 있어."

용선생은 손가락으로 한 지역을 가리켰다.

"이곳이 바로 메소포타미아야. 메소포타미아에는 두 개의 큰 강이 흐르고 있어. 바로 티그리스강과 유프라테스강이야. 메소포타미아는 '두 강 사이에 있는 땅'이라는 뜻이지. 메소포타미아는 오랜 세월 동

▲ **메소포타미아의 북부 산악 지대** 유프라테스강이 시작되는 메소포타미아 북부 산악 지대 계곡이야. 훗날 가축과 작물이 되는 수많은 동식물들이 이곳에서 자라고 있었단다.

안 이 두 강물에 떠내려온 흙이 쌓여 만들어진 넓은 평원이란다. 많은 영양분이 쌓여서 농사가 매우 잘되는 땅이었지. 사람들은 처음에는 습지의 물을 빼는 방법으로, 나중에는 강에서 멀리 떨어진 곳까지 운하를 파서 강물을 끌어오는 방법으로 이 드넓은 땅을 개간해 농사를 지었지."

"그렇게 큰 강이 있는 걸 보면 메소포타미아에는 비가 많이 오는가 보죠?"

"하하, 사실 메소포타미아는 1년 강수량이 200밀리미터도 안 되는 아주 건조한 땅이란다."

"네? 그럼 도대체 그 많은 강의 강물은 어디서 온 거예요?"

두기가 눈이 휘둥그레져서 묻자 용선생은 손가락으로 메소포타미아 북쪽을 가리켰다.

"티그리스강과 유프라테스강은 바로 여기, 메소포타미아 북쪽에 있는 산악 지대에서 시작된단다. 해발 3,000미터가 넘는 높은 산들이 삐죽삐죽 솟아 있는 험한 곳이지. 하지만 이 산악 지대는 보기와 달리 아주 풍요로운 땅이었어. 우선 봄이면 높은 산에서 눈이 녹아 흘러내려서 물이 풍부했지. 또 여름 기온이 40도를 오르내리는 메소포타미아 지역과 달리 날씨도 선선했어. 계곡 주변에 펼쳐진 넓은 풀밭은 염소, 양, 소, 돼지 같은 야생 동물들의 천국이었지. 거기다 야생 밀과 보리, 사과와 포도 같은 과일들도 주변에 널려 있었단다."

"그럼 훨씬 살기 좋은 곳이네요?"

"응. 우리 인류가 최초로 가축을 기르고 농사를 짓기 시작한 곳이 바로 이곳이지."

용선생의 핵심 정리

메소포타미아는 티그리스강과 유프라테스강 사이의 비옥한 땅. 농경은 두 강의 상류에서 먼저 시작됨.

수메르인이 최초의 도시 문명을 이루다

"그러니까 농사를 처음 지은 곳도 가축을 처음 길들인 곳도 메소포타미아가 아니었다, 이 말씀인가요?"

"그렇단다. 메소포타미아는 워낙 건조해서 야생 밀이나 보리가 자랄 수 없어. 가축으로 키울 만한 야생 동물들도 거의 살지 않았지. 이

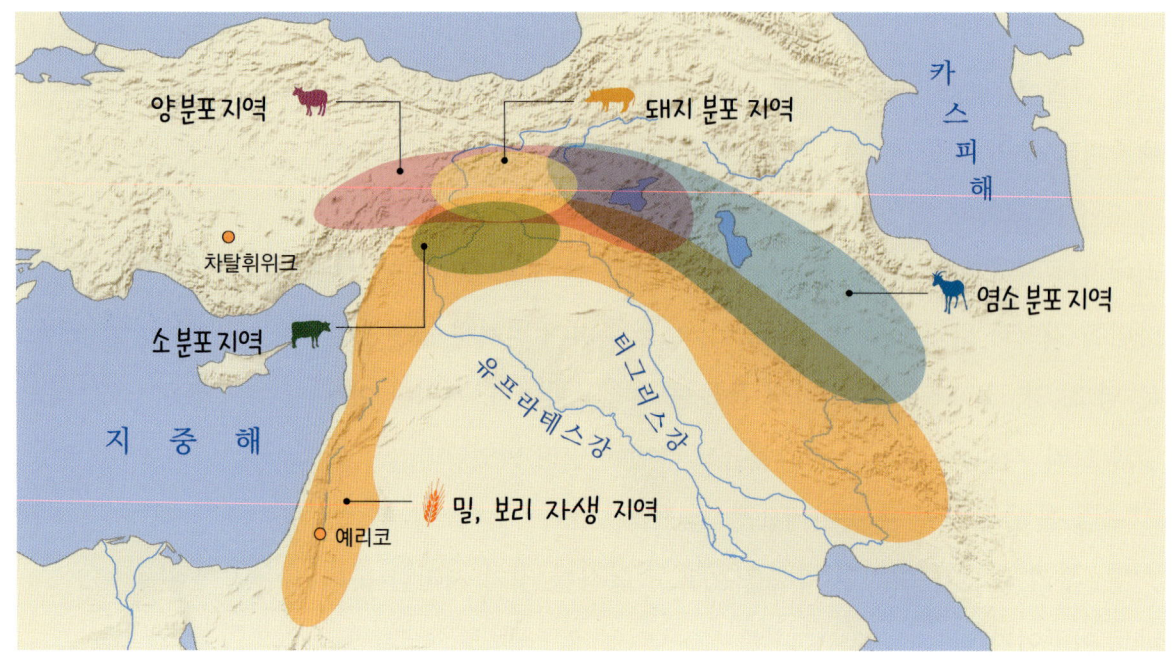

▲ **야생 곡식과 가축의 분포** 메소포타미아 북쪽 산악 지역은 비가 충분히 내렸기 때문에 다양한 가축들과 말을 키우기에 좋은 환경이었어.

"전에 배웠던 차탈휘위크나 예리코 같은 마을도 메소포타미아가 아니라 그 북쪽과 서쪽으로 멀리 떨어진 곳에 있었어."

"그럼 거기서 계속 살지 왜 굳이 메소포타미아로 내려온 거죠?"

"지난 시간에 신석기 시대에 접어들면서 인구가 늘어났다고 했지? 계속 그렇게 인구가 늘어나다 보니 도저히 한곳에서 모두 함께 살아갈 수가 없었단다. 어쩔 수 없이 일부가 새로운 땅을 찾아 이동하기 시작했어. 그렇게 해서 인류는 기원전 6000년에는 두 강의 중류까지, 기원전 5500년쯤에는 두 강의 하류까지 내려가서 자리를 잡았지. 그와 더불어 농경도 함께 전해졌단다. 이때 두 강의 하류에는 수메르인이 살고 있었지."

"수메르인? 수메르인은 또 누구예요?"

"두 강 하류 지역을 수메르, 그곳에 살던 사람들을 수메르인이라고 불렀단다. 수메르인은 북쪽에서 농경 기술을 가진 사람들이 내려오기 전부터 강 하류 습지를 무대로 살아왔지."

"그럼, 이제 수메르인도 농사를 짓기 시작하는 건가요?"

"그렇단다. 수메르인은 강 하류 습지의 물을 빼내고 농사를 짓기 시작했어. 메소포타미아가 워낙 기름진 땅이다 보니 농사는 엄청 잘 됐지. 밀 한 알을 심으면 70알 이상을 거두어들일 정도였어. 수천 년 뒤 유럽에서는 밀 한 알을 심으면 겨우 3~4알 정도 거두어들이는 게 고작이었어. 메소포타미아에서 얼마나 농사가 잘됐는지 알겠지? 하지만 어려운 일도 많았어. 메소포타미아에는 유독 홍수가 잦았는데,

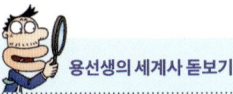

> **용선생의 세계사 돋보기**
>
> 수메르인이 언제부터 그곳에 살았는지 그리고 어디서 왔는지, 어떤 인종인지에 대해서는 아직도 수수께끼야. 하지만 수메르인은 북쪽에서 농경민이 내려오기 전에 이미 그곳에 터를 잡고 살고 있었어. 수메르인은 언어나 생김새도 북쪽의 농경민과는 달랐단다.

↑ **사마라에서 발견된 모신(母神) 조각상과 접시**
티그리스강 중류의 한 마을 유적에서 발견된 유물들이야. 조각상은 기원전 6000년, 접시는 기원전 5000년 무렵에 만들어졌대.

↑ **황소의 등에 올라탄 사자**
황소는 겨울을, 사자는 봄을 상징해. 사자가 황소에 올라타고 있는 것은 겨울이 가고 봄이 왔음을 뜻하지.

메소포타미아에서 인류 최초의 문명이 꽃피다 **085**

🔻 관개 농업의 발달

관개 공사가 시작되기 이전 모습이야. 이땐 마을 규모도 작았고, 마을 주변의 작은 땅뙈기에서 농사를 지었지.

관개 공사가 시작된 모습이야. 사람들은 마을 주위에 도랑을 파고 둑을 쌓아 홍수에 대비했어. 또 들판 곳곳에 물을 댈 수 있도록 반듯반듯한 물길을 만들어 들판 전체를 농지로 개간했지.

개간한 들판에서 식량 생산이 크게 증가하자 곳곳에 도시가 들어섰지.

홍수가 났다 하면 들판은 물론 마을까지 물에 잠기곤 했거든."

"그럼 둑을 쌓으면 되잖아요."

"그게 어려웠어. 아직 마을의 규모가 작다 보니 큰 공사를 진행할 만큼 많은 사람들을 동원할 수가 없었기 때문이지."

"그럼 어떡해요, 갑자기 어디서 사람들이 생길 리도 없는데?"

"사람들은 신에게 빌기도 하고 힘닿는 대로 홍수와 가뭄에 맞서 싸우며 살아갔어. 그런데 청동기 시대가 되면서 상황이 좀 달라졌단다. 씨족 간의 치열한 경쟁 끝에 여러 마을을 지배하는 왕이 등장했거든. 이때부터 메소포타미아에는 본격적으로 대규모 관개 공사가 이루어졌어. 관개 공사의 효과가 얼마나 대단했는지는 이 그림을 보면 잘 알 수 있단다. 첫 번째 그림은 관개 공사를 하기 전이야. 아직 홍수를 막을 시설이 없었기 때문에 홍수가 나면 대책 없이 들판과 마을이 물에 잠겨 버리곤 했지. 두 번째 그림은 관개 공사가 시작된 마을의 모습이야. 사람들은 홍수 피해를 줄이기 위해 마을 주변에 도랑을 파

▲ **수메르의 초기 도시 국가들** 기원전 4000년에서 기원전 3000년 사이 수메르인들이 건설한 도시들이야. 우르크는 기원전 3500년 무렵부터 약 400년 동안 수메르 지역의 중심 도시였어.

고 둑을 쌓았어. 그리고 반듯반듯하게 물길을 만들어 농사짓는 들판에 물을 댔지. 세 번째 그림은 개간한 들판에서 곡식이 무럭무럭 자라는 모습이야. 첫 번째 그림과 비교했을 때 농지가 얼마나 넓어졌는지 보이니?"

용선생은 컴퓨터로 다가가 모니터에 지도 한 장을 띄웠다.

"이렇게 기원전 4000년에서 기원전 3000년 사이에 수메르에만 스무 개가 넘는 도시들이 건설된단다. 그중에서도 가장 큰 도시는 유프라테스강 하류의 우르크였지. 우르크에서는

↓ **수메르에서 발견된 조각상**
수메르인이 신들에게 바친 남녀 조각상이란다.

인류 역사상 최초의 문명인 메소포타미아 문명이 꽃을 피우게 된단다."

용선생의 핵심 정리

두 강 상류에서 하류로 농경이 전해짐. 수메르에서 대규모 관개 공사와 더불어 농업 생산량이 급격히 늘어나고, 기원전 4000년에서 기원전 3000년 사이에 우르크를 비롯해 20개가 넘는 도시들이 건설됨.

수메르인은 왜 거대한 신전을 지었을까?

"문명이 꽃을 피웠다니, 그럼 이제 고생 끝 행복 시작인가요?"
"그랬으면 얼마나 좋겠니. 하지만 수메르는 농사가 매우 잘된다는 것만 빼면 살기 좋기는커녕 하루하루 살아가기 불안한 곳이었어."
"무슨 문제가 있었는데요?"
"먼저 여전히 홍수의 위험을 안고 있었다는 거야."
"엥? 그건 관개 공사로 해결된 거 아니었어요?"
"아무리 열심히 관개 공사를 한들 거대한 자연의 힘을 어떻게 이길 수 있겠니? 게다가 티그리스강과 유프라테스강은 홍수가 굉장히 잦은 편이었어. 이 두 강의 상류는 험한 산악 지대라 비가 내렸다 하면 강물이 엄청난 속도로 흘러내리거든. 하지만 평탄한 하류에 다다르면 강물의 속도

↑ **우르크의 아누 신전 유적** 우르크의 아누 신전 유적 앞에서 무장한 민간인이 경계를 서고 있어. 우르크는 세계 최초의 도시 중 하나로, 아누 신은 하늘의 신이란다.

▲ **티그리스강 수위 조절을 위한 수문들** 두 강 중에서도 특히 티그리스강의 홍수는 메소포타미아 사람들의 오랜 걱정거리였어. 오늘날에는 강의 수위를 조절하는 수문을 설치해 이 문제를 해결했지.

가 급격하게 줄어들었지. 이게 문제였어."

"그게 왜요?"

"강물의 흐름이 갑자기 느려지면 상류에서 떠내려온 흙이 계속 강바닥에 쌓이며 강물의 흐름이 막혀 버리게 되거든. 이런 상태에서 갑자기 또 강물이 덮치면 어떤 일이 일어나겠니? 바로 갈 길이 막힌 강물이 둑을 넘어 들판을 휩쓸어 버리지. 그때마다 농작물은 물론 애써 개간한 논밭도 사라지고, 물길도 모두 망가지고 말았어. 남는 건 오로지 절망뿐이었지."

"홍수 진짜 징글징글하다."

메소포타미아에서 인류 최초의 문명이 꽃피다

"그게 다가 아니야. 더 무서운 건 전쟁이었어."

"전쟁은 어디나 있는 거 아니에요?"

"물론이지. 하지만 메소포타미아에서는 유난히 전쟁이 잦았단다."

"왜 여기에서 유달리 전쟁이 잦았나요?"

"생각해 보렴. 홍수로 절망에 내몰린 사람들이 굶어 죽지 않으려면 어떻게 하겠니? 방법은 딱 하나, 가까운 도시로 쳐들어가 식량을 빼앗는 거였지. 게다가 메소포타미아는 사방이 뻥 뚫린 평원이어서 다른 도시로 쳐들어가기도 아주 쉬웠어. 결국 메소포타미아에서는 걸핏하면 전쟁이 벌어졌고, 사람들은 하루하루 불안에 떨어야 했지."

"휴, 그렇게 불안해서 어떻게 살아요. 나 같으면 정말 하루도 못 살겠다."

"하지만 무언가 해결책을 찾아냈겠죠?"

"메소포타미아 사람들의 해결책은 바로 이거야."

용선생은 모니터에 거대한 건물 사진을 띄웠다.

"이게 뭔데요?"

"음, 이건 지구라트라는 신전이야."

용선생의 말에 아이들은 맥이 탁 풀렸다.

"신전이 무슨 해결책이에요?"

"정말 자신의 능력으로 어쩔 수 없을 때는 기도라도 해야 하지 않겠니? 그래서 수메르 사람들은 저마다 도시에 지구라트를 짓고, 신들에게 기도를 드렸어. 신전에 모신 신들도 어찌나 다양했는지 전쟁의 신, 농사의 신, 벽돌을 만드는 신, 심지어 쟁기질하는 신까지 정말 온갖 신이 다 있었지. 그런데 재미있는 건, 수메르인은 '제가 나중에 죽으면 천당에 보내 주세요.'라는 기도는 하지 않았대."

"어? 정말요? 그건 왜죠?"

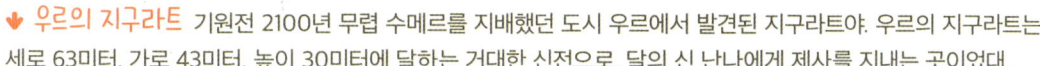 **우르의 지구라트** 기원전 2100년 무렵 수메르를 지배했던 도시 우르에서 발견된 지구라트야. 우르의 지구라트는 세로 63미터, 가로 43미터, 높이 30미터에 달하는 거대한 신전으로, 달의 신 난나에게 제사를 지내는 곳이었대.

허영심이 고개를 갸웃하자 용선생이 씩 미소를 지었다.

"당장 하루하루 살기가 너무 힘들다 보니 죽고 난 뒤까지 생각할 여유가 없었던 거 아닐까? 메소포타미아 사람들은 그저 내 가족이 병에 걸리지 않고, 올해 농사가 풍년이기를, 홍수가 일어나지 않고, 우리 도시가 전쟁에서 이기기를 기도했어. 다음 세상보다는 오직 지금 세상에만 관심이 있었던 거야. 또 한 가지 재미있는 건 메소포타미아의 신은 대개 축복을 내리는 신이 아니었다는 거야. 무서운 재앙을 내리는 신이었지. 메소포타미아의 신은 걸핏하면 불같이 화를 내고 변덕도 무지 심할뿐더러 질투심이 말도 못하게 강했어. 그래서 신에게 제물을 바치고 기도하는 것도 뭘 해 달라는 뜻이 아니라 제발 사람들에게 해코지 좀 하지 말라고 달래는 의미가 더 컸단다."

신들의 고향 메소포타미아

수메르의 신과 신화는 수메르를 넘어 메소포타미아 전체로 퍼져 나갔어. 나중에는 메소포타미아의 모든 도시가 수메르의 신을 섬기고 신화를 믿게 됐지. 수메르 신화가 곧 메소포타미아 신화가 된 거야. 메소포타미아 신화는 다시 메소포타미아를 넘어 멀리 이스라엘과 바다 건너 그리스에까지 전해졌어. 그래서 《구약성서》에 나오는 이야기나 우리가 잘 아는 그리스 로마 신화의 신들도 거슬러 올라가면 수메르 신화의 신과 닿아 있는 경우가 많지.

《구약성서》에 나오는 천지 창조 이야기는 메소포타미아의 창조 신화와 비슷한 데가 많아. 둘 다 점토를 빚어 인간을 만들었고, 6일 만에 세상을 창조하고 하루를 쉬었지. 그리스 신화에 나오는 아름다움의 여신 아프로디테도 메소포타미아 신화의 이난나 여신과 쌍둥이라고 해도 될 만큼 닮았어. 둘 다 금성의 수호신이면서 아름다움과 풍요의 여신이거든.

어때, 우연의 일치라고 하기엔 너무 비슷하지 않니?

▲ **이난나 여신** 이라크 남부에서 발견된 이난나 여신 부조야. 양손에 들고 있는 것은 줄자로 세상의 모든 기준을 정한다는 뜻이지.

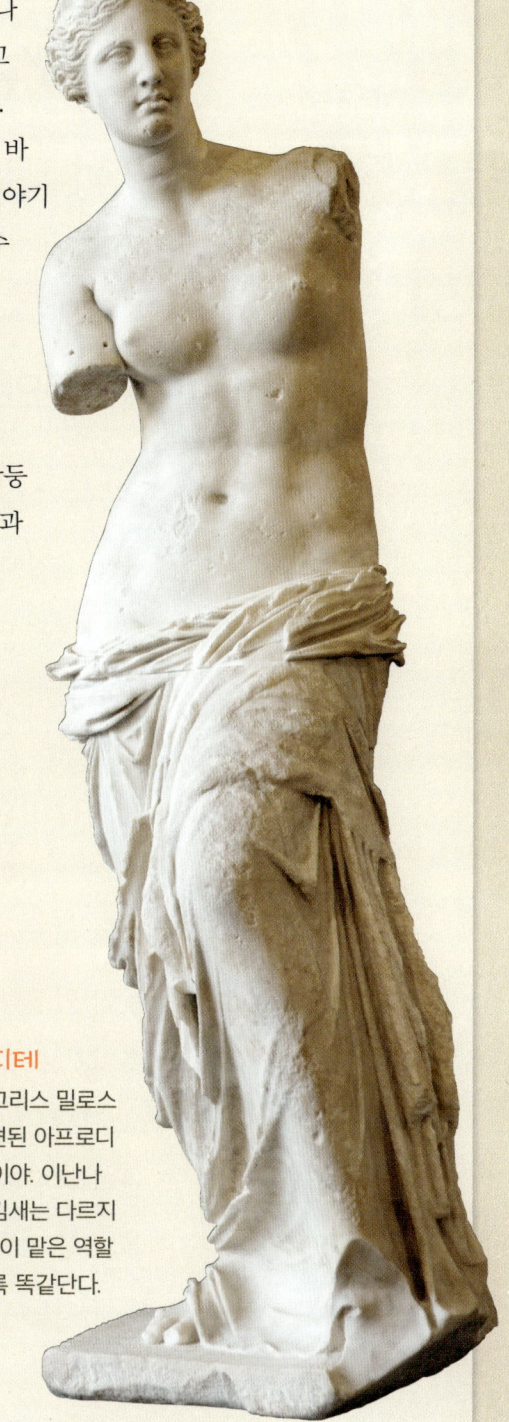

▶ **아프로디테**
오른쪽은 그리스 밀로스 섬에서 발견된 아프로디테 조각상이야. 이난나 여신과 생김새는 다르지만, 두 여신이 맡은 역할은 놀랍도록 똑같단다.

"하지만 그래 봤자 해결되는 건 없잖아요."

나선애의 말에 용선생은 씨익 웃으며 말을 이었다.

용선생의 핵심 정리

수메르인은 지구라트라는 거대한 신전을 짓고 홍수와 전쟁 등으로부터 보호해 달라고 빌었음. 수메르에는 매우 다양한 신이 있었고, 이들의 신앙에는 내세관이 없는 것이 특징.

수메르인의 놀라운 발명품들

"물론 수메르인이 신에게 무작정 빌기만 했던 건 아냐. 보다 현실적인 해결책을 찾으려 매우 노력했지. 그 결과 수메르인은 세계 최초로 달력을 만들어 냈어."

아이들은 교실 뒤편에 걸린 달력을 힐끔 돌아보고는 고개를 갸웃했다.

"달력이 무슨 문제를 해결해 준다는 거죠?"

"만약 달력이 없다고 치자. 그럼 언제 씨앗을 뿌리고 수확을 해야 할지 어떻게 알겠니? 달력을 만들어 날씨가 변하는 걸 계속 기록해 두면 언제쯤 홍수가 나고 가뭄이 드는지, 언제쯤 날씨가 따뜻해지고 추워지는지 알 수 있지. 다시 말해 농사를 잘 지으려면 달력이 꼭 필요하다는 거야. 그래서 수메르뿐만 아니라 어느 지역에서나 사제나 관리들이 하늘을 관찰하여 기록을 남겼지. 자연히 수메르에서 달력을 만든 사람은 사제였어."

"그런데 어떻게 달력을 만들었어요?"

"밤하늘에서 제일 먼저 눈에 띄는 게 뭐지?"

"그야 달이죠, 달!"

"그렇지. 매일매일 모양이 달라지는 달은 30일이 지나면 원래 모양으로 돌아와. 그런데 달이 원래 모양으로 돌아오기를 열두 번 되풀이하고 나면 희한하게도 계절이 한 바퀴 돌아 처음과 같은 계절이 되는 거야. 더구나 밤하늘의 별도 원래 자리로 돌아와 있었지. 사람들은 달 모양이 원래대로 돌아오기까지의 시간을 한 달, 또 이것이 열두 번 되풀이되고 별자리가 원래 자리로 돌아오는 걸 1년이라고 정했어. 그리고 1년 동안 일어나는 별자리와 날씨의 변화를 꼼꼼히 기록했지. 수메르인이 달을 기준으로 달력을 만들었기 때문에 수메르인의 달력을 태음력, 줄여서 음력이라고 부른단다."

↑ **수메르의 별자리 지도** 별자리 지도가 새겨진 점토판이야. 수메르인의 천문학 지식은 그리스에 고스란히 전해져 그리스 천문학의 바탕이 되었단다.

"어? 우리 할아버지 생신을 음력 날짜로 세는데, 혹시 이 음력이랑 같은 거예요?"

"그렇단다. 할아버지 때만 하더라도 우리나라에서 음력을 많이 사용했거든. 한편 수메르인은 달력뿐 아니라 수학도 매우 발달시켰어."

"수학이라고요? 대체 왜요?"

"신전이나 왕궁, 성벽처럼 큰 건물을 지으려면 정확한 길이와 높이, 넓이를 제대로 계산해야 했거든. 그래서 수학이 발달한 거야. 수메르 사람들은 곱셈과 나눗셈은 물론 원을 360도로 나누어 각도를 재는 방법까지 알고 있었다고 해."

용선생의 세계사 돋보기

달의 모양이 변하는 것을 기준으로 만든 달력을 태음력 또는 음력, 태양의 위치가 변하는 것을 기준으로 만든 달력을 태양력 또는 양력이라고 불러.

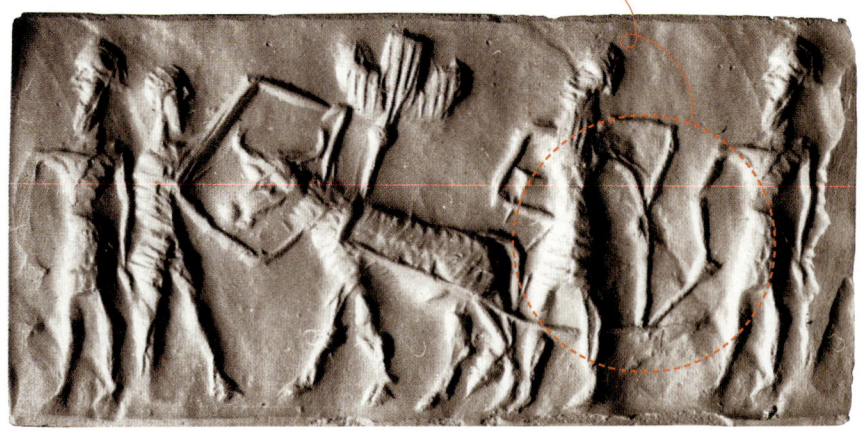

쟁기 겸 파종기

▲ **수메르인의 쟁기 겸 파종기** 수메르인은 쟁기로 땅을 갈며 동시에 씨앗을 심는 기구를 만들었어. 쟁기 위에 달린 원통에 씨앗을 넣으면 땅을 갈자마자 씨앗을 바로 심을 수 있었지. 이 농기구는 서아시아와 이집트에서 널리 쓰였단다.

"수메르 사람들 진짜 대단하다. 5,000년 전에 그런 것까지 알다니."

수학 얘기가 나오자 시무룩해진 장하다가 중얼거렸다.

"수메르 사람들이 수학을 발전시킨 데는 또 한 가지 이유가 있었어. 바로 교역이야. 수메르인은 뛰어난 손재주로 옷감과 토기 등을 만들어 내고, 비옥한 땅에서 곡물도 많이 생산했어. 하지만 돌이나 나무, 금속 같은 자원이 부족했기 때문에 바깥에서 구해 올 수밖에 없었어. 그래서 일찍부터 메소포타미아 주변은 물론 멀리 인도와도 활발히 교역을 벌였단다. 이 과정에서 물건의 수량이나 값을 계산할 일이 많다 보니 자연스럽게 수학이 발달했지."

"인도라고요? 그렇게 먼 곳까지 도대체 어떻게 물건을 가지고 간 거예요?"

"실제로 옛날에는 물건을 운반하는 일이 여간 힘들지 않았단다. 그래서 수메르 사람들은 몇 가지 물건을 발명했어."

"글쎄요……. 자동차라도 만들었나?"

"흠, 비슷해. 수메르인은 수레바퀴와 배에 다는 돛을 발명했단다. 수레에 바퀴를 달면 많은 물건을 싣고도 전보다 손쉽게 물건을 옮길 수 있었지. 그리고 배에 돛을 달면 바람을 이용해 노를 젓지 않고도 멀리까지 항해할 수 있었어. 수메르 사람들이 인도까지 갈 수 있었던 것도 바로 돛 덕분이었지."

"우아, 정말이에요?"

"그렇단다. 이렇게 활발히 교역이 이루어지는 과정에서 수메르의 발달된 문명이 서아시아 각지로 퍼져 나갔어. 시간이 흐르며 서아시아엔 수메르의 영향을 받은 문명이 꽃을 피웠지. 수메르를 가리켜 고대 문명의 요람이라고 부르는 것도 그 때문이란다."

"선생님, 그럼 문자도 수메르인이 처음 발명했어요? 지난 시간에 문자가 생기고 역사가 시작됐다고 하셨잖아요."

◀ 나무로 만든 수레바퀴
수메르인은 세계 최초로 바퀴를 만들어 수레에 고정해 사용했어.

→ 바퀴

메소포타미아에서 인류 최초의 문명이 꽃피다

➡ 쐐기 문자가 새겨진 점토판
수메르인은 미리 만들어 둔 점토판에 글자를 새겨 말렸어. 점토판은 진흙으로 만든 공책이었지.

이것이 쐐기!

"그렇단다. 인류 최초로 문자를 발명한 것도 수메르인이었어. 수메르인의 문자는 꼭 쐐기처럼 생긴 문자라고 해서 쐐기 문자라고 부른단다."

⬇ 우르의 아치 우르 유적지에 위치한 출입구야. 출입구 위쪽 부분과 같이 활처럼 둥글게 벽돌을 쌓은 걸 아치라고 해. 저렇게 아치 모양으로 벽돌을 쌓으면 벽돌들이 서로 맞물려 튼튼하게 유지된단다.

"뾰족뾰족한 게 진짜 꼭 쐐기처럼 생겼네요."

"그렇지? 쐐기 문자는 진흙으로 만든 점토판에 날카로운 갈대로 꾹꾹 찍어서 썼어. 그러다 보니 이런 모양이 된 거야. 우리 지난 시간 내용을 잠깐 복습해 볼까? 문자는 누가 어떤 목적으로 발명했지?"

"음, 사제가 공물을 거두고 신전 창고의 물건들을 기록해 두는 과

▼ 쐐기 문자판 만드는 법

강가의 진흙을 퍼 온다.

적당한 크기의 점토판으로 다듬는다.

마르기 전에 갈대펜으로 꾹꾹 눌러 글자를 새긴다.

햇볕에 잘 말리면 쐐기 문자판 완성!

정에서 생겨났다고 하셨어요."

"상인들은 편리하게 거래를 하려고 좀 더 배우기 쉬운 문자를 만들었다고도 하셨습니다."

"잘 기억하고 있구나. 수메르 사제들은 공물이나 창고의 물건뿐만 아니라 신들과 영웅들의 이야기, 법률, 의학, 수학, 천문학 지식까지 모두 쐐기

메소포타미아에서 인류 최초의 문명이 꽃피다 **099**

문자로 기록해 두었어. 오늘날 우리가 수메르의 역사를 알 수 있는 것도 사제들이 남긴 기록 덕분이지."

"그러니까 그렇게 부지런히 이것저것 적어 놓은 신전 사제들이 아니었으면 우리가 역사를 못 배울 수도 있었다는 말씀이네요."

"맞아. 그럼 지금부터 바로 그 역사를 배워 볼까?"

용선생의 말에 아이들이 눈을 빛냈다.

용선생의 핵심 정리

수메르인은 수많은 발명품을 남겼는데 바퀴, 태음력, 60진법, 돛, 파종기, 쐐기 문자, 아치 등이 대표적임.

수메르인의 농사법

1. 잡초 뽑기 가장 먼저 수확 후 한동안 돌보지 않아 잡초가 자란 밭에 소나 양을 풀어 잡초를 뜯어 먹게 해.

2. 땅 고르기 곡괭이나 괭이로 밭을 갈고 흙덩이를 부수어서 땅을 고르게 만들어.

3. 쟁기질과 씨앗 심기 쟁기질을 하면서 고랑에 똑같은 깊이로 씨앗을 심어.

4. 밭 관리 싹이 자라기 시작하면 농부들은 곡물을 세심하게 돌보고 들쥐와 해충의 여신인 닌킬림에게 기도를 올렸단다.

5. 수확 보리는 고개를 숙이기 전에 수확하는데, 수메르인은 세 사람이 한 조를 이루어 추수를 했대.

오늘날도 사용하는 수메르인의 60진법

진법은 숫자를 세는 방법이야. 오늘날 우리는 매 열 번째 수마다 앞자리의 숫자가 하나씩 커지는 십진법을 사용하고 있어. 하지만 수메르 사람들은 매 60번째마다 앞자리 숫자가 하나씩 커지는 60진법을 사용했대.
뭔가 좀 불편했을 것 같지? 하지만 오늘날 우리도 수메르인이 개발한 60진법을 아주 편리하게 사용하고 있단다. 바로 시간이야. 60초는 1분, 60분은 1시간으로 치는 게 바로 60진법이거든.
그 외에 하루를 24시간으로 정하고, 원을 360도로 정한 것도 바로 수메르인들이었대.

▲ **시계** 시계에서는 60진법을 사용하고 있어.

최초로 메소포타미아를 통일한 아카드 제국

"수메르 문명이 퍼지면서 메소포타미아 일대 도시들은 비슷한 문화를 갖게 됐어. 모두 수메르의 쐐기 문자를 사용했고, 도시에 신전을 지어 수메르 신에게 제사를 지냈지. 도시마다 섬기는 수호신은 달랐지만 기본적으로 같은 신을 믿었단다. 그런데 메소포타미아의 여러 도시 중에서도 특별 대우를 받는 도시가 하나 있었어."
아이들은 모두 눈만 멀뚱히 뜬 채 용선생을 바라보았다.
"특별한 대접이라고요? 그게 어딘데요?"

"바로 니푸르라는 도시야. 니푸르는 메소포타미아의 신들 가운데 최고신인 엔릴을 수호신으로 모시는 도시였어. 그래서 사람들은 니푸르를 지배하는 사람을 메소포타미아의 지배자로 여겼지."

용선생의 말에 나선애가 조심스럽게 물었다.

"엔릴이 그리스 신화의 제우스 같은 건가요?"

"그래, 맞아. 니푸르는 메소포타미아의 중심 도시인 우르크의 지배를 받았어. 그런데 우르크보다 북쪽의 아카드라는 도시 국가가 남쪽으로 밀고 내려오더니 기원전 2350년 무렵 마침내 니푸르를 손에 넣었어. 아카드가 메소포타미아의 지배자가 된 거지."

용선생이 지도에서 아카드를 짚어 보였다.

"그럼 아카드는 수메르인이 세운 도시가 아닌 거예요?"

"응, 아카드는 유프라테스강 상류에서 내려온 사람들이 세운 도시였어. 언어도 달라서, 수메르인은 수메르어를 썼지만 아카드인은 셈어를 썼지. 하지만 같은 점도 있었어. 아카드인은 수메르인의 문화를 받아들여 쐐기 문자를 사용하고, 수메르 신화를 믿는 등 사실상 수

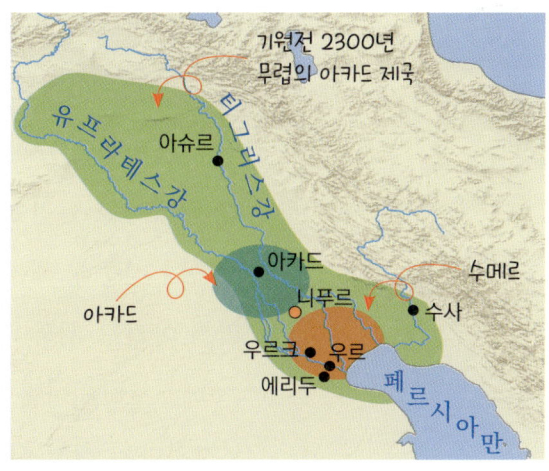

▲ 기원전 2300년 무렵의 아카드 제국
아카드의 사르곤왕은 최초로 메소포타미아를 통일해 아카드 제국을 건설했어.

나선애의 세계사 사전

셈어 아라비아반도 일대에 흩어져 살던 셈족이 쓰던 언어야. 아랍어, 헤브라이어 등이 여기에 속해.

◀ **사르곤왕의 청동 두상** 아카드의 사르곤왕은 수메르를 정복하고 자신이 아카드와 수메르의 지배자라고 선언했지.

메소포타미아에서 인류 최초의 문명이 꽃피다 **103**

곽두기의 국어 사전

문화권 글월 문(文) 될 화(化) 우리 권(圈). 문화적으로 공통된 특징을 가지는 지역을 묶어서 부르는 말이야.

나선애의 세계사 사전

제국 다양한 민족과 문화를 아우르는 큰 나라를 말해.

메르와 하나의 문화권을 이루고 있었단다. 기원전 2334년, 아카드의 사르곤왕은 수메르를 정복하고 최초로 메소포타미아를 통일했어. 그러고는 자신이 수메르인과 아카드인 모두를 지배하는 하나뿐인 정당한 왕이라고 선언했지. 사르곤왕은 유프라테스강, 티그리스강 상류와 서쪽의 지중해 해안 지역을 아우르는 거대한 제국을 건설했어. 이 나라를 아카드 제국이라고 부른단다."

"메소포타미아를 통일하다니, 사르곤왕 대단한걸요!"

장하다는 괜히 신이 나는 모양이었다.

"통일은 했는데 아직 큰 나라를 다스린다는 게 영 만만치가 않았어. 도로도 변변찮고, 법이나 제도도 변변찮았거든. 오로지 힘으로만 거대 제국을 만들었기 때문에 군사력이 조금만 약해지면 곳곳에서 반란이 일어나곤 했지. 결국 아카드 제국은 메소포타미아를 정복한 지 180년 만에 무너지고 만단다. 이때부터 메소포타미아의 도시 국가들은 아카드 제국처럼 메소포타미아 전체를 차지하고자 치열한 경쟁을 벌이게 돼. 아카드를 이은 도시 국가는 수메르인들이 세운 우르라는 도시였지. 우르는 유프라테스강 하류에 자리 잡은 항구 도시로, 기원전 2100년 무렵부터 약 100년 동안 메소포타미아의 중심 도시가 되었어. 하지만 우르도 동쪽 이란고원에 자리 잡은 엘람이란 도시 국가에 멸망당하고 만단다."

나람신

← **나람신 승전비** 나람신은 사르곤왕의 손자로 아카드 제국 제2의 전성기를 열었어. 이 비석은 나람신이 반란을 진압한 뒤 자신의 승리를 기념해 세운 거야. 나람신 자신을 하늘 가까이 우뚝 서 있는 모습으로 표현했지.

↑ **우르의 장식함** 속이 빈 나무 상자에 붉은 대리석, 조개껍데기, 진귀한 청금석을 이용해 한쪽에는 전쟁, 다른 한쪽에는 평화로운 일상을 묘사하고 있어. 당시의 여러 계급들과 일상생활을 알려 주는 귀중한 유물이지.

↑ **우르의 황금 단검** 수메르인들의 화려한 금세공 기술을 보여 주는 유물이야.

"그럼 이제 메소포타미아는 끝나는 건가요?"

"하하, 그럴 리가. 우르가 멸망하고 얼마 뒤 메소포타미아에서 바빌론이라는 도시 국가가 서서히 힘을 키우기 시작한단다. 바빌론 역시 아카드인과 마찬가지로 셈족이 세운 도시였지."

용선생의 핵심 정리

기원전 2334년, 아카드의 사르곤왕이 최초로 메소포타미아를 통일하고 아카드 제국을 건설함. 그 뒤 우르가 메소포타미아의 중심 도시가 됨.

함무라비왕이 바빌로니아 제국의 전성기를 열다

"바빌론…… 분명히 어디서 들어 본 이름인데……."

허영심이 골똘히 생각에 잠겼다.

메소포타미아에서 인류 최초의 문명이 꽃피다   **105**

"하하, 아마 설명을 듣다 보면 생각이 날지도 몰라. 메소포타미아 중부에 있는 작은 도시 바빌론은 기원전 1800년 무렵 함무라비왕이 등장하면서 전성기를 맞이했어."

함무라비라는 말에 허영심의 귀가 번쩍 뜨였다.

"아! 바빌로니아의 함무라비왕! 함무라비 법전을 만든 사람이죠?"

"그래. 바빌론의 함무라비왕은 경쟁 도시들을 누르고 메소포타미아 남부를 통일해 제국의 전성기를 열었지. 함무라비왕은 제국을 통합하기 위해 여러모로 노력을 기울였어. 아카드어를 공용어로 채택하고 함무라비 법전을 만들었지. 또한 마르두크를 최고신으로 삼아 종교를 통일했단다. 덕분에 바빌론 사람들과 수메르 사람들은 마치 원래부터 하나의 민족이었던 것처럼 완전히 통합되었어. 이때부터 메소포타미아 일대는 바빌로니아라는 이름으로도 불리게 돼."

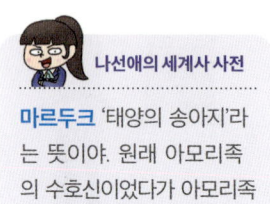

나선애의 세계사 사전

마르두크 '태양의 송아지'라는 뜻이야. 원래 아모리족의 수호신이었다가 아모리족이 바빌로니아 제국을 건설하면서 신들의 왕이 되었지.

"아하, 그러니까 바빌로니아 제국은 바빌론과 수메르를 함께 다스린 제국인 거군요."

"그렇단다. 이렇게 함무라비왕은 제국을 안정시키고 그 힘을 바탕으로 메소포타미아 북부는 물론 동쪽의 엘람과 시리아까지 정복해 대제국을 완성했어. 함무라비왕은 정복 사업을 해 나가면서 바빌론 주위에 높은 성벽을 쌓고, 운하와 도로를 정비해 무역이 활발히 이루어질 수 있도록 애썼어. 이렇게 착실히 노력한 덕분에 바빌로니아 제국은 함무라비왕 이후 300년 동안이나 메소포타미아를 다스리게 됐단다. 그리고 여러 차례 위

↑ **바빌로니아 제국 영토** 함무라비왕은 바빌론을 근거지로 삼아 엘람과 메소포타미아 북부를 정복하고 대제국을 건설했어.

기를 겪었지만 무려 1,000년 동안 서아시아를 주름잡는 강대한 세력이 되었지. 그런 만큼 바빌로니아라는 이름은 앞으로도 여러 차례 등장할 테니 잘 기억해 두려무나."

"히야, 함무라비왕이 진짜 훌륭한 왕이었나 봐요?"

"물론이지. 자, 그건 그렇고 아까 나왔던 함무라비 법전에 대해서 조금 더 알아보고 갈까?"

"좋아요. 함무라비 법전이 인류 최초의 법전인가요?"

"아니야. 법은 훨씬 전에도 있었단다. 바빌로니아보다 300년이나 앞선 우르의 유적에서도 법전이 발견되었거든. 문제는 도시들마다 법이 제각기 달라서 나라를 제대로 다스릴 수 없었다는 거야. 함무라비왕은 도시들의 법과 규칙을 모두 수집한 뒤 이것을 참조해 나라 전체에 통하는 법을 만들었어. 함무라비왕은 그 법조문들을 비석에 새겨 모든 사람들이 볼 수 있도록 광장에 떡하니 세워 두었어. 법은 만드는 것도 중요하지만 모든 사람들에게 알리는 것도 매우 중요하거든. 이것 외에도 또 한 가지 중요한 게 있는데, 그건 함무라비 법전의 첫 구절에 잘 나타나 있지."

> 들거라! 신들이 나 함무라비를 온 백성들의 지도자로 지명했노라. 나는 이 땅에 정의를 가져오고, 악한 자를 처벌하며, 약한 자를 보호하는 왕이다.

"뭐, 그러니까 나 함무라비는 훌륭한 왕이다, 그런 말 아닌가요?"

아이들이 미적지근한 반응을 보이자 용선생은 잽싸게 모니터에 사진 한 장을 띄웠다.

"이게 바로 함무라비 법전을 새긴 비석이야. 여기 비석 윗부분을 한번 보렴."

용선생이 손가락으로 비석 윗부분을 가리켰다.

"이건 함무라비왕이 신에게 통치봉을 건네받는 장면을 묘사한 거야."

"아하, 이제 알겠어요. 그러니까 함무라비 법전은 그냥 법이 아니라 신이 내려 준 법이고, 자신은 신의 명령을 받아 그 법을 시행한다, 뭐 그런 뜻인 거군요."

"바로 그거야. 참, 한 가지만 더. 함무라비 법전에는 당시 메소포타미아가 어떤 사회였는지를 보여 주는 단서들이 빼곡히 담겨 있어. 그래서 우리는 바빌로니아 제국이 매우 엄격한 계급 사회였다는 것을 알 수 있지. 얼마나 엄격한가 하면 같은 죄를 지어도 귀족인지, 평민인지, 노예인시에 따라 처벌이 달랐단다. 계급이 낮을수록 훨씬 더 큰 벌을 받았지."

"엥? 아까는 약한 자를 보호하는 왕이라더니, 같은 죄를 지었는데 처벌이 다르다는 게 말이 돼요?"

"물론 지금 우리 상식으로는 말이 안 되지. 하지만, 이게 당시로서는 평민과 노예들을 보호하는 법이었어."

↑ 함무라비 법전이 새겨진 비석 윗부분에는 함무라비왕(왼쪽)이 태양신(오른쪽)에게서 통치봉을 건네받는 장면이 묘사되어 있어. 아랫부분에는 280여 개의 법 조항이 빼곡히 새겨져 있지.

"선생님도, 참. 그런 억지가 어디 있어요?"

"억지가 아니란다. 함무라비 법전에 따르면 귀족들도 죄를 지으면 처벌을 피할 수가 없었고, 자기 멋대로 평민이나 노예들을 처벌할 수가 없었거든. 누군가 죄를 지으면 반드시 재판을 열어 법대로 판결을 하게 된 거야. 이런 면에서 그 전보다는 훨씬 나아졌다고 할 수 있는 거란다."

용선생의 설명을 듣고 있던 왕수재가 고개를 갸우뚱했다.

"그런데 함무라비 법전 하면 생각나는 게 '눈에는 눈, 이에는 이'잖아요. 눈을 다치게 하면 눈을 다치게 하고, 이를 부러뜨리면 똑같이 이를 부러뜨린다는 법 말이에요."

"그것도 알고 보면 야만적인 내용이 아니야. 그 전에는 죄를 지은 사람은 몇 배나 가혹한 처벌을 받을 수도 있었단다. 예를 들어 어쩌다 실수로 다른 사람의 이를 부러뜨렸을 때 그 사람을 사형에 처해 버린다든가 하는 식이지. 하지만 함무라비 법전에 따르면 이 사람은 그냥 이만 하나 부러뜨리는 벌을 받으면 되는 거야."

용선생의 설명에 왕수재가 고개를 끄덕였다.

"아, 저는 무시무시한 법인 줄만 알았더니 꼭 그런 것만은

메소포타미아에서 인류 최초의 문명이 꽃피다 **109**

아니었군요."

고개를 끄덕이던 장하다가 물었다.

"선생님, 이제 서아시아에서는 바빌로니아 제국이 제일 강한 나라예요?"

"물론이지. 하지만 이 무렵이 되면 서아시아 곳곳에 바빌로니아에 견줄 만한 나라들이 하나둘 등장하기 시작한단다. 이 나라들은 교역을 통해 가까운 관계를 맺고, 한편으로는 더 넓은 세계를 차지하기 위해 경쟁을 벌였어. 그래서 메소포타미아 사람들은 보다 넓은 세계, 훨씬 더 커진 세계 속에서 살아가게 되었지."

"더 넓은 세계에서 경쟁을 벌인다고요? 거기가 어딘데요?"

"흔히 오리엔트라고 부르는 지역이지. 메소포타미아 역시 오리엔트의 일부였단다."

"오리엔트? 그곳이 어딘데요?"

나선애의 물음에 용선생은 잠시 멈칫하더니 시계를 쳐다보았다. 그러더니 씨익 웃으며 이내 조용히 책을 덮었다.

"아쉽지만 오늘은 시간이 다 됐구나. 음, 오리엔트는 곧 다시 나올 테니 그때 가서 좀 더 자세히 알아보자꾸나. 오늘은 여기까지! 다음 시간에 보자, 안녕~!"

> **나선애의 세계사 사전**
>
> **오리엔트** '해가 뜨는 곳'이라는 뜻을 가진 라틴어에서 유래된 말이야. 서쪽 유럽인들 입장에서 해가 뜨는 동쪽에 있는 서아시아와 이집트를 가리키기 위해서 쓴 말이야.

용선생의 핵심 정리

기원전 1800년 무렵, 바빌로니아 제국이 전성기를 맞이함. 함무라비왕이 메소포타미아를 통일하고 법전을 공포함.

나선애의 **정리노트**

1. 메소포타미아가 어디지?
- '두 강 사이의 땅'이라는 뜻 → 티그리스강과 유프라테스강 사이를 가리킴.
  * 메소포타미아 북부 산악 지대에서 농경과 목축이 시작됨.

2. 최초의 문명을 건설한 수메르인들
- 수메르인: 메소포타미아 하류의 습지를 무대로 살아가던 사람들
- 기원전 4000년에서 기원전 3000년 사이 스무 개가 넘는 수메르인의 도시들이 건설됨.
  * 가장 큰 도시 우르크에서 인류 최초의 문명이 탄생!
- 잦은 홍수와 전쟁 → 지구라트를 세워 신께 기도를 올림.
  → 현재 삶의 안정을 중시하는 사고방식이 생겨남.

3. 수메르인의 여러 발명품들
- 세계 최초의 태음력 달력, 중요한 건축 기술인 아치, 수레에 다는 바퀴와 배의 돛, 인류 최초의 문자인 쐐기 문자를 발명하고 60진법을 사용한 수학이 발전

4. 메소포타미아의 제국들!
- 사르곤왕이 최초로 메소포타미아를 통일해 아카드 제국을 건설
- 아카드 제국이 망한 뒤에는 항구 도시 우르가 메소포타미아의 중심 도시가 됨.
- 기원전 1800년 무렵 바빌로니아 제국의 함무라비왕이 메소포타미아를 통일
  * 함무라비 법전은 나라 전체에 적용되는 통일된 법
  → 누구나 법에 따라 처벌받게 되었지만 신분에 따라 형벌을 다르게 적용!

세계사 퀴즈 달인을 찾아라!

1 빈칸에 들어갈 알맞은 말을 써 보자.

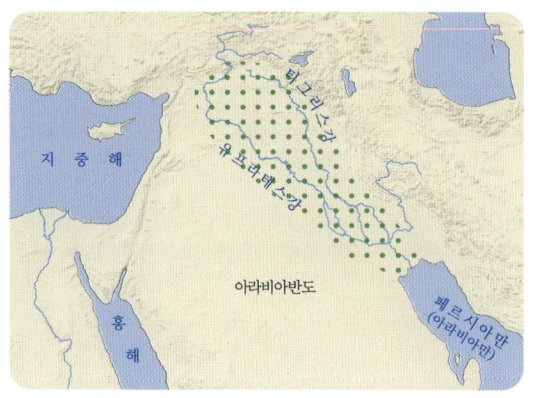

최초의 문명이 탄생한 ○○○○○○ 지역은 티그리스강과 유프라테스강 사이의 지역을 가리키는 말로, '두 강 사이의 땅'이라는 뜻이다.

(   )

2 빈칸에 들어갈 도시의 이름으로 알맞은 것은?   (   )

기원전 4000년에서 기원전 3000년 사이에 수메르에는 스무 개가 넘는 도시들이 있었다. 그중 인류 최초의 문명이 꽃을 피운 도시의 이름은 (   )이다.

① 바빌론　　　　② 아카드
③ 우르크　　　　④ 지구라트

3 수메르인에 대한 설명으로 알맞은 것에 ○표, 알맞지 <u>않은</u> 것에 X표 해 보자.

○ 수메르인은 오직 한 명의 신만을 모시고 기도를 드렸어.　　　　　　　(   )

○ 수메르인은 태음력과 쐐기 문자를 발명하고 60진법을 사용했어.　　　　(   )

○ 수메르인은 관개 공사 덕분에 홍수의 위험에서 완전히 벗어날 수 있었어.　(   )

4 빈칸에 들어갈 알맞은 신전의 이름을 써 보자.

○○○○는 수메르인이 신께 기도를 올리던 신전이다.

(   )

5 쐐기 문자에 대한 설명으로 알맞은 것에 ○표, 알맞지 않은 것에 X표 해 보자.

○ 인류 최초로 수메르인이 발명한 문자야.
(   )

○ 점토판에 날카로운 갈대로 찍어서 새겼어.
(   )

○ 수메르의 신들과 영웅들의 이야기를 기록하는 용도로만 사용됐어.
(   )

6 함무라비 법전에 대해 잘못 설명한 친구는? (   )

 ① 인류 최초의 법전이 바로 함무라비 법전이지.

 ② 같은 죄를 지어도 신분에 따라 처벌이 달랐어.

 ③ 함무라비 법전은 바빌로니아 제국 전체에 적용되었어.

 ④ 함무라비왕은 법을 비석에 새겨 모든 사람이 볼 수 있게 광장에 세워 뒀대.

 정답은 338쪽에서 확인하세요!

용선생 세계사 카페

《길가메시 서사시》
세상에서 가장 오래된 이야기

《길가메시 서사시》는 인류 최초의 문학 작품으로 알려져 있어. 메소포타미아 지역에서 입에서 입으로 전해지던 우르크의 전설적인 왕 길가메시에 대한 이야기를 기원전 1900년 무렵 아카드어로 기록한 것이지. 이야기의 주인공 길가메시는 실제 기원전 2800년쯤 우르크를 다스린 왕으로, 우르크에 성벽을 쌓았다고 해.

이야기 속에서 길가메시는 반은 신이자 반은 인간으로 초인적인 능력을 가졌어. 자신의 능력만 믿고 성안의 처녀들을 못살게 구는 등 사람들을 괴롭혔지. 그러자 사람들은 신에게 길가메시를 벌주라고 빌었어. 신들은 길가메시를 벌주기 위해 엔키두라는 힘센 장사를 내려보냈단다.

길가메시는 엔키두와 결투를 벌였지만 좀체 승부가 나지 않았어. 마침내 둘은 서로의 실력을 인정하고 친구가 되기로 했지. 둘도 없는 친구가 된 길가메시와 엔키두는 함께 넓은 세상으로 모험을 떠났단다.

그런데 문제가 생겼어. 길가메시가 우르크로 돌아왔을 때 풍요와 아름다움의 여신 이슈타르가 길가메시에게 반해 청혼을 했거든. 하지만 길가메시는 이슈타르의 청혼을 거절했어. 화가 난 이슈타르는 난폭한 황소를 지상에 풀어 놨어. 황소는 땅을 갈아엎고 성을 부수며 사람들을 괴롭혔지. 하지만 신이 보낸 황소를 죽였다가는 신들로부터 벌을 받을 수 있었기 때문에 길가메시와 엔키두는 고민에 빠졌어. 황소가 계속 횡포를 부리자, 결국 두 사람은 황소를 죽였지.

분노한 신들은 신의 짐승을 죽인 벌로 엔키두의 목숨을 거두어 가기로 했어. 엔키두는 병에 걸려 길가메시의 품에 안긴 채 세상을 떠났어.

둘도 없는 친구의 죽음에 길가메시는 큰 충격을 받았어. 엔키두 같은

↑ 루브르 박물관에 있는 길가메시 부조

영웅도 죽음을 피하지 못했으니 자신도 언젠가는 죽음을 맞이할 수밖에 없다는 것을 깨달은 거지. 길가메시는 죽지 않고 영원히 사는 방법을 알아내기 위해 우트나피시팀이란 사람을 찾아 긴 여행을 떠났어. 우트나피시팀은 먼 옛날 대홍수 때 커다란 배를 만들어서 인간과 여러 생명을 구한 사람이었지.

우여곡절 끝에 길가메시는 우트나피시팀을 만나 불로초가 있는 곳을 알아냈어. 그리고 마침내 불로초를 손에 넣었지. 하지만 돌아오는 길에 연못가에 옷을 벗어 두고 잠시 목욕을 하는 사이 지나가던 뱀이 불로초를 삼켜 버렸어. 결국 길가메시는 언젠가는 죽음을 맞이할 운명을 담담히 받아들여야 했어. 뱀이 계속 허물을 벗으며 생명을 유지하는 건 이때 먹은 불로초 덕분이래.

근데 어디선가 좀 들어 본 이야기 같지 않아? 대홍수에서 커다란 배를 만들어 여러 생명을 구한 우트나피시팀 이야기 말이야. 《구약성서》에 등장하는 '노아의 방주'와 완전 똑같지? 사실 대홍수와 방주 이야기가 《구약성서》보다 최소 1,000년 먼저 메소포타미아에 널리 퍼져 있었던 것이지. 그리고 영웅적인 힘을 가진 주인공이 결국 인간으로서의 한계를 깨닫게 된다는 이야기 역시 그리스 신화에 등장하는 헤라클레스 이야기와 아주 비슷해. 그래서 많은 학자들은 《길가메시 서사시》가 여러 신화들의 원조였다고 생각한단다.

▲ 《길가메시 서사시》가 기록된 점토판
쐐기 문자로 쓰인 《길가메시 서사시》의 일부분이야. 이 점토판에는 서사시 속에서 대홍수가 일어났을 때의 이야기가 기록되어 있지.

3교시

나일강의 선물 이집트 문명

사막 한가운데를 유유히 흐르는 기나긴 나일강,
그리고 오로지 그 나일강에 의지해 화려하게 피어난 이집트 문명.
그래서 흔히 이집트 문명을 나일강의 선물이라고 불러.
이번 시간에는 나일강이 어떻게 이집트 문명을 키웠는지,
이집트 문명의 놀라운 특징은 무엇인지,
이집트 문명은 어떻게 나일강변을 벗어나
더 넓은 세계에 영향을 미쳤는지 알아보자꾸나.

기원전 5000년 무렵	기원전 3150년	기원전 2560년 무렵	기원전 2334년	기원전 1640년	기원전 1550년
나일강 하류에 신석기 마을 형성	상·하이집트 통일	기자의 대피라미드 건설 시작	고왕국 멸망, 제1중간기 시작	힉소스인의 침입, 제2중간기 시작	신왕국 시대 시작

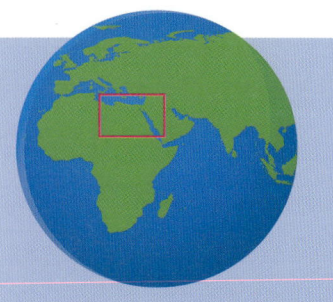

카이로
오늘날 이집트 수도이자, 아랍권 최대 도시야.

기자
나일강변에 자리 잡은 도시로, 유명한 피라미드들이 이곳에 몰려 있어.

사 하 라 사 막

타실리
사하라 사막에 위치한 선사 시대 유적지. 선사 시대 때 그려진 벽화 1만 5천 점이 남아 있어.

멤피스
이집트 고왕국 수도. 나일강 삼각주 입구에 건설됐지.

역사의 현장 지금은?

나일강의 나라 이집트가 궁금해

이집트는 아프리카 북동부에 위치한 나라로, 아프리카와 아시아를 잇는 길목에 있어. 총면적은 한반도의 5배가 넘지만, 나일강 주변을 제외한 대부분은 사람이 살기 힘든 사막이란다. 하지만 이집트 인구는 약 1억 2천만 명으로 북아프리카와 서아시아에서 가장 인구가 많아. 많은 사람이 강 주변의 좁은 땅에 몰려 살기 때문에 사람들이 느끼는 실제 인구 밀도는 우리나라 못지않게 높단다.

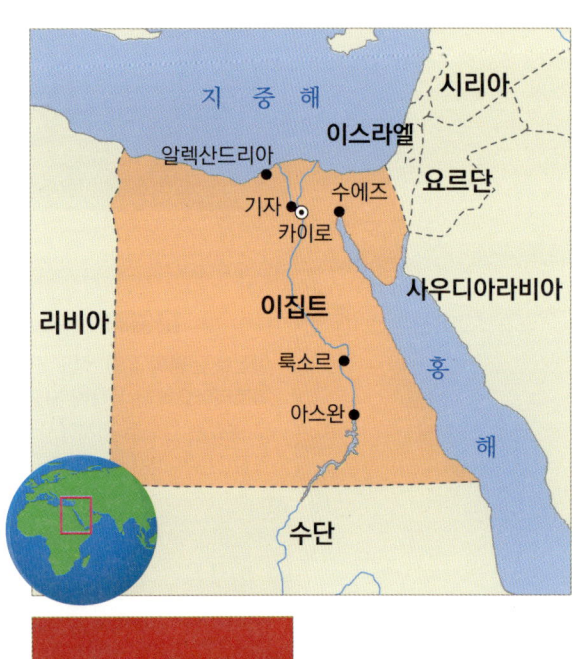

이집트의 젖줄 나일강

카이로는 인구가 1,800만 명이나 되는 거대 도시로 나일강 삼각주 입구에 위치해 있어. 통일 이집트 최초의 수도 멤피스와 피라미드로 유명한 기자가 카이로 근처에 있어. 이집트 초대 대통령 나세르는 산업에 필요한 전기를 생산하고 나일강의 홍수를 막고자 아스완 댐을 건설했어. 하지만 아스완 댐은 나일강 생태계를 파괴해 땅을 망가트리고 바닷물이 거슬러 올라오는 등 심각한 환경 문제를 낳았지.

↑ 이집트의 수도 카이로

↑ 나세르호

↑ 아스완 댐

◀ 지중해와 홍해를 연결하는 수에즈 운하

수에즈 운하 덕분에 지중해와 인도양을 왕래하는 배들이 아프리카를 돌아갈 필요가 없어졌지. 운하에서 벌어들이는 통행료는 이집트의 주요 수입이란다.

고대 문명의 흔적이 고스란히 남은 이집트

이집트는 관광 수입만으로 국민 총생산의 11퍼센트를 벌어들이고, 노동자 10명 중 1명이 관광업에 종사할 정도로 관광업이 경제에서 차지하는 비중이 높단다. 기자는 피라미드를 비롯한 수많은 이집트 문명 유산이 남아 있는 곳이야. 그래서 매년 1,000만 명이 넘는 외국 관광객들이 이집트를 찾아오지. 이집트 남부에 있는 아부심벨 신전은 이집트 신왕조의 전성기를 이끈 람세스 2세가 지은 신전이야. 아부심벨 신전에서는 해마다 두 차례 태양이 신전 안을 비추는 날을 기념해 커다란 축제가 열리고 있어.

◀ 아부심벨 태양신 축제

▼ 기자의 피라미드와 관광객들

↑ 사막에서 불어오는 거센 모래 폭풍

사막의 나라 이집트

이집트 농촌 마을은 대개 농사가 가능한 곳과 사막의 경계선에 자리 잡고 있어. 봄철 이집트의 서쪽 사막에서는 '캄신'이라는 무시무시한 모래 폭풍이 불어와. 심할 땐 몇 미터 앞도 보이지 않을 정도래.

↓ 이집트 농촌의 가옥과 가족

용선생의 세계사 돋보기

그리스의 역사가 헤로도토스가 쓴 《역사》라는 책에 나오는 구절이야.

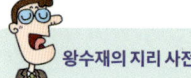

왕수재의 지리 사전

빅토리아호 아프리카 적도에 있는, 아프리카에서 가장 큰 민물 호수야.

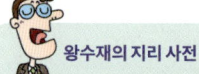

왕수재의 지리 사전

삼각주 강 하구에 삼각형 모양으로 만들어지는 지형으로, 대표적인 곳이 바로 이곳 나일강 삼각주란다.

나일강이 만든 풍요로운 땅

"'나일강의 선물'이라 불리는 이집트 문명을 배우기 전에 나일강에 대해 알아볼까? 자, 이게 바로 나일강이란다."

용선생은 모니터에 사진 한 장을 띄우고는 손가락으로 강을 가리켰다.

"나일강은 저기 남쪽 적도 근처 빅토리아호에서 시작해 지중해까지 길이가 장장 6,650킬로미터나 되는 강으로, 세계에서 가장 긴 강으로 알려져 있어. 사진에 보이는 것처럼 강 주변엔 폭이 10~20킬로미터 정도 되는 가느다란 초록색 땅이 뱀처럼 꾸불꾸불 이어지다 강 하류에 다다르면 부채처럼 활짝 펴진단다. 그게 바로 나일강 삼각주야. 매우 기름진 평야인 나일강 삼각주는 이집트는 물론 오리엔트 지역을 통틀어 첫손에 꼽히는 곡창 지대지."

"메소포타미아에서도 강 덕분에 문명이 탄생한 거잖아요. 그런데 특별히 이집트 문명만 나일강의 선물이라고 부르는 이유가 뭐예요?"

두기가 고개를 갸웃하자 용선생은 다시 모니터를 가리켰다.

"우선 나일강이 없었다면 이집트는 아예 사람이 살 수가 없는 곳이었어. 이집트는 비 한 방울 오지 않는 사하라 사막에 자리 잡고 있어서, 나일강에서 조금만 벗어나면 풀 한 포기 자라지 못하는 곳이 대부분이거든. 그래서 이집트 사람들은 나일강 주변에 옹기종기 모여 살아왔지."

> **왕수재의 지리 사전**
>
> **사하라 사막** 북아프리카에 있는 사막이야. 세계에서 가장 큰 사막으로 알려져 있지. 그런데 놀랍게도 지금도 계속 커지고 있는 중이래.

↑ **나일강변의 모습** 강변의 녹색 땅에서 조금만 벗어나면 사람이 살 수 없는 사막이란다.

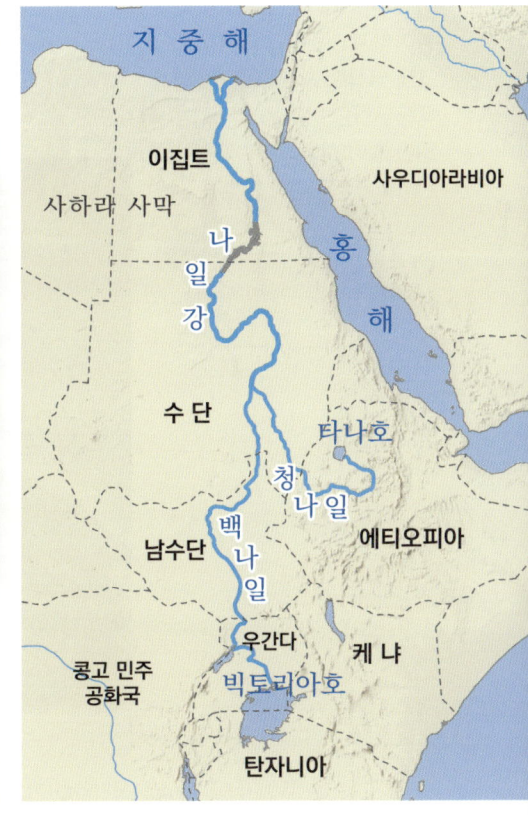

→ **나일강** 빅토리아호에서 시작되는 백나일과 에티오피아의 타나호에서 시작되는 청나일로 나뉘어.

▲ **고대 이집트 항아리**
항아리에 기린이 그려져 있어. 고대 이집트 사람들은 기린이 폭풍우처럼 미래에 좋지 않은 일이 일어난다고 경고해 주는 신비로운 동물이라 믿었지.

"사막 한복판이라고요? 왜 이집트 사람들은 하필 그런 곳에 자리를 잡은 거죠? 애초에 비가 적당히 오는 곳에서 살았다면 강에만 매달리지 않아도 되었을 텐데."

"그건 사하라 초원이 사막으로 변해 버렸기 때문이란다."

"사하라 사막이 원래 초원이었다고요?"

"응. 사하라 사막은 원래 강이 흐르고 풀이 무성해 야생 동물들이 뛰놀기 좋은 초원이었어. 사람들은 이곳에서 사냥도 하고 야생 식물의 뿌리와 열매를 채집하며 살았지."

"근데 왜 멀쩡한 초원이 갑자기 사막으로 변한 거죠?"

"사실 정확한 이유는 밝혀지지 않았어. 많은 학자들은 빙하기가 끝나고 지구의 온도가 올라간 게 원인일 거라고 짐작하고 있지. 물론

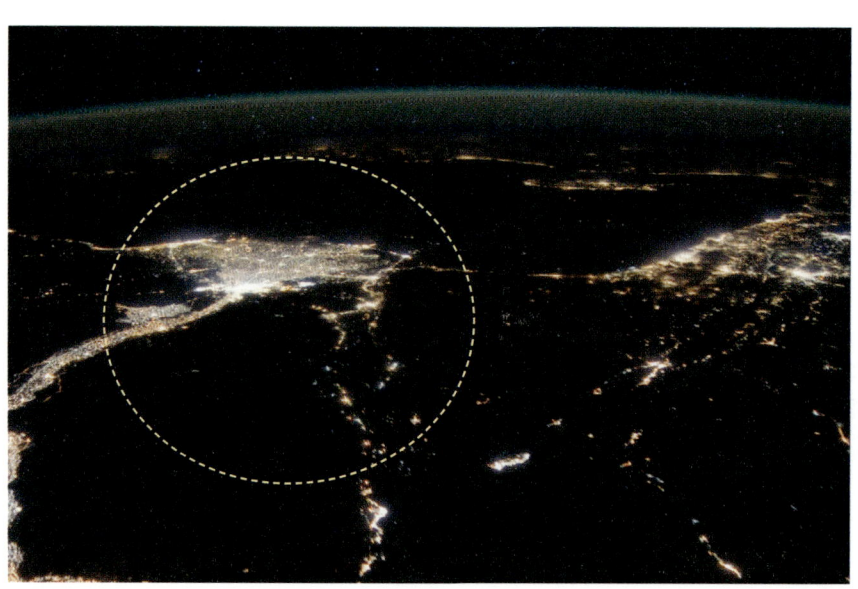

▲ **나일강 삼각주** 국제 우주 정거장에서 찍은 나일강 삼각주야. 사람이 사는 부채꼴 모양의 삼각주와 가느다란 나일강 줄기에만 환하게 불이 켜져 있어.

갑자기 일어난 일은 아니야. 적어도 7,000년 이상에 걸쳐 서서히 진행된 일이지. 사하라 지역의 온도가 올라가며 사막으로 변하자 생명이 살 수 있는 곳은 나일강 유역밖에 남지 않았어. 그래서 사하라 초원에 살던 동물과 그 동물을 사냥하던 사람들이 모두 나일강 주변으로 모여들었던 거야."

"빙하기가 끝나고 어떤 곳은 문명이 시작되고 어떤 곳은 멀쩡한 초원이 사막으로 변하고…… 세상이 정말 엄청나게 변했군요."

나선애가 새삼 놀랍다는 표정을 지었다.

"이집트에서 처음 사람이 살기 시작한 곳은 나일강 하구였어. 기원전 5000년 무렵이 되자 삼각주 근처에 신석기 시대 마을이 생겨났지. 사람들은 나일강이 해마다 일정한 때에 범람한다는 걸 깨달았어. 꼭 알람이라도 맞춰 놓은 것처럼 너무나 규칙적이었지."

"우아, 진짜 희한하다. 어떻게 그럴 수가 있죠?"

두기가 눈을 동그랗게 뜨며 물었다.

"비밀은 나일강 상류에 있단다. 아까 지도에서 본 것처럼 나일강 상류는 백나일과 청나일로 갈라져 있어. 백나일은 적도 근처의 빅토리아호에서 시작되고, 일 년 내내 강물의 양에 큰 변화가 없어. 하지만 에티오피아에서 시작되는 청나일은 건기와 우기에 따라 강물의 양이 크게 달라진단다. 나일강이 범람하는 건 바로 청나일의 우기와 관계있어. 청나일 주변은 늘 7~9월이 우기인데, 불어난 강물이 나

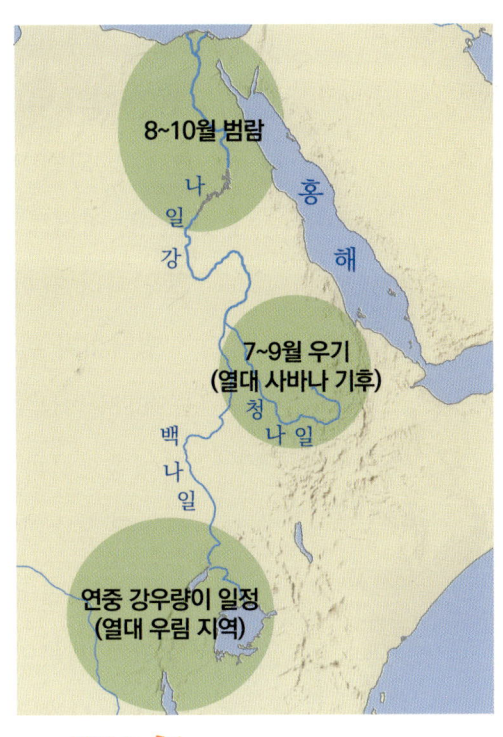

↑ **나일강의 홍수** 청나일이 흐르는 곳은 7~9월이 우기야. 이때부터 한 달 뒤면 하류의 나일강이 넘치지.

곽두기의 국어 사전

범람 넓을 범(汎) 넘칠 람(濫). 강물이 둑을 넘어 넓은 들판을 덮치는 거야.

왕수재의 지리 사전

건기와 우기 비가 많이 내리는 시기를 우기, 비가 오지 않는 건조한 시기를 건기라고 해. 건기와 우기가 뚜렷이 구별되는 기후를 사바나 기후라고 하지.

나일강의 선물 이집트 문명 **129**

일강 하류까지 흘러오는 데 한 달 정도 걸리거든. 그래서 8~10월이면 어김없이 나일강 하류에서 강물이 범람했던 거야. 범람한 강물은 11월이 되면 거짓말처럼 빠져나갔어."

"휴, 이집트 사람들 너무 불쌍해요. 한두 번도 아니고 해마다 세 달 동안이나 땅이 물에 잠기는 곳에서 살아야 했다니."

영심이가 한숨을 내쉬었지만 용선생은 빙긋이 웃기만 했다.

"하하, 너무 걱정 마. 이집트 사람들에게 홍수는 재앙이 아니라 축복이었으니까."

"네? 홍수가 축복이라니, 그런 말이 어디 있어요?"

"범람했던 강물이 빠지고 나면 물에 실려 온 기름진 흙이 들판에 쌓이기 때문이야. 덕분에 나일강 삼각주는 따로 거름을 주지 않아도 매우 농사가 잘됐지."

 **용선생의 세계사 돋보기**
이집트 사람들은 강물이 범람하는 기름진 땅을 검은 땅, 그 바깥 사막을 붉은 땅이라고 불렀어. 검은 땅은 생명의 땅을, 붉은 땅은 죽음의 땅을 의미했지.

▲ **농사짓는 농부 세네뎀과 그의 아내** 이집트 신왕국 시대 벽화로, 테베에서 발견됐어. 이집트인들은 평화롭게 농사를 짓고 가축을 기르는 모습을 예술품으로 곧잘 표현하곤 했지.

"에이, 농사가 잘되면 뭐 해요? 메소포타미아처럼 또 누가 땅 빼앗으러 쳐들어올지도 모르는데."

선애가 시큰둥하게 반응하자 이번에도 용선생은 웃으며 고개를 저었다.

"사방이 뻥 뚫린 메소포타미아와 달리 이집트는 사방이 막힌 곳이었어. 아시아로 이어지는 북동쪽 좁은 길을 제외하면 주변이 바다와 사막으로 둘러싸여 있었기 때문에 외부의 침입으로부터 상대적으로 안전했거든. 그래서 이집트는 오랫동안 외부의 침입을 받지 않고 발전할 수 있었지. 그리고 이때 이집트는 수많은 작은 나라로 쪼개져 있었기 때문에 밖으로 세력을 뻗칠 처지도 아니었단다."

"엥? 이집트가 작은 나라로 쪼개져 있었다고요?"

"그렇단다. 이집트 사람들도 신석기 시대 초기에는 씨족 단위로 마을을 이루고 살았어. 그러다 기원전 3500년 무렵부터 대규모 관개 공사가 시작되자, 그 과정에서 강력한 권력을 가진 지도자가 나타난 거지. 지도자들은 저마다 신전을 지어 수호신을 모시고 자신의 땅을 다스렸어."

▲ **나일강의 신 하피**
하피는 나일강의 범람을 담당하는 신으로, 이집트인은 선사 시대부터 크리스트교가 전해진 100년 무렵까지 하피를 숭배했어.

용선생의 핵심 정리

나일강은 사하라 사막 한가운데를 흐르지만, 그 주변은 규칙적인 범람에 의해 고운 흙이 쌓여 이루어진 비옥한 땅임. 기원전 3500년 무렵, 대규모 관개 공사가 이루어지고, 그 과정에서 강력한 권력을 쥔 지도자가 등장함.

이집트가 통일되고 파라오가 등장하다

모니터에 띄워진 지도를 보고 두기가 질문했다.

"선생님, 상이집트는 뭐고 하이집트는 뭐예요? 이집트가 두 개예요?"

"그런 셈이지. 아까 말한 작은 나라들이 아웅다웅 싸운 끝에 나일 강 상류는 상류 지역대로, 하류는 하류 지역대로 어느 정도 정리가 이루어졌어. 그래서 두 지역을 각각 상이집트, 하이집트라고 부르지. 오랜 싸움 끝에 기원전 3150년 무렵, 상이집트의 나르메르왕이 하이집트를 정복해 이집트를 통일했단다."

"어? 왜 나일강 삼각주에 있던 하이집트가 아니라 상류 쪽 상이집트가 통일을 한 거죠?"

선애가 알쏭달쏭하다는 표정으로 용선생에게 물었다.

"선애 말대로 강에서 조금만 벗어나면 사막인 상이집트보다 하이집트가 훨씬 살기가 좋았어. 하지만 상이집트는 테베같이 강력한 도시 국가들이 몇 있었던 데 비해 하이집트는 그러지 못했거든. 상이집트가 하이집트의 도시 국가를 차츰 점령해 나갔고, 결국 상이집트가 통일을 이루게 된 것이지."

"그래서 상이집트가 이집트 전체를 통일한 거군요."

> **장하다의 인물 사전**
> **나르메르왕** 상이집트의 왕으로, 하이집트를 정복해 이집트를 통일했어. 통일 이집트의 첫 파라오인 메네스와 같은 사람으로 여겨지지.

↑ **상이집트와 하이집트** 나일강 상류에서는 테베, 하류에서는 멤피스라는 도시가 각각 중심지 역할을 했지.

"그렇단다. 통일 이집트의 첫 번째 왕이 된 나르메르왕은 멤피스에 수도를 건설했어. 멤피스는 나일강 삼각주 입구에 자리 잡고 있어서 하이집트 지역을 다스리기에 안성맞춤인 곳이었지. 나르메르왕과 후손들은 단순히 하이집트를 정복하는 데 그치지 않았어. 상이집트와 하이집트를 완전히 통합시키기 위해 노력했지. 또 나일강에 둑을 쌓고, 물길을 트고, 저수지를 만드는 등 대규모 관개 공사를 벌여 농업을 크게 발전시켰단다. 앞으로 3,000년간 이어질 화려한 이집트 문명의 발판이 이때 마련된 것이지."

"3,000년 동안이나요?"

"그렇단다. 중간에 잠깐씩 이민족의 지배를 받거나 분열을 겪은 적도 있지만 그때마다 오래가지 않아 더 강력해진 통일 이집트가 등장하곤 했지."

"아까 이집트는 사방이 사막과 바다로 막혀 있다고 하셨잖아요. 혹시 아무도 쳐들어올 수가 없으니 알아서 통일이 유지된 거 아닌가요?"

"물론 사방이 꽉 막힌 지형 때문에 외부에서 침입하기 쉽지 않았던 것도 이유일 거야. 모든 이집트 사람들이 같은 언어와 문화를 갖게 되면서 통일된 이집트를 당연하게 여긴 것도 이유이지. 또 한 가지 중요한 이유는 이집트 사람들을 뭉치게 한 파라오였어."

"파라오? 파라오는 또 뭐예요?"

"이집트의 왕을 파라오라고 불러. 이집트 사람들에게 파라오는 태양신 라의 아들, 그러니까 인간이면서 동시에 신이었지. 그래서 이집트 사람들은 파라오의 말이라면 무조건 따랐어."

▲ **통일 이집트의 파라오**
통일 이집트의 파라오는 상이집트와 하이집트의 왕관을 겹쳐 썼어. 파라오가 쓴 볼링핀 모양의 흰색 왕관은 상이집트, 그 아래 빨간 왕관은 하이집트를 의미하지. 파라오가 손에 쥐고 있는 지팡이는 '신의 힘', 고리가 달린 십자가는 '생명'을 뜻한대.

나르메르왕의 화장판

이 유물은 기원전 3100년대에 만들어진 화장판이야. 왼쪽 사진 한복판에 동그란 부분 있지? 거기에 화장품 재료를 놓고 물에 개어 화장을 했대. 너희들 혹시 클레오파트라 눈 화장 본 적 있니? 눈 주변을 새까맣게 칠하는 눈 화장법 말이야. 이집트는 워낙 햇빛이 강해서 눈을 보호하기 위해 일찍부터 눈 주변을 까맣게 화장했대.

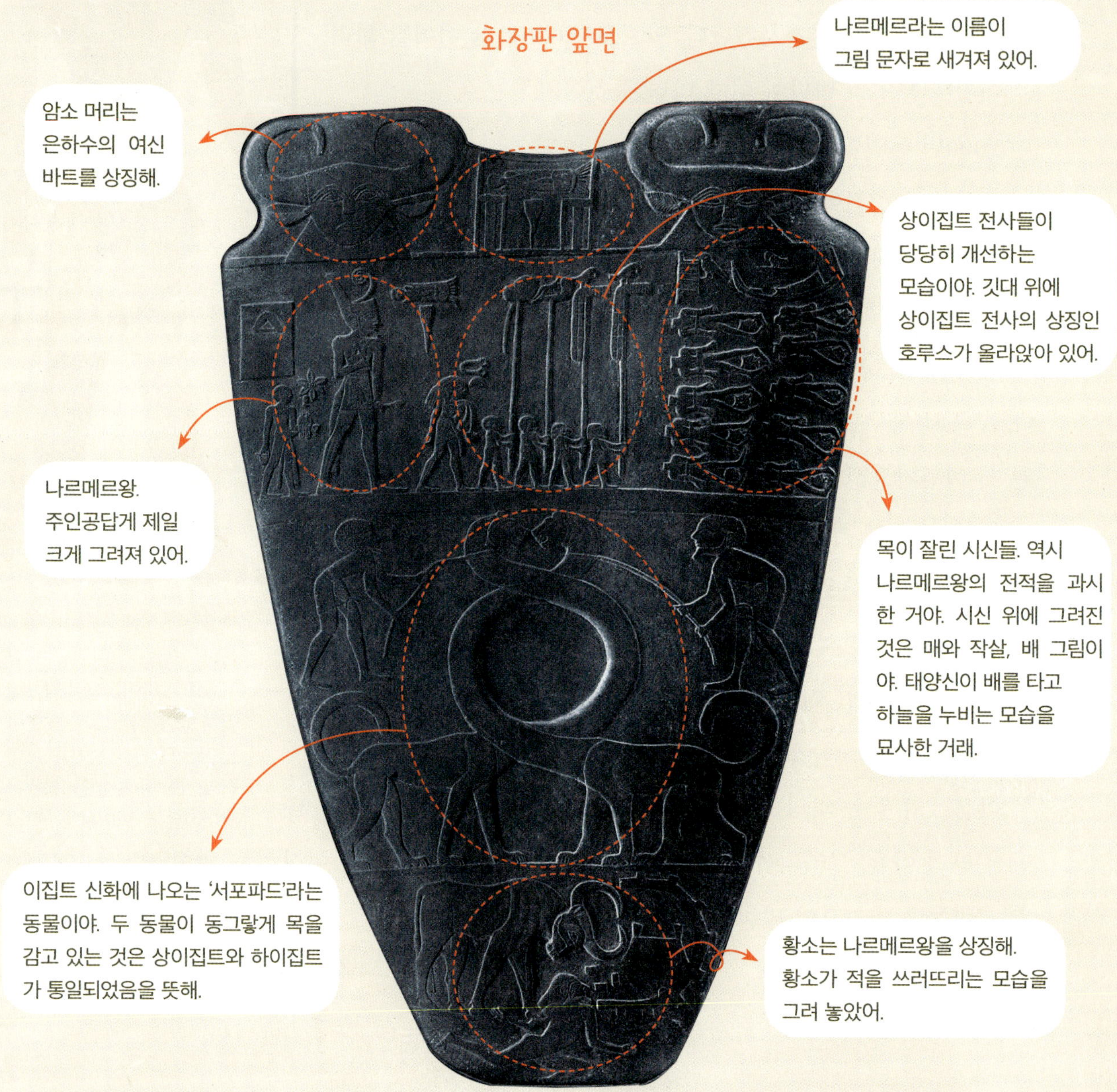

화장판 앞면

- 나르메르라는 이름이 그림 문자로 새겨져 있어.
- 암소 머리는 은하수의 여신 바트를 상징해.
- 상이집트 전사들이 당당히 개선하는 모습이야. 깃대 위에 상이집트 전사의 상징인 호루스가 올라앉아 있어.
- 나르메르왕. 주인공답게 제일 크게 그려져 있어.
- 목이 잘린 시신들. 역시 나르메르왕의 전적을 과시한 거야. 시신 위에 그려진 것은 매와 작살, 배 그림이야. 태양신이 배를 타고 하늘을 누비는 모습을 묘사한 거래.
- 이집트 신화에 나오는 '서포파드'라는 동물이야. 두 동물이 동그랗게 목을 감고 있는 것은 상이집트와 하이집트가 통일되었음을 뜻해.
- 황소는 나르메르왕을 상징해. 황소가 적을 쓰러뜨리는 모습을 그려 놓았어.

그런데 말이야, 이 유물이 정말 중요한 건 상이집트의 하이집트 정복을 자세하게 묘사하고 있기 때문이란다. 사실 이 유물은 실제 화장판으로 사용했다기보다는 상이집트와 하이집트의 통일을 기념해서 만들어진 기념품이거든. 자, 지금부터 이 화장판 속의 그림들을 하나하나 뜯어보기로 할까?

화장판 뒷면

상이집트의 상징인 매가 하이집트의 상징인 파피루스 위에 올라앉아 있어. 상이집트가 하이집트를 정복했음을 표현한 거야.

나르메르왕의 시종이 왕의 신발을 들고 있어. 왕이 신성한 땅인 신전 안에서 적을 죽이는 의식을 수행할 때엔 반드시 신발을 벗어야 했거든.

상이집트의 나르메르왕이 하이집트 왕을 곤봉으로 내려치려 하고 있어. 곤봉은 고대 이집트의 무기로, 전사의 상징이래.

하이집트의 전사들. 왕의 발 밑에 그려 패배자임을 표현했어.

➔ **늪지대의 새 사냥**
'네바문'이라는 관리의 무덤 벽화야. 풀숲에서 놀라 도망가는 새들과 물속에 가득한 물고기, 물가에 무성하게 자란 파피루스 등이 풍요로운 나일강의 모습을 잘 보여 주고 있지.

용선생의 설명에 나선애가 피식 콧방귀를 뀌었다.

"에이, 말로만 그랬겠죠. 어떻게 사람을 신으로 믿어요?"

"하하. 우리로서는 이해가 안 되지만 당시 사람들은 실제로 그렇게 믿었단다. 파라오는 늘 수많은 호위병과 사제들에게 둘러싸여 있어서 보통 사람에게는 베일에 가려진 신비로운 존재였어. 그리고 늘 나일강의 범람을 정확히 알아맞히는 놀라운 능력을 가지고 있었지."

"나일강의 범람을 알아맞히다니요?"

"파라오가 범람을 예측할 수 있었던 것은 별자리를 관측해 언제 나일강이 범람할지를 미리 알고 있었기 때문이었어. 하지만 그걸 알 길이 없었던 보통 사람들은 그저 파라오가 태양신의 아들이어서 놀라운 능력을 가지고 있다고 믿었던 거지. 파라오의 권력이 제일 강했던

건 기원전 2700년 무렵이었어. 그 증거가 바로 피라미드란다."

"피라미드?"

피라미드라는 말에 장하다의 얼굴이 활짝 펴졌다.

 **용선생의 핵심 정리**

기원전 3150년 무렵, 상이집트의 나르메르왕이 하이집트를 정복해 이집트를 통일하고, 멤피스에 수도를 건설함. 파라오는 나일강의 범람을 예측해 신의 아들로 떠받들어짐.

나일강의 선물 이집트 문명 **137**

이집트 사람들은 왜 피라미드를 짓고 미라를 만들었을까?

"그렇지 않아도 언제 피라미드 이야기가 나오나 엄청 기다렸거든요, 히힛."

"그래? 그렇다면 너희들 혹시 피라미드가 뭔 줄 아니?"

"왕, 그러니까 파라오의 무덤이에요. 안에는 미라가 있어요."

용선생의 질문에 두기가 얼른 손을 들고 대답했다.

"히야, 두기가 잘 알고 있구나. 이집트에서 처음 피라미드가 건설된 게 바로 기원전 2700년이란다. 그래서 이 무렵에 파라오의 권력이 가장 강했다고 하는 거야. 파라오의 권력이 강하지 못했다면 절대 그런 어마어마한 무덤을 지을 수 없었기 때문이지."

"그런데 미라는 왜 만든 거죠?"

"이집트 사람들은 사람이 죽으면 육체에서 영혼이 빠져나와 사후 세계로 가고, 사후 세계를 무사히 건너면 다시 이 세상으로 돌아올 수 있다고 믿었어. 또 그렇게 돌아온 영혼은 원래의 육체 속으로 들어가 새로운 삶을 시작한다고 생각했지. 그런데 만약 원래의 육체가 없어져 버렸다면 영혼이 들어갈 곳이 없잖아?

> **나선애의 세계사 사전**
> **미라** 썩지 않도록 보존 처리된 시신. 옆쪽에 미라 만드는 과정을 보여 주는 그림이 있어.

> **곽두기의 국어 사전**
> **사후 세계** 죽을 사(死) 뒤 후(後) 세대 세(世) 지경 계(界). 죽은 뒤의 세계, 즉 저승을 말해.

➡ **헤테페레스 1세의 황금 의자**
기자의 피라미드를 건설한 파라오 쿠푸의 어머니인 헤테페레스 1세 왕비의 무덤에서 나온 의자야. 피라미드들은 모두 심하게 도굴이 되었기 때문에 이 황금 의자는 이집트 문명의 모습을 엿볼 수 있는 몇 안 되는 유물이란다.

미라 만드는 법

1. 시신에서 장기 꺼내기
시신을 잘 씻은 후 뇌와 창자 등 시신의 장기들을 몸에서 빼낸 다음 항아리(카노푸스)에 담아.

2. 시신 건조시키기
장기를 꺼낸 시신은 소다석으로 40일 동안 덮어 둬서 물기를 모두 빼내.

4. 관에 넣기
마지막으로 완성된 미라에 살아 있을 때와 닮은 가면을 씌우거나, 얼굴이 그려진 관에 미라를 넣어.

3. 붕대로 감기
바짝 마른 시신을 붕대로 칭칭 감아. 붕대를 한 겹 감을 때마다 주문을 외우며 부적을 끼워 넣지. 붕대를 다 감고 나면 사제들이 기도를 드리고 시신 위에 행운의 부적을 올려놓는대.

그래서 언젠가 영혼이 돌아올 때를 대비해 사람이 죽으면 미라로 만들어 영원히 보존하려고 한 거란다. 거대한 피라미드를 지은 것 역시 죽음에 대한 생각과 관계가 있어. 이집트 사람들에게 피라미드는 사후 세계에서 파라오가 머무는 궁전이었어. 그래서 거대한 피라미드를 짓고, 거기에 사후 세계에서 쓸 온갖 물건들을 함께 묻었지."

"근데 이집트가 평화롭고 살기 좋았나 봐요. 메소포타미아 사람들은 죽은 뒤는 생각할 틈도 없었다고 하셨는데……."

선애의 말에 용선생이 감탄사를 내뱉었다.

"역시 예리해! 메소포타미아 사람들은 지극히 현실적이었던 반면 이집트 사람들은 유난히 사후 세계에 관심이 많았어. 그게 메소포타미아 문명과 이집트 문명의 가장 큰 차이란다."

"왜 그렇게 서로 달랐는데요?"

"여러 가지 이유가 있지만, 그중에서도 가장 큰 이유는 이집트에서는 해마다 계절이 규칙적으로 돌고 돌기 때문이란다."

"네? 계절이 규칙적으로 도는 거랑 사후 세계가 무슨 상관이 있

▶ **장기를 보존하는 카노푸스 단지**
미라를 만들 때 시신에서 꺼낸 장기들은 호루스의 네 아들을 상징하는 네 개의 단지에 보관했어. 왼쪽부터 매 머리 단지에는 창자, 원숭이 머리 단지에는 폐, 자칼 머리 단지에는 위, 마지막으로 사람 머리 단지에는 간을 넣었지.

◀ **미라의 모습**
이집트에는 이처럼 3,000년 넘게 잘 보존된 미라가 많단다.

어요?"

"하하, 잘 들어 보렴. 이집트 사람들은 1년을 세 계절로 나누었어. 나일강의 물이 빠진 뒤 씨앗을 뿌리고 싹이 트는 '씨 뿌리는 계절', 그다음에 농작물이 쑥쑥 자라고 익어 가는 '수확하는 계절', 마지막으로 다시 강물이 범람하는 '죽음의 계절'이었지. 그런데 이런 계절 변화에서 중요한 건 죽음이 끝이 아니라는 거야. 죽은 것처럼 보이지만 이듬해에는 어김없이 새싹이 돋아 새로운 한 해가 시작되니까. 이집트 사람들은 인간도 이처럼 탄생과 성장, 죽음을 되풀이한다고 생각했어. 그래서 죽음은 끝이 아니라 새로운 탄생으로 이어질 거라고 믿었던 것이지."

태어나고, 자라고, 죽고… 자연도 인간도 비슷하게 돌고 도네요!

"아하, 그러니까 계절이 돌고 돌듯이 생명도 돌고 돈다, 뭐 그런 거군요."

"그럼 모든 사람을 다 미라로 만든 거예요?"

"무덤이나 미라를 만드는 데는 돈이 많이 들었어. 그래서 가난한

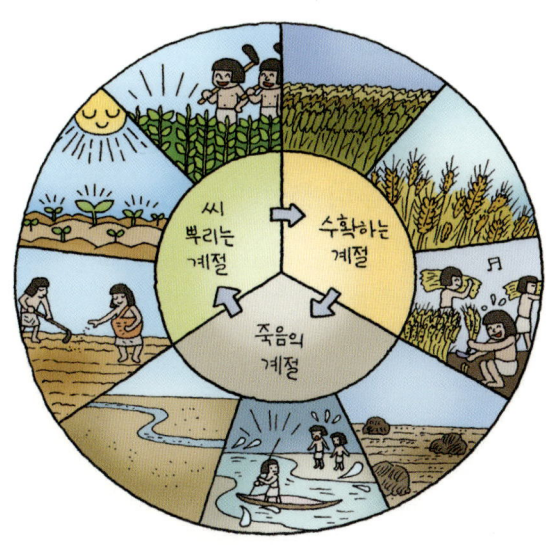

↑ 이집트의 세 계절

↑ 인간의 세 계절

↑ **난쟁이 세네브의 가족**
이집트 사람들은 생전에 단란했던 가족의 모습을 표현한 조각을 무덤에 함께 묻곤 했어. 이 조각은 난쟁이의 모습을 꾸미지 않고 있는 그대로 표현한 것이라 큰 주목을 받았지.

사람은 대충 미라를 만드는 시늉만 하고는 그냥 바람 잘 들고 건조한 외딴 동굴에 묻는 게 고작이었단다. 하지만 귀족은 살아 있을 때와 똑같이 지낼 수 있도록 무덤에 여러 개의 방과 통로를 만들고, 제사를 드릴 공간도 따로 만들었어. 심지어 키우던 강아지며 고양이, 물고기까지 미라로 만들어 함께 묻기도 했지."

"결국 파라오가 가장 높은 사람이니까 무덤도 제일 크게 짓고, 미라도 제일 잘 만들었겠군요?"

"물론이지. 그래서 피라미드의 크기는 바로 파라오의 권력이 얼마나 컸는지를 보여 준단다."

 **용선생의 핵심 정리**

이집트인들이 피라미드와 미라를 만든 것은 사후 세계를 믿었기 때문임.

피라미드는 어떻게 만들었을까?

"얘들아, 이게 뭐 같으니?"
용선생은 모니터에 사진 한 장을 띄우며 물었다.
"글쎄요. 피라미드를 짓다가 만 것 같기도 하고. 어쨌든 생긴 게 영 밋밋해 보여요."

↓ **마스타바** 피라미드가 등장하기 전 이집트 귀족들의 무덤이야. 진흙 벽돌이나 돌을 이용해 측면은 비스듬하게 만들고 지붕은 평평하게 쌓았지.

↓ **조세르왕의 계단식 피라미드** 태양신의 아들인 파라오가 죽은 뒤 계단을 밟고 하늘로 돌아가도록 계단식으로 지었대.

"하하, 그렇게 볼 수도 있겠구나. 이건 '마스타바'라고 하는 거야. 피라미드가 등장하기 전부터 있었던 이집트의 전통 무덤이지. 그다음에 나온 게 바로 계단식 피라미드야."

용선생은 모니터에 새로운 사진을 띄웠다.

"오, 이제 모양이 피라미드랑 좀 비슷해졌는데요."

"그렇지? 이건 기원전 2700년 무렵에 지어진 조세르왕의 계단식 피라미드야. 마스타바 위에 다섯 층의 마스타바를 더 쌓아 올린 모양이지. 오늘날 최초의 피라미드로 알려진 무덤이란다."

"그래도 아직 뭔가 좀 아닌 것 같은데, 제대로 된 피라미드는 언제 만들어지는 거죠?"

"조세르의 뒤를 이은 파라오들도 계단식 피라미드가 꽤 맘에 들었는지 한동안 비슷한 모양으로 피라미드를 지었어. 하지만 파라오의 권력이 커질수록 더 높고 거대한 피라미드를 만들고 싶은 욕심도 점점 더 커졌지. 그러다 100년 뒤쯤 마침내 우리가 아는 피라미드가 만들어지게 된단다. 바로 기자의 3대 피라미드가 그 주인공들이지."

용선생이 모니터에 새로운 사진을 띄웠다.

맥주가 없었으면 피라미드도 없었다고?!

▼ **기자의 3대 피라미드**
이집트에서 가장 큰 피라미드들이야. 기자라는 도시에 있기 때문에 보통 '기자의 3대 피라미드'라고 불러. 이 중에서 쿠푸의 피라미드가 가장 크고 오래되었으며, 형태도 완전하게 남아 있지.

"굉장하지? 셋 가운데서 가장 큰 건 가운데 있는 쿠푸왕의 피라미드야. 초등학교 운동장 8개 크기의 넓이에, 40층짜리 빌딩에 맞먹는 높이를 자랑하지."

용선생의 설명에 아이들이 감탄을 내뱉었다.

"히야, 진짜 어마어마하다!"

하지만 허영심만은 시무룩해졌다.

"이 피라미드가 멋지긴 하지만 피라미드를 지으려면 많은 사람들을 데려다 강제로 일을 시켰을 거야."

나선애도 맞장구를 쳤다.

"맞아. 메소포타미아에서도 노예들을 붙잡아 와서 강제로 일을 시켰다고 했어."

그러자 용선생이 황급히 손을 내저었다.

"아냐, 아냐. 그건 오해야. 사실 옛날에는 학자들도 대부분 그렇게 생각했단다. 그런데 알고 보니 피라미드는 노예들을 동원해 지은 게 아니었어. 그냥 평범한 농민들과 기술자들이 돌을 캐고, 나르고, 깎아서 피라미드를 지었지."

"농사지어야 할 농민들을 강제로 데려다 일을 시켰다고요? 그 사람들은 어떻게 먹고살라고……."

이번에는 장하다가 거들었다.

하지만 용선생은 고개를 살랑살랑 저었다.

"그게 아니라 임금을 주고 데려다 썼어. 나일강이 범람해서 들판이 물에 잠기는 세 달 동안은 농민들은 어차피

↓ 멘카우레의 조각상
3대 피라미드 중 제일 작은 피라미드의 주인인 멘카우레의 조각상이야. 왼쪽은 이집트 왕실의 수호신 하토르, 오른쪽은 바트 여신이래.

인류 최초의 파업

기원전 1152년, 파라오의 무덤을 건설하던 일꾼들이 작업을 멈추고 일반인의 출입이 금지된 신전으로 들어가 시위를 벌였어. 그리고 이렇게 말했지.

"우리는 굶주리고 있습니다. 이번 달 월급날이 벌써 18일이나 지났습니다. 입을 옷도 없습니다. 생선도 없습니다. 야채도 없습니다. 우리의 주인이신 파라오께 사람을 보내 이 문제를 알려 주십시오."

신전을 점거한 시위대의 수는 하루가 다르게 불어나 결국엔 100명이 넘는 일꾼들이 모여들었어. 그러자 공사를 담당했던 관리는 사람을 보내서 이렇게 약속했어.

"창고가 비는 한이 있더라도 반드시 당신들의 임금부터 먼저 지급하겠다."

일꾼들은 그 약속을 듣고서야 시위를 끝내고 작업장으로 돌아갔어. 이집트에서 대규모 건축에 동원된 일꾼들이 노예가 아니라 어디까지나 임금을 받고 일하는 노동자였다는 것을 알게 해 주는 일화이지.

↑ 토리노 파피루스
이집트 노동자들의 파업이 기록되어 있는 파피루스 문서야.

별 할 일이 없었거든. 그래서 이때 파라오가 임금을 주고 농민들을 데려다 일을 시켰던 거야."

"쳇, 말이 그렇지 실컷 일만 시키는 거 아니에요?"

"그렇지 않아. 오히려 피라미드 공사는 가난한 사람에겐 농한기에 짭짤하게 돈을 벌 수 있는 좋은 일자리이기도 했어."

"정말요? 그 옛날에 이렇게 어마어마한 건물을 지은 것도 대단한데, 꼬박꼬박 임금을 주고 일을 시키다니."

"선생님, 그런데 사람만 잔뜩 모은다고 저런 어마어마한 건축물을

 **곽두기의 국어 사전**

농한기 농사 농(農) 한가할 한(閑) 때 기(期). 농사일이 바쁘지 않은 한가한 시기야.

나일강의 선물 이집트 문명 **145**

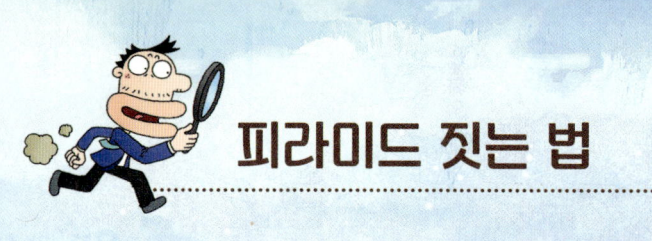

피라미드 짓는 법

돌을 채취하는 모습
피라미드에 쓰인 돌은 대부분 석회석이야. 석회석은 비교적 무른 돌이어서 나무망치나 돌 쐐기로도 쉽게 다듬을 수 있었거든. 피라미드가 자리 잡은 곳은 석회석이 많은 채석장과 비교적 가까운 곳이었어.

채취한 돌을 나르는 모습
채취한 돌을 나를 때에는 나일강의 범람이 큰 역할을 했어. 나일강이 범람했을 때 뗏목과 돌을 끈으로 연결해서 강을 건너면 하루에도 수백, 수천 개의 돌을 나를 수 있었지.

피라미드 꼭대기에 사각뿔을 얹는 모습

피라미드 꼭대기에는 금박을 입힌 돌을 올리고 위에서부터 아래로 내려오면서 계단과 계단 사이에 석회암 벽돌을 놓아. 그리고 외부를 매끈하게 만들면 피라미드 공사가 끝나지. 이런 과정을 거쳐서 피라미드 하나를 만드는 데에는 무려 수십 년이 걸렸단다.

경사로를 통해 피라미드의 아랫돌을 쌓는 모습

피라미드 아래에 놓인 돌 하나의 무게는 대략 2톤 정도 돼. 아마도 진흙이나 벽돌로 기다란 경사로를 만들고 돌 밑에는 둥근 나무를 깔아 돌을 끌어 올렸을 거야. 일단 경사로만 제대로 만들어지면 돌은 10명 내외만 힘을 써도 움직일 수 있었지.

지을 수는 없잖아요. 이집트도 메소포타미아처럼 뛰어난 과학 기술을 가지고 있었던 건가요?"

"물론이지. 과학 기술 없이 어떻게 저런 어마어마한 건축물을 지을 수가 있었겠니. 말 나온 김에 이번에는 이집트인들의 뛰어난 과학 기술에 대해서 알아볼까?"

용선생의 핵심 정리

피라미드는 마스타바 → 계단식 피라미드 → 피라미드로 점차 발전함. 기자의 3대 피라미드는 기원전 2560년 무렵부터 건설. 보통 농한기에 농민을 고용해 건설했음.

수학을 공부하고 달력을 만들다

"이집트에서 특히 발전했던 분야는 기하학을 비롯한 수학이었어."
"으으, 수학이라고요?"
수학이라는 말에 하다가 비명을 질렀다.

곽두기의 국어 사전

기하학 사물이나 도형의 모양, 길이, 위치 등에 대해 연구하는 학문이야.

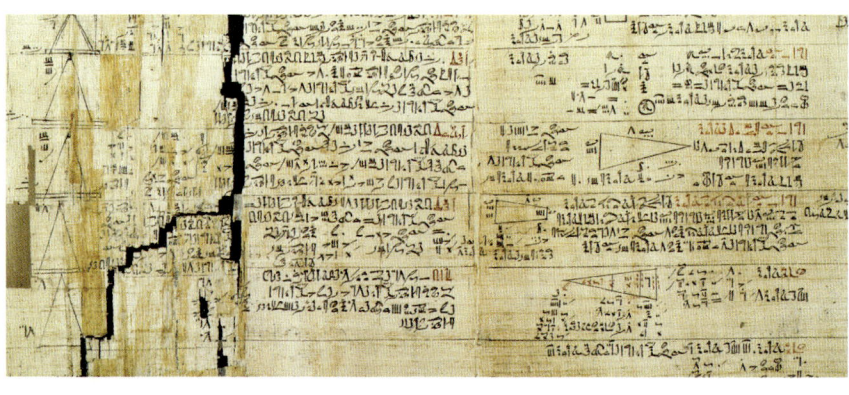

➜ **이집트의 수학 교재** 기원전 1650년 아모세라는 서기가 필사한 파피루스야. 여기엔 일상생활에 꼭 필요한 수학 문제들이 적혀 있지. 고대 이집트인들의 수학 교과서라고 보면 돼.

"에구, 이집트도 마냥 살기 좋은 곳은 아니었군요."

"선생님, 근데 이집트 아이들도 우리처럼 수학 공부를 했어요?"

"물론이야. 식량을 공평하게 나누는 법, 땅 넓이 계산하기, 건물 높이 계산하기 등 일상생활에서 써먹을 수 있는 연습 문제를 빼곡히 담은 수학 문제집도 있었는걸. 이 문제집을 보면 이집트 사람들이 원과 삼각형의 넓이, 원기둥의 높이와 부피 계산하는 방법 등을 훤히 알고 있었다는 걸 알 수 있지."

"도대체 옛날에 원의 넓이나 부피 같은 것들을 왜 공부한 거죠?"

"그야 수학이 일상생활에 꼭 필요했기 때문이지."

"먹고사는 데 수학이 굳이 필요해요?"

"나일강이 범람하면 땅의 모양도 바뀌고, 논밭 경계도 모두 사라져 버렸어. 그래서 물이 빠지고 나면 늘 땅을 새로 측량해 나누어야 했

◀ 토지를 측량하는 이집트 사람들

귀족의 무덤에 그려진 벽화야. 세금을 걷는 관리들이 정확히 세금을 매기기 위해 토지를 측량하는 모습을 그렸지.

지. 그때 이런 수학 지식이 꼭 필요했던 거야."

"그러니까 나일강 때문에 수학이 발달한 거네요?"

"왜 이집트 문명을 나일강의 선물이라고 했는지 알겠지? 이집트에서는 정말 하나부터 열까지 모든 게 나일강이랑 연결되어 있거든. 그리고 수학은 피라미드를 짓는 데도 꼭 필요한 학문이었어. 멋진 피라미드를 지으려면 돌들이 서로 딱 맞물려야 해. 그러려면 피라미드 전체는 물론 각 돌들의 길이와 높이, 각도를 정확히 계산해 내야만 했지. 수학이 발달하지 않고서는 절대 불가능한 일이었단다."

"알겠어요. 그러니까 피라미드에도 이집트의 뛰어난 수학이 숨겨져 있는 거군요."

"응, 수학 말고도 나일강 범람이 이집트 사람들에게 준 또 다른 선물이 있어. 바로 이집트의 달력이야."

"엥? 달력은 수메르 사람들도 만들었잖아요."

"그래, 그린데 이집트 사람들은 수메르 사람들과는 달리 태양력을 사용했지."

"태음력이 달을 기준으로 만든 달력이니까, 태양력이라면 태양을 기준으로 만든 달력인가요?"

"그렇단다. 이집트 사람들은 언제 나일강이 범람하는지를 정확히 알아내기 위해 늘 밤하늘의 별자리를 관찰했어. 그래서 시리우스 별자리가 동쪽 지평선에 나타나면 어김없이 나일강이 범람한다는 사실을 알아냈지. 그 기간을 계산해 보니 정확히 365일이었어. 그래서 이집트 사람들은 1년을 365일로 정했단다. 우리가 쓰는 달력과 같지?"

"그런데 시리우스 별자리랑 태양이 무슨 관계가 있는 거죠?"

허영심의 상식 사전

태양력 지구의 공전을 1년으로 하는 달력. 지구가 태양을 한 바퀴 도는 데 365일이 걸리기 때문에 태양력에서는 1년이 365일이야. 반면에 태음력에서는 달이 지구를 12바퀴 도는 걸 1년으로 하기 때문에 1년이 360일이 되지.

허영심의 상식 사전

시리우스 별자리 큰개자리라고도 해. 시리우스는 지구에서 볼 수 있는 가장 밝은 별이야.

"별자리가 같은 곳에서 나타나는 것은 지구가 태양을 한 바퀴 돌았다는 뜻이거든. 물론 이집트 사람들이 지구가 태양을 돈다는 사실을 알았던 것은 아니지만, 결과적으로는 지구가 태양을 한 바퀴 도는 데 걸리는 365일을 1년으로 삼은 거야. 이집트 달력은 오늘날 우리가 쓰는 달력의 할아버지뻘이기도 해. 왜냐하면 이집트의 태양력이 훗날 유럽으로 전해져 지금까지 내려온 거거든."

"우아, 이집트 정말 대단하군요."

"아, 그리고 이집트 사람들은 지금 우리처럼 십진법을 사용했어. 1부터 9까지는 막대기로 하나씩 숫자를 표시하고 10, 100, 1000 단위로 올라가면 다른 기호를 써서 숫자를 나타냈지. 자, 그럼 여기서 문제 하나. 아래 그림은 얼마를 나타낸 걸까? 표를 보고 잘 생각해 보면 답을 알아낼 수 있을 거야."

용선생이 칠판에 그린 이집트 숫자를 보고 왕수재가 손을 번쩍 들었다.

"음, 2,017 아닌가요?"

막대기 또는 한 획	소의 다리를 묶는 도구	감긴 밧줄	연꽃	가리키는 손가락	올챙이	놀란 사람 또는 신을 경배하는 모습
1	10	100	1,000	10,000	100,000	1,000,000

◀ 이집트의 숫자

왕수재의 말에 장하다가 눈을 가늘게 떴다.

"뭐? 저게 2,017이라고?"

"잘 봐. 1,000이 2개, 10이 하나, 1이 7개잖아. 그러니까 이것들을 합치면 2,017이 되지."

"와우, 정답! 단숨에 알아내다니, 굉장한데?"

그때 두기가 조심스럽게 손을 들었다.

"선생님, 아까부터 궁금했는데 이집트 문명에 대해서는 어떻게 알 수 있는 건가요?"

용선생의 핵심 정리

이집트인들은 별자리를 관측하고 범람 뒤 토지를 측량하는 과정에서 태양력을 만들고 수학을 발달시킴. 또한 십진법을 사용했음.

그림 문자를 사용하다

나선애의 세계사 사전

그림 문자 사물의 모양을 본뜬 문자를 말해. 상형 문자라고도 부르지. 이집트의 그림 문자가 대표적인 그림 문자로, 한자에도 그림 문자가 꽤 많아.

"그건 이집트 사람들이 유난히 많은 문자 기록을 남긴 덕분이야. 그래서 우리는 그 어떤 고대 문명보다 이집트 문명에 대해 정확히 알게 됐단다."

"이집트에서도 일찍부터 문자가 사용되었던 거군요?"

"물론이지. 이집트의 문자는 그림 문자야. 이집트 사람들은 기원전 3000년 무렵부터 무려 3,000년 동안이나 그림 문자를 썼지."

"우아, 3,000년 동안이나 똑같은 문자를 썼다고요?"

"똑같은 문자이긴 한데, 시간이 흐르면서 달라졌어. 복잡했던 선이 단순해지고 또 쓰임새에 따라 몇 가지로 나뉘었단다."

"에구, 도대체 무슨 말씀이신지."

"그림 문자는 사물의 모양을 본뜬 글자이다 보니 평소에 쓰기에는 너무 복잡했어. 그래서 점차 쓰기 쉽도록 단순해졌지. 하지만 편리함보다 권위를 내세워야 할 경우에는 일부러 복잡한 문자를 그대로 썼어. 이러다 보니 차츰 그림 문자가 몇 가지로 나누어진 거란다."

"어떻게 나누어졌는데요?"

"원래 모습에 가장 가까운 그림 문자는 신성 문자였어. 신성 문자는 파라오에 대한 기록을 남긴다든지 하는 아주 특수한 목적에만 쓰였단다. 다른 그림 문자로는 신관 문자가 있어. 신관 문자는 신전에서 일하는 신관들이 썼던 문자야. 보통 갈대 펜에 잉크를 묻혀 파피루스 위에 썼기 때문에 영어의 필기체처럼 흘림이 많았단다. 마지막은 한참 뒤에 만들어진 민중 문자야. 신성 문자나 신관 문자와 비교

> **곽두기의 국어 사전**
>
> **신관** 귀신 신(神) 벼슬 관(官). 신전에서 제사와 관련된 업무를 맡아보는 관리를 말해.

← **이집트 상형(그림) 문자**
하트셉수트 여왕에게 제사를 지내는 신전에 새겨진 그림 문자야.

나일강의 선물 이집트 문명 **153**

해 형태가 매우 단순했지. 직접 모양을 비교해 보면 어떻게 다른지 한눈에 알 수 있을 거야."

용선생이 모니터에 띄운 글자를 보고 허영심이 입을 열었다.

"갈수록 원래 모양이 사라지고 글자가 단순해졌네요."

영심이의 말에 하다도 맞장구를 쳤다.

"그러게. 저 정도면 나도 금방 배울 수 있겠다."

"더 재미있는 건 그림 문자가 시간이 지나며 특정 사물이 아닌 소리를 나타내는 기호로 변했다는 거야."

"소리를 나타내는 기호요?"

"응. 우리 한글은 글자 하나가 하나의 소리를 나타내는 기호잖니? 이집트 그림 문자도 이렇게 변한 거지. 아래 그림을 한번 보렴. 왼쪽에 있는 새 그림 있지? 원래 이 문자는 올빼미를 뜻했어. 하지만 점차 올빼미가 아니라 'ㅁ(미음)'이라는 소리를 나타내는 문자로 바뀐 거야."

"올빼미를 그려 놓고 올빼미가 아니라 'ㅁ'이라는 소리라니, 아휴 복잡해."

"복잡해진 게 아니라 오히려 쉬워진 거란다. 생각해 봐. 그림 문자는 사물 하나마다 글자가 따로 있어서 사물의 수만큼 문자가 많아야 해. 그래서 이집트 그림 문자는 600개가 훨씬 넘었어. 더 큰 문제는 '사랑', '생각' 같은 형체가 없는 단어들은 그림 문자로는 나타낼 수

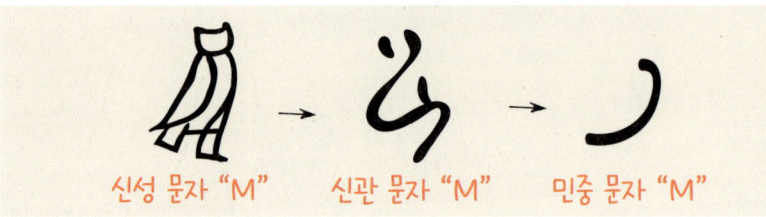

신성 문자 "M"　　신관 문자 "M"　　민중 문자 "M"

가 없었다는 거야. 하지만 한글이나 영어는 단 20~30개의 글자만으로 형체가 있건 없건 모든 단어를 적을 수 있잖니? 그래서 그림 문자도 차츰 소리를 나타내는 쪽으로 변해 간 거란다."

"선생님, 이집트 사람들은 지금도 저런 문자를 쓰나요?"

"아니. 이집트 사람들은 훗날 그리스의 영향을 크게 받아 그리스 문자를 받아들이고, 또 더 먼 훗날에는 이슬람 세력의 지배를 받으며 아랍 문자를 받아들였거든. 지금 이집트 사람들은 아랍 문자를 쓰고 있단다."

"어? 그럼 지금은 그림 문자를 쓰지 않는다는 거잖아요. 어떻게 쓰지도 않는 옛날 문자들이 무슨 뜻인지 알아낸 거죠?"

수재가 고개를 갸웃하며 물었다.

"하하, 거기엔 재미있는 이야기가 있단다. 사실 이집트의 그림 문자를 완전히 해독할 수 있게 된 건 1822년이었어. 그 이전에는 이집트가 남긴 수많은 문자 기록들을 보고도 아무도 무슨 뜻인지 몰랐지. 학자들은 어떻게든 문자를 해독해 보려고 했지만 모두 실패했어. 그런데 1799년 이집트에 쳐들어온 프랑스군 병사 하나가 로제타라는 마을에서 아주 오래된 비석 조각 하나를 발견한 거야. 거기에는 똑같은 내용이 순서대로 신성 문자, 민중 문자, 그리스 문자로 새겨져 있었어. 학자들은 그리스 문자를 이미 잘 알고 있었기 때문에 한 글자씩 비교하는 방법으로 마침내

↑ 이집트 신성 문자와 소리 대응표
각각의 문자가 나타내는 소리를 표시한 표야.

이집트 문자 해독의 열쇠? 로제타석

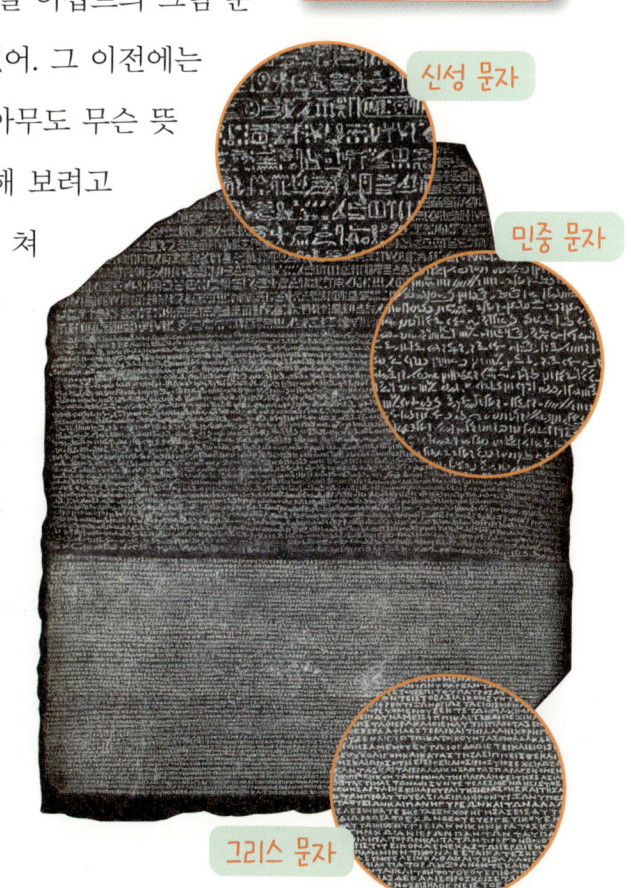

신성 문자

민중 문자

그리스 문자

➡ 로제타석 1799년 한 프랑스 병사가 이집트 북부 해안의 로제타에서 발견한 비석이야.

고대 이집트의 그림 문자를 완전히 해독할 수 있게 되었단다."

"히야, 그러니까 지금 우리가 이집트 문명에 대해 알 수 있게 된 게 다 로제타에서 발견한 비석 덕분이다, 이 말씀이군요."

"그렇단다. 이렇게 문자가 해독된 덕분에 그 어떤 문명보다 이집트 문명에 대해 자세히 알 수 있게 되었지."

용선생의 핵심 정리

이집트 문자는 그림 문자에서 출발해 차츰 소리 문자로 발전. 로제타석 덕분에 이집트 그림 문자를 완전하게 해독하는 데 성공함.

힉소스의 침략으로 위기를 맞다

"근데요, 이직도 이집트는 사방이 꽉 막힌 채로 살아가는 거예요?"

"사실 이집트도 점점 바깥 세계와 접촉이 늘어나고 있었어. 교역이 활발해지고 이집트에 대한 소문이 퍼지면서 기름진 나일강 삼각주로 오는 사람들도 늘어났지."

"남의 땅에 그렇게 맘대로 들어와도 되는 거예요?"

↓ **세누스레트 2세의 피라미드**
기원전 1800년대 초에 만들어진 피라미드야. 기자의 피라미드들과 비교했을 때 크기도 작고 기술도 뒷걸음질 쳤단다. 지금은 거의 무너져 흔적만 남아 있어.

"이집트가 막강할 때는 함부로 들어올 수가 없었지."

"네? 그럼 이집트가 약해지기라도 했단 말이에요?"

"그렇단다. 이집트가 약해진 건 기원전 2250년 무렵에 만들어진 피라미드를 보면 알 수 있어. 왜냐면 이때부터 만들어진 피라미드들이 영 볼품이 없어졌거든. 과거에 만들어진 피라미드들보다 크기도 작고 정교하지도 못했지. 이것만 보더라도 이집트에 무언가 문제가 있었음을 짐작할 수 있어."

"갑자기 무슨 문제가 생겨요? 나일강 덕분에 농사도 잘되고 사방이 바다와 사막이라 바깥에서 함부로 쳐들어올 수도 없다고 하셨잖아요."

허영심이 고개를 갸웃거렸다.

"문제가 생긴 건 나일강이었어. 기원전 2200년 무렵의 기록이 하나 남아 있는데, 한번 들어 보렴."

> 7년 동안 극심한 가뭄이 닥쳤다. 나일강이 메마른 탓에 걸어서 강을 건널 수 있었다. 굶주림에 시달린 사람들이 자식을 잡아먹는 지경에 이르렀다. 전염병마저 번져 사람들은 도적이 되었고 약탈을 당하는 마을이 늘어나고 있다.

"그러니까 가뭄 때문에 나라가 어려워졌다는 말씀인가요?"

"응. 이집트 사람들은 하나부터 열까지 모든 걸 나일강에 기대 살아왔어. 그런 나일강이 말라붙어 버렸으니 엄청난 타격을 입을 수밖에 없었지. 파라오의 권위도 곤두박질쳤어.

➜ **몬투호테프 2세** 테베의 지배자였던 몬투호테프 2세는 혼란을 끝내고 이집트를 다시 통일했어. 그래서 통일을 상징하는 이중 왕관을 쓰고 있지.

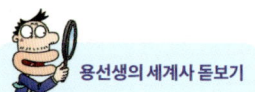
용선생의 세계사 돋보기

이집트는 총 세 차례에 걸쳐 통일 왕조가 들어섰어. 이 세 왕조를 순서대로 고왕국, 중왕국, 신왕국이라고 부른단다. 또 그 중간에 이집트가 분열되었던 시기를 중간기라고 해.

파라오가 가뭄을 해결하지 못하자 그제야 사람들은 파라오가 태양신의 아들이 아닌 자신들과 같은 인간일 뿐이라는 사실을 어렴풋이 깨달았거든. 기원전 2134년 무렵, 최초의 통일 왕국 고왕국이 멸망했어. 지방에서 힘을 가진 사람들이 저마다 자신이 파라오라고 주장하고 나서는 바람에 이집트는 갈가리 찢어진 채 내전과 혼란의 소용돌이에 휩싸였지. 겨우 수십 년 사이에 무려 126명의 파라오가 등장했다고 하니 이집트가 얼마나 혼란스러웠는지 알 만하지."

용선생의 말에 두기가 걱정스러운 표정을 지었다.

"설마 이대로 이집트가 망하는 건 아니겠죠?"

용선생이 천천히 고개를 끄덕였다.

"그럼. 기원전 2040년 무렵, 상이집트의 테베가 다시 한 번 이집트를 통일해 중왕국을 건설했어. 이로써 혼란은 끝났지만, 완전히 옛날로 돌아갈 수는 없었어. 한번 떨어진 파라오의 권위는 원래대로 회복되지 못했거든. 그래서 중왕국 시기엔 여러 가지 변화가 일어났어. 가장 큰 변화는 더 이상 예전처럼 거대한 피라미드를 만들지 않았다

↗ 제1중간기 　　　　　↗ 제2중간기

고왕국
대피라미드 건설
(기원전 2680년~
기원전 2134년)

중왕국
카르나크 신전 건설
멸망 후 힉소스가
이집트 지배
(기원전 2040년~
기원전 1640년)

신왕국
오리엔트로 진출
아부심벨 신전 건설
(기원전 1550년~
기원전 1070년)

▲ 이집트 문명의 시대 구분

시누헤 이야기

경제적으로 풍요로웠던 중왕국 시대는 문학의 전성시대였어. 중왕국 시대의 대표적인 작품 '시누헤 이야기'는 세누스레트왕의 시종인 시누헤가 궁정의 권력 싸움을 피해서 떠난 서아시아에서 겪은 이야기야. 요즘처럼 해외여행이 자유롭지 못했던 이집트 사람들에게 시누헤의 모험담은 큰 인기를 끌었지.

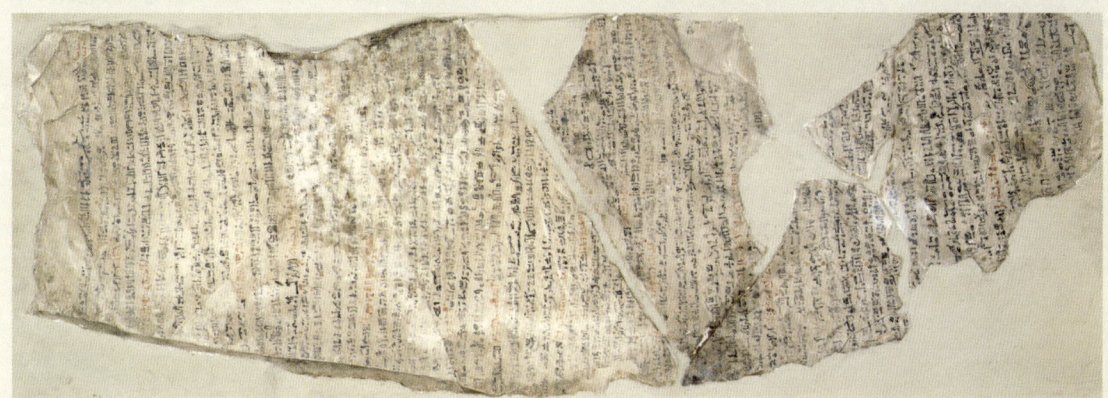

↑ **시누헤 이야기가 새겨진 도자기 조각** 테베의 개인 무덤에서 발견되었어. 도자기 조각과 파피루스 등에 쓰여진 총 36편의 시누헤 필사본이 오늘날까지 전해 오지.

→ **영화 〈이집트인 시누헤〉의 한 장면** 핀란드 작가 미카 왈타리의 소설을 원작으로 해서 만든 영화야. 모티브는 시누헤 이야기에서 따왔지만 줄거리는 완전히 다르지.

는 거야. 파라오는 피라미드에 돈을 쏟기보다는 군대를 기르고, 교역을 통해 나라의 수입을 늘리는 데 더 많은 신경을 썼어. 태양신의 아들로 숭배를 받는 것보다 강력한 군사를 거느려 경쟁자를 누르는 게 더 낫다고 본 거야. 또 국경 곳곳에 요새를 지어 바깥 세력의 침입을 막고, 강력한 군사력을 이용해 교역에서 주도권을 확보했어. 그리고

▲ **네페루프타 공주의 목 장식** 아메넴헤트 3세의 딸이었던 네페루프타 공주의 목 장식이야. 황금과 청금석을 비롯한 희귀한 보석으로 만들었어.

활발히 정복 활동을 벌여 그동안 잃었던 영토를 되찾았지."

"히야, 이제야 제법 왕 같아 보이네요."

"그렇지? 그리고 이때부터 파라오는 값비싼 장식으로 자신을 꾸미는 데도 신경을 많이 썼지."

용선생은 모니터에 사진 한 장을 띄웠다.

"어머, 예쁘다! 선생님, 이게 뭐예요?"

"하하, 이건 이 무렵 한 공주가 목에 걸었던 목 장식이란다. 파라오 가족이 아니고서는 꿈도 꿀 수 없는 호화로운 장식품이지."

"우아, 파라오의 권위가 떨어졌다면서 너무 사치 부리는 거 아니에요?"

"파라오는 일부러 이런 화려한 장식으로 자신을 뽐냈단다. 평범한 사람들과는 다르게 보이려고 한 거지."

"그러니까 강력한 군대와 함께 값비싼 장식들도 파라오의 권위를 높이는 데 도움을 주었다, 이 말씀이죠?"

왕수재의 지리 사전

누비아 이집트 남부에서 수단에 걸친 지역이야. 이집트와 교류가 많아 그 영향을 많이 받았어.

레반트 이집트의 북동쪽으로, 지금의 이스라엘과 레바논이 있는 곳을 말해.

"그렇지. 이집트는 차츰 혼란에서 벗어나 다시 날개를 활짝 폈어. 중왕국 때 가장 눈에 띄는 건 바깥 지역과의 활발한 교역이야. 나일 강 삼각주에서 거두어들인 곡물과 누비아에서 들여온 황금과 상아를 지중해와 오리엔트에 내다 팔았지. 그리고 목재와 보석, 청동기를 만드는 데 필요한 구리와 주석 같은 금속들을 수입했어. 교역으로 이집트는 자연스레 그리스를 비롯한 지중해 세계와 메소포타미

↑ **세누스레트 3세의 목걸이 장식** 파라오를 상징하는 스핑크스가 독수리의 보호를 받으며 적을 물리치는 모습을 나타낸 장식이야. 이집트에서 나지 않는 값비싼 청금석으로 만들어진 것으로 보아 이때 바깥 세계와 교역이 활발하게 이루어졌음을 알 수 있지.

↑ **힉소스인 파라오의 스크라브**
낯선 외국인 파라오의 이름이 새겨진 스크라브야. 스크라브는 이집트인이 생명의 상징이라 여겼던 풍뎅이 모양을 한 인장으로, 미라를 만들 때 끼워 두면 다시 살아난다고 믿었대.

아, 레반트 등 오리엔트 세계와 폭넓게 접촉하게 되었단다. 이집트는 더 이상 좁은 나일강 유역에 갇힌 나라가 아닌 훨씬 더 넓은 세계의 나라가 된 거야. 이집트는 오리엔트에서 손꼽히는 강대국이자 선진국이었어. 그러다 보니 자연스럽게 이집트의 발달된 문명이 지중해와 오리엔트 세계로 퍼졌단다."

"흠, 근데 이집트가 살기 좋다는 소문이 쫙 퍼졌으니 다른 나라들이 가만 내버려 둘 리가 없었을 것 같은데요?"

영심이가 심각한 표정을 짓자 용선생도 고개를 끄덕였다.

나일강의 선물 이집트 문명 **161**

파피루스 만드는 법

이집트 사람들은 나일강 주변 늪지대에 커다란 풀을 심어 여러 가지 용도로 사용했어. 이 풀을 파피루스라고 해. 이집트 사람들은 파피루스 줄기를 잘라 가로세로로 포갠 뒤 잘 두들겨서 표면을 매끄럽게 만들어 글씨를 쓸 수 있는 종이를 만들었어. 그래서 파피루스는 영어로 종이를 뜻하는 단어 Paper의 어원이 되었단다. 물론 이집트 사람들이 파피루스로 종이만 만들었던 건 아냐. 파피루스 즙으로 음료수도 만들고, 줄기로 옷과 구두, 심지어는 배까지 만들었지. 파피루스의 용도가 다양한 만큼 파라오는 아무나 파피루스를 재배하지 못하도록 금지하고, 파피루스 무역을 독차지해 많은 이익을 얻었단다.

↑ 나일강가의 파피루스

파피루스 줄기를 잘라 운반한다.

각 줄기를 약 30센티미터 길이로 자른 뒤, 줄기를 세로로 얇게 자른다.

자른 파피루스 줄기를 나란히 놓아 네모나게 만들고 그 위에 직각 방향으로 한 겹을 더 놓는다. 나무망치로 두들겨 편 다음 돌이나 압축기로 누른다.

나무줄기에서 나오는 끈적한 진액으로 서로 붙도록 한 후 말려 종이로 사용한다.

▲ 교역을 하러 온 힉소스인 기원전 1700년 무렵 이집트 무덤 벽화야. 시리아 가나안 지방에서 온 외국인의 모습이 그려져 있어. 여기에 힉소스라는 명칭이 처음 등장하지.

"그래, 바로 그 생각이 들어맞았어. 중왕국이 세워진 지 400년이 지난 기원전 1600년대 무렵이었어. 레반트에 살던 이민족들이 점차 나일강 삼각주 쪽으로 밀려들어 왔어. 교역 때문에 이집트에 무역 기지를 건설하러 온 이민족도 있었고, 포로로 이집트에 끌려온 이민족도 있었지. 이집트 사람들은 이들을 '이방인의 지배자'라는 뜻으로 힉소스라고 불렀어. 힉소스인들은 삼각주에 둥지를 틀고 차곡차곡 세력을 키워 나갔단다. 그리고 힘이 약해진 중왕국이 무너진 틈을 타

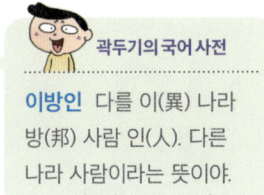

곽두기의 국어 사전

이방인 다를 이(異) 나라 방(邦) 사람 인(人). 다른 나라 사람이라는 뜻이야.

하이집트를 날름 집어삼켰어. 이제 이집트는 역사상 처음으로 이민족의 지배를 받게 되었지. 이때부터 100년 가까이 상이집트 일부를 제외한 이집트 대부분을 힉소스인들이 지배했단다."

"에이, 천하의 이집트도 이민족의 지배를 받게 되다니."

장하다가 실망한 듯이 말했다.

"어쩔 수 없었어. 전쟁이 잦았던 오리엔트 출신인 힉소스인은 이집트 사람들이 맞서 싸우기엔 전쟁 경험도 많고, 이집트에는 없는 최신 무기까지 갖추고 있었거든."

"최신 무기라면 혹시 청동 무기나 전차 말씀하시는 건가요?"

메소포타미아 문명을 공부할 때 배운 내용을 떠올리며 선애가 물었다.

"딩동댕~! 힉소스인은 말이 끄는 전차와 강력한 청동 무기를 갖추고 있었단다."

"참 나. 이집트 사람들은 저런 무기도 안 갖추고 뭘 한 거야."

장하다가 고개를 저으며 중얼거렸다.

"하지만 이대로 주저앉을 이집트가 아니었어. 이집트 사람들은 테베를 중심으로 뭉쳐 100년 만에 힉소스인을 몰아내고 다시금 강력한 통일 왕국을 만들어 낸단다. 바로 이집트 신왕국이 탄생한 거지. 신왕국 시대 파라오들은 힉소스인이 살았던 레반트 지역은 물론 시리아 지역까지 손에 넣었어. 특히 신왕국의 전성기를 이끈 람세스 2세는 강력한 국력을 바탕으로 오리엔트의 강국들과 싸웠지. 신왕국 시대 이집트는 오리엔트의 내로라하는 강국들과 본격적인 경쟁을 펼쳤단다."

장하다의 인물 사전

람세스 2세 이집트의 파라오들 가운데 가장 유명한 사람이지. 람세스 2세는 지중해 일대를 휩쓴 바다 민족을 몰아내고 오리엔트의 강국 히타이트와 치열한 싸움을 벌였어.

"오리엔트의 강국들이라면 누굴 말하는 거죠?"

"하하, 그 나라들에 대해서는 차차 배우게 될 거야. 메소포타미아 문명을 공부할 때 나온 바빌로니아 제국도 그중에 하나라는 것만 미리 말해 두지. 자, 얘들아. 공부하느라 모두들 고생 많았어. 오늘은 여기까지 하자꾸나. 안녕~!"

>  **용선생의 핵심 정리**
>
> 레반트 지역에 살던 이민족들이 나일강 삼각주로 대거 이주함. 이들 이민족은 중왕국 멸망 후 기원전 1640년 무렵부터 100년가량 하이집트를 지배함. 이들을 이방인 지배자라는 뜻으로 힉소스라고 함.

나선애의 정리노트

1. **이집트의 자연환경**
   ① 나일강의 규칙적인 범람 → 비옥한 흙이 쌓이는 강변에서 농사가 잘됨.
   ② 바다와 사막으로 둘러싸인 지형 → 외부 침입을 덜 받으며 독자적으로 발전

2. **이집트의 통일과 파라오의 등장**
   - 나일강 상류 지역은 상이집트, 하류 지역은 하이집트
   - 상이집트의 나르메르왕이 이집트를 통일하고 3,000년간 이어지는 통일 왕조를 세움.
     * 파라오: 이집트의 왕. 태양신의 아들로 여겨짐. 별자리를 관찰해 나일강의 범람을 예측!

3. **이집트인의 문화와 발전된 기술**
   - 이집트인은 계절과 마찬가지로 영혼이 죽지 않고 탄생과 죽음을 되풀이한다고 생각함.
     → 부활을 대비해 시신을 미라로 만들고 파라오의 사후 세계 궁전인 피라미드를 건설
   - 피라미드 건축을 위한 기하학, 나일강 범람 예측을 위한 천문학이 발전
     → 십진법과 1년을 365일로 계산한 태양력을 사용
   - 사물의 모양을 본뜬 그림 문자를 발명!
   - 나일강 늪지대에서 자라는 파피루스로 종이를 만들어 사용

4. **이집트 문명의 위기와 변화**
   - 나일강의 극심한 가뭄 → 고왕국 멸망. 파라오의 권위가 떨어짐.
   - 중왕국 이후 피라미드 건설 중단 → 군사력을 강화하고 활발한 교역 활동을 벌임.
   - 힉소스인의 침략으로 중왕국 멸망 → 100여 년 뒤 신왕국이 이집트 재통일!

세계사 퀴즈 달인을 찾아라!

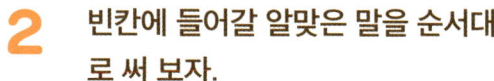

1 이집트 문명에 대한 특징으로 알맞지 <u>않은</u> 것은?　　　(　　)

① 이집트인들은 태양력과 십진법을 사용했어.

② 기하학과 천문학이 발전하고 토목 기술이 발달했지.

③ 대규모 관개 공사가 없었기 때문에 강력한 권력을 쥔 지도자가 등장하지 못했어.

④ 나일강이 주기적으로 범람한 덕분에 이집트인들은 비옥한 땅에서 농사를 지을 수 있었어.

2 빈칸에 들어갈 알맞은 말을 순서대로 써 보자.

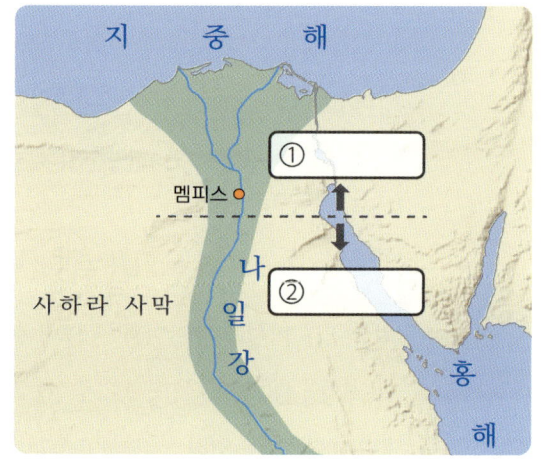

〈나일강 상·하류 지역을 나타낸 지도〉

(① 　　　　　, ② 　　　　　)

3 빈칸에 들어갈 알맞은 말을 써 보자.

이집트에서는 왕을 태양신 라의 아들이라는 의미에서 ○○○라고 불렀다.

(　　　　　　　　　　)

4 이집트인의 문화에 대한 설명으로 알맞은 것에 ○표, 알맞지 <u>않은</u> 것에 X표 해 보자.

○ 지구라트라는 거대한 신전을 짓고 홍수와 전쟁 등으로부터 보호해 달라고 빌었어.
( )

○ 부활을 대비해 시신을 미라로 만들고, 파라오의 사후 세계 궁전인 피라미드를 건설했어.
( )

○ 이집트인은 계절과 마찬가지로 영혼이 죽지 않고 탄생과 죽음을 되풀이한다고 생각했어.
( )

5 이집트 문명에서 측량 기술과 토목 기술이 발달한 이유를 바르게 설명한 친구는? ( )

 ① 파피루스 종이를 만들기 위해서야.

 ② 사후 세계를 믿지 않고 현재 삶의 안정을 중시했기 때문이야.

 ③ 이민족의 침략이 잦아서 이에 대비해 성을 쌓는 기술이 발달했기 때문이야.

 ④ 나일강이 범람한 후 농지를 정리하고 토목 공사를 실시해야 했기 때문이야.

6 빈칸에 들어갈 알맞은 말을 써 보자.

아래 그림 속 사람들은 하이집트를 정복해 중왕국을 무너뜨린 ○○○인이야.

( )

7 다음 유물의 이름으로 알맞은 것은?
( )

① 파피루스
② 카노푸스
③ 피라미드
④ 로제타석

 정답은 338쪽에서 확인하세요!

용선생 세계사 카페

《사자의 서》, 사후 세계를 무사히 통과하기 위한 안내서

이집트 사람들은 사후 세계에 여러 관문이 있고, 그 관문을 무사히 통과하지 못한 영혼은 부활하지 못한 채 영원히 죽는다고 믿었어. 《사자의 서》는 죽은 자의 영혼이 무사히 저승의 관문을 통과하기 위한 요령이 적힌 책이야. 자식은 돌아가신 부모의 영혼이 사후 세계의 관문을 무사히 통과해 부활하기를 기원하며 부모의 시신 옆에 《사자의 서》를

죽음의 신 아누비스
아누비스는 자칼의 머리를 한 신이야. 죽은 자의 영혼을 심판의 저울로 데려가는 저승사자 역할을 해.

심판의 저울
심장의 무게를 달아 죽은 자가 살아서 지은 죄를 재는 저울이야.

죽은 자의 심장

정의의 신 마트의 깃털

암무트
악어 대가리에 사자의 갈기를 한 괴물. 심판의 저울 옆에서 기다리고 있다가 깃털보다 무거운 심장을 꿀꺽 삼켜 버려.

함께 묻었지.

심장은 양심을 상징하는데, 살아서 지은 죄가 많을수록 무거워져. 괴물 암무트가 심장을 삼켜 버리면 영원히 죽어서 다시는 부활할 수 없었다는구나.

오시리스 신
사후 세계의 최고신이자 생명을 담당하는 신이야. 초록색 피부를 한 오시리스 신은 오른손에는 권능을 상징하는 지팡이를, 왼손에는 생명을 상징하는 도리깨를 쥐고 있어. 관문을 무사히 통과한 영혼은 오시리스 앞으로 가 영원한 생명을 받았어.

토트 신
저승의 서기관으로 심판 과정을 꼼꼼히 기록해. 따오기 머리를 하고 있어.

호루스 신
오시리스 신의 아들로 심판 과정을 감독해. 매의 머리를 하고 있어.

대답만 잘하면 죄지은 자도 무사통과?

자식들은 돌아가신 부모님의 영혼이 혹시라도 심판의 저울을 통과하지 못할까 봐 걱정이 이만저만 아니었어. 그런데 《사자의 서》에는 약간의 죄가 있어도 심판의 저울을 무사히 통과할 수 있는 비법이 적혀 있었단다. 《사자의 서》에 따르면 심판의 저울 앞에서 이렇게 고백하면 된대.
"저는 도둑질하지 않았습니다. 저는 거짓말하지 않았습니다. 저는 신을 모독하지 않았습니다. 저는 음모를 꾸미지 않았고 강물을 더럽히지 않았습니다. 저는 게으른 사람이 아닙니다. 저는 남을 울린 적이 없으며 남의 땅을 빼앗은 적이 없습니다. 저는 사람을 죽인 적이 없으며 저울의 눈금을 속인 일이 없습니다."
신전 사제들은 부모를 걱정하는 자식의 마음을 이용해 《사자의 서》를 아주 비싼 값에 팔기도 했대.

| 용선생 세계사 카페 |

이집트 문명이 남긴 위대한 문화유산을 찾아서

① 아부심벨 신전

이집트 신왕국의 전성기를 이끈 람세스 2세의 신전이야. 자신을 본뜬 높이 20미터의 조각상 4개를 입구에 배치하고, 벽에는 자신이 전쟁에서 세운 공을 새겨 놓았지. 아부심벨 신전이 아스완 댐 건설로 물에 잠길 위기에 처하자 유네스코가 앞장서 원래보다 70미터 높은 현재 위치로 옮겨 놓았어. 우리나라도 이전 비용을 보탠 50개국 중 하나래.

▲ 아부심벨 신전 입구에 있는 람세스 2세 조각상
대신전은 정면 높이가 32미터, 너비가 38미터, 안쪽 길이가 63미터나 돼. 신전으로 들어가는 입구 옆에는 각각 상·하이집트를 나타내는 이중 왕관을 쓴 람세스 2세 조각상 네 개가 나란히 세워져 있어.

▲ 신전 근처의 나세르호
신전 옆에는 아스완 댐 건설로 생겨난 나세르호가 있어.

172

❷ 룩소르 신전

카르나크 신전의 부속 신전으로 풍년을 기원하는 오페트 축제가 열리던 곳이야. 오페트 축제는 카르나크 신전에 모셔져 있는 아몬 신상을 룩소르 신전으로 옮기는 행사야. 축제 때 황금 배를 타고 나일 강을 한 바퀴 돈 뒤 신상을 24일간 룩소르 신전에 모셨어. 수많은 이집트인들이 신상을 뒤따르며 풍년을 기원했지.

↑ 룩소르 신전 전경

↑ **오페트 축제 상상도** 아몬 신을 태운 가마가 룩소르 신전으로 들어서는 모습이야.

❸ 카르나크 신전

카르나크 신전은 파라오가 아몬 신에게 풍년을 빌며 제사를 지내던 곳이야. 남북으로 540미터, 동으로 500미터, 서로 600미터의 사다리꼴 형태로 이루어진 세계 최대의 신전 건물이지. 신전 안에는 15~23미터의 거대한 돌기둥이 134개나 빼곡히 늘어서 있어. 지금은 색이 흐려졌지만 원래는 기둥마다 람세스 2세의 업적과 이집트 신화가 화려한 색깔의 상형 문자로 기록되어 있었대.

↑ 카르나크 신전 전경

❹ 오벨리스크

오벨리스크는 태양신과 관련된 돌탑으로, 거대한 바위를 깎아 만든 뾰족한 사각탑이야. 이 우아한 돌탑에 사로잡힌 많은 정복자들이 오벨리스크를 자기 나라로 빼돌리는 바람에 현재 이집트에는 몇 개 남아 있지 않대. 이렇게 빼앗아 간 오벨리스크가 로마, 파리, 이스탄불 등 세계 곳곳에 서 있어.

◀ 태양의 도시 헬리오폴리스의 오벨리스크
현재 남아 있는 가장 오래된 오벨리스크야.

↑ 카르나크 신전 돌기둥
기둥들은 파피루스 모양을 본떠 만들었는데, 채색한 흔적이 남아 있어. 아마도 원래는 빛깔이 화려한 기둥들이었을 거야.

❺ 기자의 3대 피라미드

세계 7대 불가사의 중 첫 번째 불가사의로 꼽히는 게 바로 기자의 피라미드야. 가장 거대한 쿠푸왕의 피라미드는 가로세로 각 230미터, 높이 146미터나 되는데, 여기에 270만 개의 돌이 쓰였대.

↑ **기자의 3대 피라미드** 왼쪽부터 멘카우레왕, 카프레왕, 쿠푸왕의 피라미드야.

❻ 카프레왕의 대(大)스핑크스

스핑크스는 피라미드나 신전을 지키는 수호신이야. 사자의 몸뚱이에 파라오의 머리를 하고 있어. 기원전 2600년대에 살았던 카프레왕의 대스핑크스는 원래 여기에 있던 거대한 바위를 깎아서 만든 것으로 길이 74미터, 폭 19미터, 높이 20미터의 세계 최대 조각상이지. 스핑크스라는 이름은 '괴물'을 뜻하는 그리스어에서 나온 것으로, 이집트 사람들은 스핑크스를 '지평선의 호루스'라고 불렀대. 앞발 사이의 비석에는 기원전 1400년 무렵 투트모스 4세가 모래에 묻혀 있던 스핑크스를 꺼내 주고 파라오가 되었다는 전설이 새겨져 있어.

↓ **카프레왕의 대스핑크스** 카프레왕의 피라미드 앞에 자리 잡고 있어. 길이는 약 74미터로, 현재 가장 크고 오래된 스핑크스래.

4교시

모래 밑에서 찾아낸 인더스 문명

유라시아 대륙 남쪽에 붙어 있는 인도 아대륙!
인도 아대륙 북서쪽 인더스강 유역은 비옥한 땅과 풍부한 자원 덕분에
일찍이 4대 문명의 하나로 꼽히는 인더스 문명이 꽃을 피웠던 곳이야.
이번 시간에는 인더스 문명을 꽃피운 사람들은 누구인지,
또 인더스 문명의 구체적인 모습은 어땠는지
하나하나 알아보기로 하자.

기원전 7000년 무렵	기원전 3000년 무렵	기원전 2000년 무렵	기원전 1700년 무렵	기원전 1500년 무렵	기원전 1000년 무렵
인더스강 상류에서 농경 시작	인더스강 유역에서 도시 국가 번성	아리아인의 이동 시작	인더스 문명 몰락	아리아인의 인도 침입, 베다 시대 시작	갠지스강 유역 개발 시작

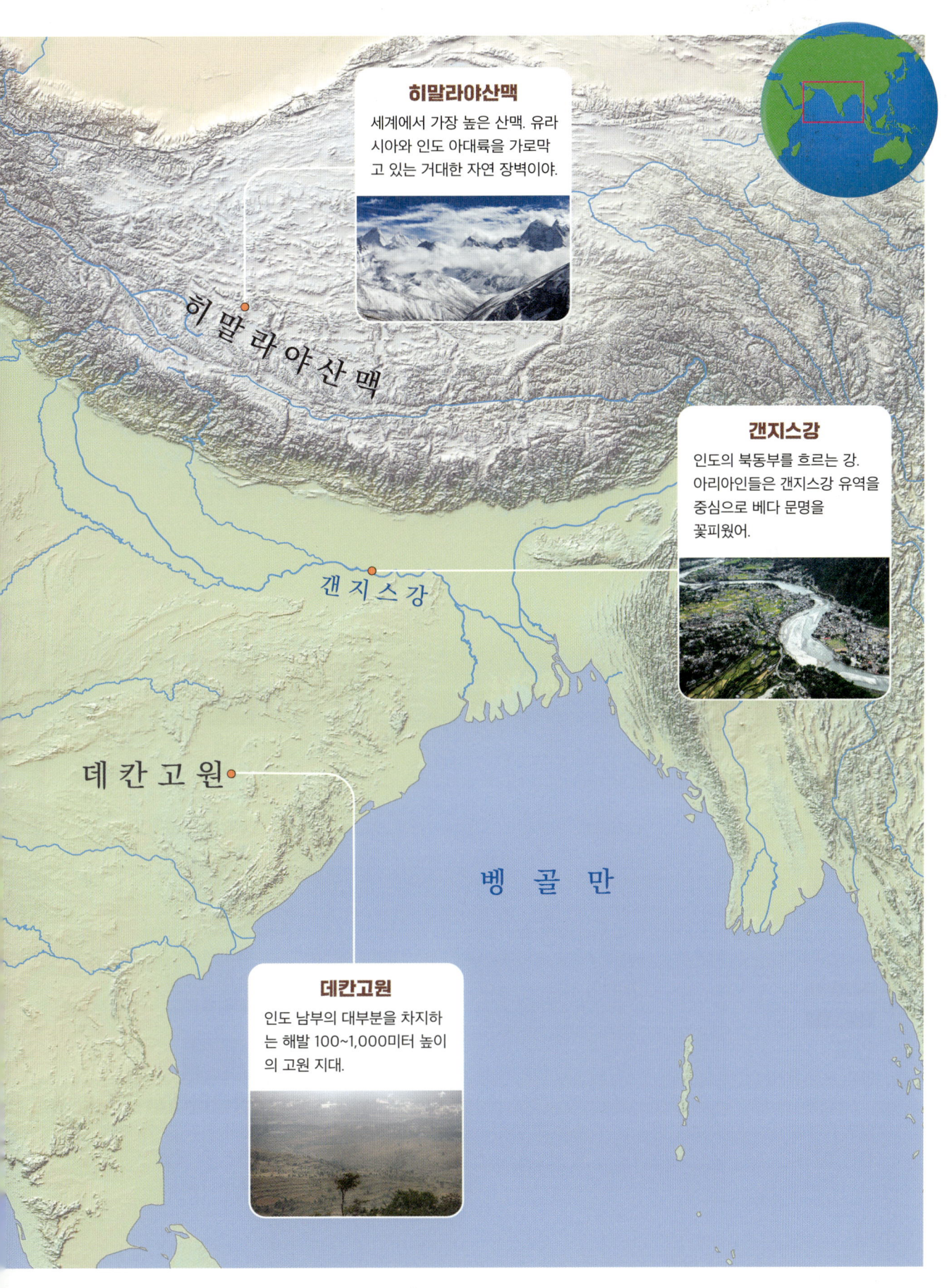

역사의 현장 지금은?

인더스 문명의 요람 인도 아대륙을 가다

인더스 문명은 인도 아대륙 북서쪽에 흐르는 인더스강 유역에서 발달한 고대 문명이야. 현재 여기에는 파키스탄이라는 나라가 자리 잡고 있지. 파키스탄은 제2차 세계 대전 이후 영국으로부터 인도가 독립하는 과정에서 이슬람교도들이 별도로 세운 나라야. 파키스탄 말고도 인도 아대륙에 어떤 나라들이 있는지 지도에서 확인해 보렴.

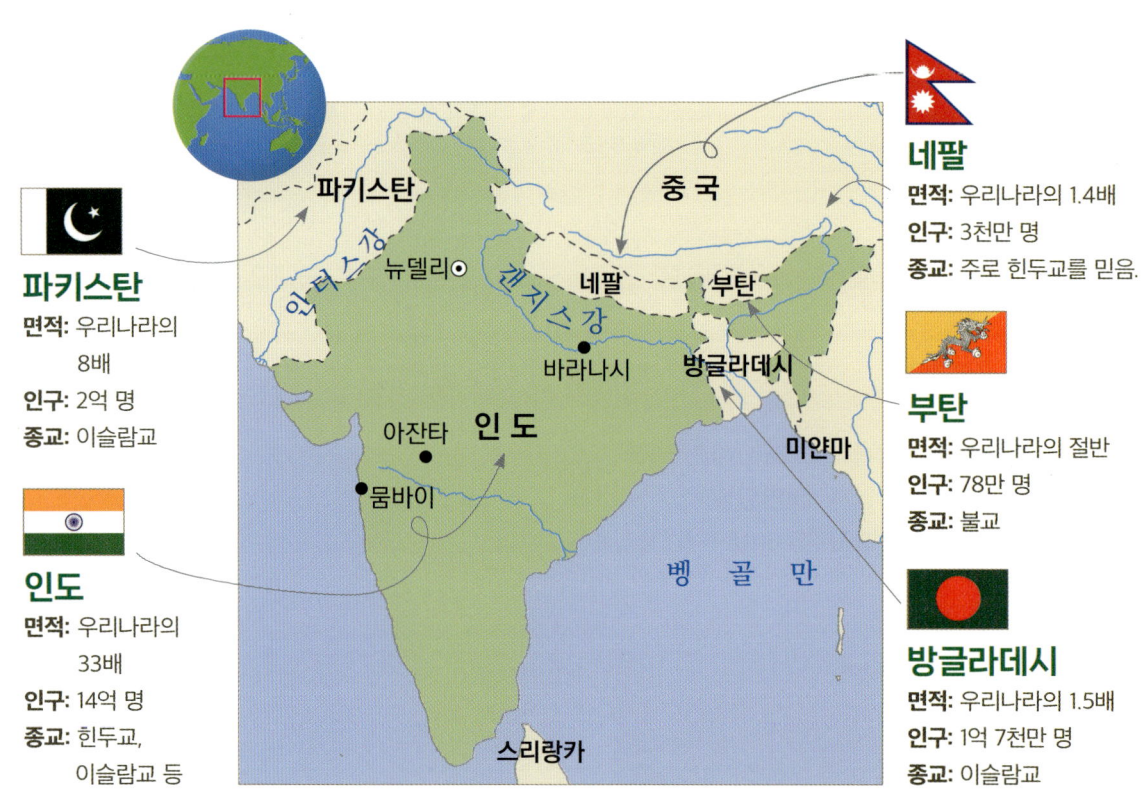

파키스탄
면적: 우리나라의 8배
인구: 2억 명
종교: 이슬람교

인도
면적: 우리나라의 33배
인구: 14억 명
종교: 힌두교, 이슬람교 등

네팔
면적: 우리나라의 1.4배
인구: 3천만 명
종교: 주로 힌두교를 믿음.

부탄
면적: 우리나라의 절반
인구: 78만 명
종교: 불교

방글라데시
면적: 우리나라의 1.5배
인구: 1억 7천만 명
종교: 이슬람교

인도 아대륙 대부분을 차지하는 나라는 바로 인도야. 면적은 세계 7위, 인구는 세계 1위인 거대한 나라지. 산업화가 늦어 1인당 국민 소득은 2,000달러도 채 안 되지만 국내 총생산은 세계 5위나 되는 무시할 수 없는 경제력을 갖춘 나라야.

요즘 인도는 IT 기술을 중심으로 산업이 빠르게 발전하면서 브라질, 러시아, 중국, 남아프리카 공화국과 더불어 새로운 경제 대국으로 주목을 받고 있어.

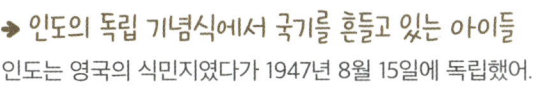
↑ 뉴델리 한복판에 자리 잡은 라지브 쵸크

→ 인도의 독립 기념식에서 국기를 흔들고 있는 아이들
인도는 영국의 식민지였다가 1947년 8월 15일에 독립했어.

인도 영화 산업의 중심지 뭄바이

세계에서 가장 많은 영화를 만드는 곳이 어딜까? 할리우드? 놀랍게도 정답은 인도의 뭄바이야. 뭄바이는 1년에 무려 8,000편이 넘는 영화를 찍는 인도 영화 산업의 중심지란다. 흔히 뭄바이에서 만드는 영화를 발리우드 영화라고 부르는데, 뮤지컬처럼 여러 사람이 나와 함께 춤추고 노래하는 것이 특징이야.

↑ 등장인물이 다 함께 춤을 추는 발리우드 영화의 한 장면

인도 사람들의 성지 갠지스강

인도가 빠르게 현대화되어 가는 가운데서도 대부분의 인도인은 여전히 힌두교 전통을 지키고 있어. 갠지스강에 몸을 씻는 것도 그중에 하나지. 인도인은 갠지스강을 신성시해서, 강물에 몸을 씻으면 영혼이 깨끗해진다고 믿었어. 하지만 안타깝게도 갠지스강은 세계에서 가장 심하게 오염된 강 가운데 하나로 꼽히고 있단다.

↑ 갠지스강에서 몸을 씻는 사람들

다민족 국가 인도

인도는 단일 민족으로 이루어진 나라가 아니야. 미국처럼 피부색, 종교, 언어가 다른 다양한 사람들로 이루어진 나라지. 하지만 이런 다양성은 때로는 사회적 갈등의 원인이 되기도 해. 특히 힌두교와 이슬람교 사이의 갈등은 여러 차례 심각한 유혈 충돌을 낳았어. 하지만 인도 정부와 많은 뜻있는 지도자들은 이런 갈등을 극복하고 함께 살아가기 위해 노력하고 있어.

◀ 다양한 민족으로 이루어진 인도

빠르게 성장하는 인도 경제

IT 산업은 인도 경제의 중추로 발돋움하고 있어. 그래서 '인도의 실리콘 밸리'라 불리는 인도 벵갈루루에는 마이크로소프트, 구글 같은 세계적인 IT 기업들이 많이 진출해 있지. 이들 회사는 인도의 뛰어난 IT 인재들을 현지에서 고용하거나, 미국 실리콘 밸리로 스카우트해 가고 있어.

▲ 인도의 실리콘 밸리 벵갈루루

세계적으로 유명한 인도 요리

인도는 프랑스, 이탈리아, 중국과 함께 세계적인 요리 대국으로 꼽혀. 풍부한 향신료와 식재료를 이용한 다채로운 맛과 향으로 유명하지. 커리, 밀가루 반죽을 화덕에서 구운 난, 인도식 치킨 요리인 탄두리 치킨 등은 우리나라에서도 큰 인기를 끌고 있어.

↑ 인도 뉴델리의 유명 레스토랑

↑ 인도의 대표 음식인 커리와 난

↑ 인도 요리의 비밀은 향신료 인도의 다양한 향신료는 유럽이 아시아로 진출하는 계기가 되었지.

세계적인 다우지 펀자브 지방

펀자브라고 부르는 이 지역은 세계적으로도 비가 많이 오는 곳으로 유명해. 인도양에서 불어오는 습한 바람이 인도 아대륙 북쪽의 높은 산맥에 부딪혀 엄청난 양의 비를 뿌리거든.

↑ 인더스강 상류에 있는 파키스탄의 한 마을이 홍수로 물에 잠긴 모습

인도가 어디야?

"선생님, 인도는 어디에 있는 나라에요?"

칠판에 있는 제목을 보고 선애가 물었다.

"지도에서 유라시아 대륙의 남쪽에 바다를 향해 불쑥 튀어나온 거대한 반도를 인도반도라고 해. 인도는 인도반도의 대부분을 차지하는 나라야."

"헉, 한눈에 보기에도 엄청 큰데, 이렇게 큰 땅도 반도라고 불러요?"

"한반도의 20배가 훌쩍 넘는 엄청 큰 땅을 그냥 반도라고 하기엔 아무래도 좀 그렇지? 그래서 인도반도는 인도 아대륙이라고 부르기도 해. 대륙에 버금가는 큰 땅덩어리라는 뜻이지."

"그럼, 인도 아대륙에는 인도 말고도 다른 나라들이 있나요?"

왕수재의 지리 사전

유라시아 유럽과 아시아를 합쳐서 부르는 말이야.

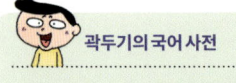

곽두기의 국어 사전

아대륙 작은 대륙. 아대륙의 아(亞)는 '다음가는'이라는 뜻이야.

◀ **카이버 고개** 인도 아대륙과 중앙아시아를 잇는 가장 중요한 고갯길. 수많은 침략자와 상인이 이 고개를 통해 인도를 드나들었어.

◀ **인도 아대륙** 북쪽으로 히말라야산맥과 힌두쿠시산맥, 남쪽으로 인도양으로 둘러싸인 거대한 반도를 인도 아대륙이라고 해.

"인도 아대륙에는 인도 말고도 파키스탄, 방글라데시, 네팔, 부탄, 스리랑카가 자리 잡고 있단다. 그리고 인도 아대륙 북쪽에는 히말라야산맥과 힌두쿠시산맥이 거대한 장벽처럼 떡하니 버티고 있어."

"어, 히말라야산맥이면 세계에서 가장 높다는 에베레스트산이 있는 곳 아닌가요?"

"그렇단다. 에베레스트는 히말라야에서 가장 높은 봉우리지. 힌두쿠시산맥 역시 평균 3,300미터, 최고봉은 7,700미터나 되는 험준한 산맥이란다."

"우아, 그렇게 높은 산들이 막고 있으면 인도 아대륙 사람들은 인도에 꽁꽁 갇혀서 밖으로는 나가지도 못하는 거예요?"

왕수재의 지리 사전

에베레스트산 해발 8,848미터의 세계 최고봉. 지금도 조금씩 높아지고 있대.

모래 밑에서 찾아낸 인더스 문명 **187**

"맞아. 높은 산맥들 때문에 사람이 쉽게 드나들 순 없었지. 하지만 다행히 카이버 고개를 비롯해서 사람들이 넘을 수 있는 고갯길이 몇 군데 있어서 완전히 틀어 막히진 않았단다. 이 고갯길을 통해 사람과 물자가 드나들 수 있었지."

"그럼 인도에는 언제부터 사람이 살기 시작했어요?"

"구석기 시대부터 사람들이 살았던 건 분명해. 인도 중부에서 구석기 시대 동굴 벽화가 대량으로 발견되었거든. 하지만 농경이 시작된 건 기원전 7000년 무렵 인더스강 북서쪽의 파키스탄 산자락이었어. 여기서 사람들은 빗물에 의지해 밀과 보리를 재배하고, 양과 염소, 소를 기르며 정착 생활을 시작했지."

"아하, 여기서도 오래전부터 사람이 살기 시작했군요. 뭐, 다른 특이한 부분은 없나요?"

"그러다 기원전 2500년 무렵이 되면 인더스강과 그 지류들이 흐르는 드넓은 범람원 곳곳에 반듯반듯한 도시들이 등장한단다."

↑ 구석기 시대의 동굴 벽화 인도 중부 빔베트카에서 발견된 구석기 시대 동굴 벽화야. 전사들의 전투 장면으로 활과 화살, 칼, 말 등이 그려져 있어.

↑ 인도의 신석기 시대 토기와 황소 인형

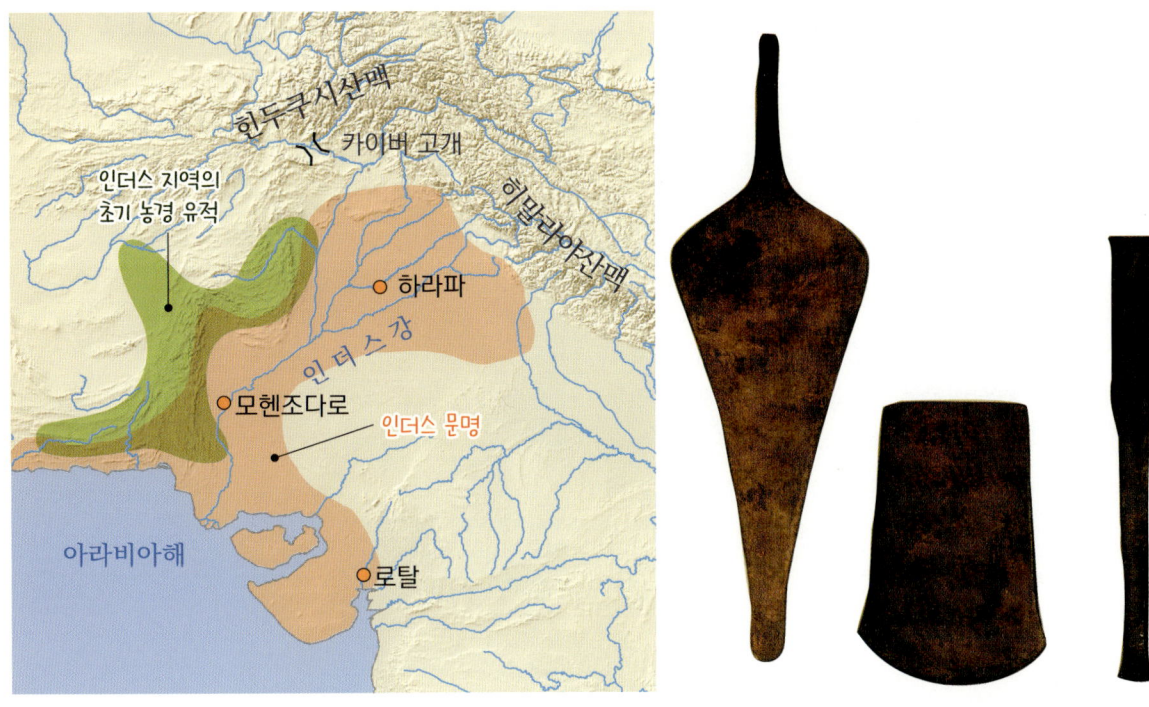

↑ 인더스 문명의 주요 도시들 현재까지 발견된 것만 해도 1,000개가 넘는 유적이 인도 북서부 지역에 넓게 퍼져 있어.

↑ 인더스 문명 지역에서 발견된 구리 창끝

"메소포타미아나 이집트 문명처럼 큰 강이 흐르는 비옥한 평원에서 고대 문명이 발생한 거군요!"

"그렇단다. 인더스 문명은 기원전 2500년 무렵에 꽃을 피우기 시작해 기원전 1900년까지 전성기를 누렸지. 이때 수많은 마을과 도시가 생겨났는데, 현재 발견된 이들 유적만 해도 1,000곳이 넘는다고 해. 인구도 500만 명이 넘었지. 그런데 놀라운 건 20세기 초까지만 해도 이곳에 고대 도시들이 있었다는 사실을 아무도 몰랐다는 거야."

"그렇게 많은 도시가 있었는데 어떻게 아무도 모를 수 있죠?"

"그건 인더스 문명의 도시들이 모조리 모래에 깊이 파묻혀 버렸

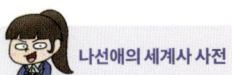 나선애의 세계사 사전

인더스 문명 인더스 문명을 포함해 인도 지역에서 일어난 문명을 아울러 인도 문명이라고도 불러.

계절풍이 인더스 문명을 탄생시켰다고?

인도는 세계적으로 계절풍이 뚜렷한 곳이야. 여름에는 인도양으로부터 무덥고 습한 남서풍이, 겨울에는 유라시아 대륙에서 차갑고 건조한 북동풍이 불어오지.

그중에서 인더스 문명과 밀접한 관련이 있는 계절풍은 여름에 불어오는 남서풍이야. 인도양에서 불어온 습한 남서풍이 북쪽의 높은 산맥에 부딪혀 많은 비를 뿌려 준 덕에 인더스강 주변에 생겨난 비옥한 범람원이 인더스 문명의 토대가 되었지.

▶ 인더스강 주변의 계절풍

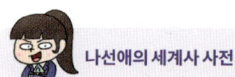

인장 도장과 비슷한 거야. 인도의 인장에는 그림과 문자처럼 생긴 기호들이 새겨져 있어.

기 때문이야. 그러다 1920년대에 인더스강 주변의 하라파 근처에서 글자 비슷한 것이 새겨진 인장들이 계속 발견됐어. 모래 밑에 뭔가가 있다고 생각한 고고학자들이 그 주변을 발굴하기 시작했지. 그때부터 수천 년 동안 모래에 묻혀 있던 옛 도시의

▲ 인더스강 유역에서 발견된 도기
섬세한 기하학 문양을 새긴 인더스 도기의 최고 걸작품들 가운데 하나야.

흔적들이 하나둘씩 드러나게 된 거란다."

용선생의 핵심 정리

인도는 북쪽으로는 높은 산맥, 남쪽으로는 인도양으로 둘러싸인 거대한 반도. 기원전 2500년 무렵부터 인더스강 유역의 비옥한 평야에 도시들이 건설되며 인더스 문명이 꽃피기 시작함.

모래 밑에서 찾아낸 첨단 도시들

"모래 밑에서 도시가 나타났다고요?"

"그렇단다. 그중 하나가 바로 하라파야. 하라파는 모헨조다로, 로탈과 더불어 인더스 문명을 대표하는 도시로, 특히 인더스 문명 초기의 중심지로 여기지. 하지만 안타깝게도 유적이 많이 훼손되어서 정

▲ **하라파의 곡물 창고 터** 길이 60미터가 넘는 대형 건물로, 곡물이 썩지 않도록 바닥 사이에 공간을 둬 통풍이 되도록 설계돼 있었대. 수레를 대고 곡물을 싣거나 내릴 수 있는 공간도 있었지. 하지만 어디에서도 곡물을 저장한 흔적이 발견되지 않았어. 다만 근처에서 곡물의 껍질을 벗기고 빻는 데 쓰인 것으로 보이는 도구가 다수 발견되면서 곡물 창고로 쓰인 것으로 짐작돼.

▶ 하라파의 청동 수레
수레를 이용해 농사를 짓는 모습을 묘사하고 있어.

확한 모습을 알지는 못하고 있어. 다만 남아 있는 유적의 규모로 미루어 보아 4만 명이 넘는 사람들이 살았을 것으로 짐작만 하고 있지."

"근데 유적이 훼손돼서 그런지 메소포타미아나 이집트 문명에 비해 어째 좀 초라해 보이는데요?"

"후후, 그래? 그럼 이건 어떠니?"

용선생은 모니터에 사진 한 장을 띄웠다.

"이건 하라파에 이어 인더스 문명을 이끌었던 모헨조다로라는 도시의 유적이야."

"선생님, 이거 옛날 유적 맞아요? 옛날 유적치고는 엄청 반듯반듯해서요."

▶ 모헨조다로 유적
가운데 커다란 네모 모양의 공간이 목욕탕이야. 제사 의식에 쓰였을 것으로 여기지.

"인더스 문명의 고대 도시들은 대부분 계획적으로 건설된 도시야. 모든 길과 건물을 일정한 규격의 돌과 진흙 벽돌을 이용해 바둑판처럼 반듯반듯하게 지었지. 넓은 길은 폭이 10미터나 되어서 황소가 끄는 달구지나 덩치 큰 코끼리도 아무런 불편 없이 교차할 수 있을 정도로 시원시원하게 뚫려 있었어. 게다가 하수도 시설이 들어서 있었지."

"하수도요? 집에서 쓰고 버린 물을 흘려보내는 하수도 말인가요?"

▲ 모헨조다로의 개인 주택 개인 주택의 목욕탕 자리야. 하수구가 하수도와 연결되어 있어. 물이 다른 방으로 스며들지 못하도록 바닥에는 방수 처리가 되어 있었다는구나.

"그렇단다. 인더스 문명의 고대 도시에서 고고학자들을 가장 놀라게 만든 게 바로 하수도야. 인더스의 도시들에는 도시 한복판에 있는 공중목욕탕 말고도 집집마다 목욕탕이 있었는데, 주방이나 목욕탕에서 물을 쓰고 버리면 그 물이 자동으로 길과 나란히 설치된 하수도를 따라 한곳으로 모였어. 그곳에서는 이렇게 모인 물을 다시 깨끗하게 정화한 뒤 강물로 흘려보냈지. 그리고 마치 현대 도시처럼 하수도 위에 뚜껑을 덮어 더러운 물이 사람들 눈에 보이지 않도록 했어. 자, 유적만으로는 잘 상상이 안 될 테니 도시가 어떻게 생겼는지 그림을 한번 볼까?"

"우아, 이게 모헨조다로예요? 근데 2층, 3층 건물도 있어요."

▶ 모헨조다로의 춤추는 여인 청동상

▲ 모헨조다로 도시 복원도 모헨조다로의 주택과 생활 모습을 복원한 그림이야.

| 청동기 시대 계획 도시 모헨조다로 |

"응, 원래 있던 집 위에 또 집을 짓다 보니 고층 건물이 된 거야."
"정말 최신식 도시인데요."
"모헨조다로뿐만 아니야. 하라파 역시 모헨조다로에 전혀 뒤지지 않았어. 또 지금까지 인더스강 유역에서 발견된 다른 도시들도 규모만 다를 뿐 기본적인 시설은 모헨조다로에 조금도 뒤지지 않았대."

 **용선생의 핵심 정리**

하라파, 모헨조다로, 로탈 등 인더스 문명의 도시들은 도로망과 상·하수도 시설 등이 잘 갖춰진 계획도시.

전쟁보다 교역으로 번성을 누리다

"그런데 신기하게도 인더스 문명에서는 아직 강력한 왕이 출현하지 않았단다."

"네? 메소포타미아나 이집트에서는 강력한 왕이 등장하면서 고대 문명이 시작되던데……."

"그래. 바로 강력한 왕이 없다는 게 인더스 문명의 큰 특징들 가운데 하나야. 왕은 보통 전쟁을 하는 과정에서 등장해 강력한 권력을 쥐는데, 인더스강 유역에서는 큰 전쟁이 일어났다는 흔적이 없거든. 적을 막기 위한 성벽이나 제대로 된 무기도 거의 발견된 적이 없지. 간혹 발견된 성벽은 모두 홍수가 났을 때 물이 도시를 덮치는 것을 막기 위한 시설로 밝혀졌어. 하지만 도시가 계획적으로 건설되고 체계적으로 관리되고 있었다는 점, 왕궁까지는 아니지만 다른 가옥들과는 확연히 구분되는 커다란 가옥 터가 있는 점, 또 도시 한복판에 제사 의례에 쓰였을 것으로 보이는 대형 수조가 있는 점 등으로 미루어 보아 어쨌든 지배 계급은 있었을 것으로 짐작하고 있단다."

"어머~, 멋져! 전쟁이 없었다니, 인더스 문명은 진짜 살기 좋았겠네요, 호호호!"

용선생의 설명에 허영심이 환하게 웃었다.

"그런데 강력한 왕이 없다 보니 자연스럽게 없는 게 또 있었어. 바로 피라미드나 지구라트 같은 거대한 건축물이지."

▲ **모헨조다로에서 발견된 인물상** 모헨조다로에서 발견된 인물상으로 흔히 사제 왕으로 불려. 실제 사제 왕이었는지는 알 수 없지만 얼굴에 위엄이 서린 모습이 평범한 인물은 아니었음을 느끼게 해 주지.

➜ **청금석으로 만든 코끼리 인형과 황금잔**
인더스 문명의 장인들은 금, 은, 홍옥, 벽옥, 청금석 등을 가공하는 기술이 매우 뛰어났어.

"엥? 그냥 기술이 없어서 못 지은 게 아니고요?"

하다의 말에 허영심이 발끈했다.

"아까 모헨조다로 못 봤어? 마음만 먹었으면 그런 것쯤 얼마든지 지을 수 있었다고."

"맞아. 지으려면 얼마든지 지었겠지. 그런데 지구라트나 피라미드 같은 거대한 건축물은 보통 왕이 자신의 권위를 과시하기 위해 짓거든. 강력한 왕이 없으니 당연히 거대한 건축물 역시 지을 필요가 없었겠지."

"선생님, 저 또 하나 궁금한 게 있어요. 저렇게 멋진 도시를 건설하려면 비용이 많이 들잖아요. 강력한 왕도 없고 전쟁도 하지 않는데, 어떻게 그 많은 비용을 마련한 거죠?"

"하하, 인더스 도시들의 주역은 장인과 상인이었단다. 장인과 상인이 벌어들인 부를 바탕으로 도시를 건설한 거지."

"왕과 귀족이 아니라 장인과 상인이 도시의 주인 노릇을 하다니, 진짜 특이하네요."

"그건 인더스 문명의 도시들이 교역으로 부를 쌓은 교역 도시였기

때문이야. 일찍부터 인더스의 장인들은 뛰어난 솜씨를 가지고 있었어. 특히 흙으로 토기나 인형을 만드는 기술, 구리와 청동, 납, 주석 등의 금속을 가공하는 기술, 금이나 은, 각종 보석을 섬세하게 가공해 예쁜 장신구를 만드는 공예 기술은 따라올 자가 없었지. 또 목화실로 짠 면직물은 인더스 문명에서만 생산되었고, 해안에서 나는 진주와 희귀한 조개껍데기도 인더스 장인들의 손을 거치면 최고 인기 수출품이 되었지. 히말라야산맥에서 나는 목재도 인더스의 도시들을 거쳐 외국으로 수출되었어. 이렇게 다양한 물건들을 내다 팔고, 보석과 옥 등 장인에게 필요한 각종 재료들을 수입하는 일은 상인의 몫이었어. 말이 나왔으니 말이지만 상인들의 활약도 참 대단했지."

"장인들이 물건 잘 만들겠다, 물건들 인기 좋겠다, 상인들은 편하게 장사했을 것 같은데요?"

"허허, 절대 그렇지가 않단다. 상인들은 때로는 험한 고개를 넘어

허영심의 상식 사전

목화 면직물의 재료야. 목화솜으로 자은 실로 짠 천이 면직물이야. 인도는 세계에서 최초로 목화가 재배된 곳이래.

◆ **파키스탄의 인더스강가 포구**
수레의 바퀴와 배의 모양이 인더스 문명 시기에 사용하던 것과 거의 비슷해. 아마 고대의 상인들도 저런 배와 수레를 이용해 물건을 운반했을 거야.

수천 킬로미터 멀리 떨어진 곳까지 가서 재료를 사 와야 했어. 강도를 만나 물건을 빼앗기거나 심지어 목숨을 잃을 수도 있었지. 물건을 운반하는 것도 큰 문제였어. 짐은 무겁고 길은 멀기만 했지. 배를 이용할 수 있으면 다행이지만, 그렇지 않을 땐 소가 끄는 수레를 이용하거나 그도 안 되면 짐 보따리를 메고 수천 리 먼 길을 걸어서 오가야 했거든. 수많은 위험과 고난에 맞선 상인들의 용기가 없었다면 인더스 도시들은 결코 번영할 수 없었을 거야."

"수만 리 먼 길이라니, 도대체 어디까지 갔는데 그래요?"

"엄청 멀리까지 갔지. 육로로는 중앙아시아와 중국까지 가서 보석과 옥을 수입해 오고, 해로로는 메소포타미아의 도시들과 교역을 했어."

용선생의 설명에 나선애의 눈이 반짝했다.

"아, 맞다. 메소포타미아 공부할 때 인도랑 교역했다고 배운 거 기억나요. 근데 선생님, 두 문명이 서로 교역했다는 건 어떻게 알 수 있죠?"

허영심의 상식 사전

홍옥 루비라고도 해. 붉은색이 나는 보석의 일종이야.

"메소포타미아와 아라비아반도 해안에서 인더스의 상인들이 사용했던 인장들이 인도에서만 생산되는 홍옥이나 진주로 만든 목걸이와 함께 발견되었단다. 또 아카드 제국에는 인더스 지역에서 금, 구리, 보석을 수입했다는 기록도 남아 있어. 실제로 메소포타미아에는 인더스 상인들이, 인더스 문명의 도시에는 메소포타미아 상인들이 모여 살았던 마을도 있었을 만큼 두 문명 사이에는 교역이 활발했대."

"인더스 상인들 참, 대단했군요."

왕수재가 이해가 된다는 듯이 고개를 끄덕였다.

"그런데 인장이 뭐예요?"

◀ **상인들이 사용한 인장**
인더스 상인들이 사용한 인장들이야. 동물 그림이나 문자로 보이는 기호들이 새겨져 있어.

장하다의 물음에 용선생이 모니터에 사진을 띄웠다.

"일종의 도장이라고 생각하면 돼. 크기는 보통 길이 3~4센티미터 정도로 작았는데, 물건을 담은 항아리나 상자에 매달아 그 짐의 임자가 누구인지를 표시하는 용도로 사용했대. 말하자면 거래 과정에서 물건을 보내고 받을 때 그걸 확인할 목적으로 사용한 거지. '이 상자에는 인도의 상인 ○○○가 보낸 모헨조다로에서 난 물건이 들어 있습니다. 꾹~!' 이런 식으로 말이야."

"그럼 저기 있는 기호들은 뭐예요?"

두기의 물음에 왕수재가 끼어들었다.

"뭐긴 뭐겠니? 상자 안에 어떤 물건들이 들어 있는지 적어 놓은 거겠지. 그렇죠, 선생님?"

하지만 용선생은 애매한 표정을 지었다.

"그건 아무도 몰라. 문자라는 것만 알지 아직 <u>해독</u>을 하지 못하고 있거든."

"이집트 상형 문자는 다 해독했는데 왜 인더스 문자는 해독을 못해요?"

"앞뒤 없이 달랑 기호만 몇 개씩 새겨져 있어 해독하기가 영 쉽지

▲ **모헨조다로의 금과 홍옥으로 만든 목걸이**

 곽두기의 국어 사전

해독 풀 해(解) 읽을 독(讀). 문자나 암호의 뜻을 알아내는 걸 말해.

모래 밑에서 찾아낸 인더스 문명 **199**

않단다. 수많은 학자들이 끙끙거리고 있지만 아직 성공하지 못했어. 그래서 하는 말인데, 이것만 해독하면 누구든 교과서에 이름이 남는 세계적인 학자가 될 거야. 혹시 너희들 중에 누가 도전해 보지 않겠니?"

"어머, 그래요? 그렇다면 제가 한번……, 호호."

허영심의 말에 왕수재가 코웃음을 날렸다.

"그러려면 일단 거울 보는 시간부터 줄여야 할걸."

"뭐?!"

영심이의 눈꼬리가 하늘을 향하자 용선생이 얼른 끼어들었다.

"자, 자. 근데 말이야, 이렇게 활발한 교역으로 번영을 누리던 인더스강 유역 도시들은 기원전 1900년이 지나면서 서서히 몰락하기 시작했어. 그리고 기원전 1700년에서 기원전 1500년이 되면 완전히 버려지지. 사람들이 떠난 도시는 서서히 무너지며 모래에 묻혔고, 이윽고 사람들의 기억에서조차 사라져 버렸단다."

용선생의 말에 아이들이 웅성거렸다.

"도대체 왜요? 잘나가던 도시들이 그렇게 허무하게 몰락한 이유가 뭐예요?"

용선생의 핵심 정리

인더스 문명의 도시들은 메소포타미아 지역의 도시들과 활발하게 교역을 벌이며 발전. 장인과 상인이 주축이 된 교역 도시.

인더스 문명의 도시들은 왜 몰락했을까?

"먼저 인더스 문명의 도시들이 천재지변이나 외부의 침입 때문에 갑작스럽게 폭삭 망해 버린 게 아닌 건 확실해. 말하자면 여러 차례 위기가 반복됐고, 그때마다 주민들이 도시를 다시 일으켜 세웠던 거지. 하지만 어느 시점에 도시가 도저히 회복할 수 없을 정도로 파괴되고 말았나 봐. 결국 주민들은 도시를 포기하고 떠날 수밖에 없었고, 버려진 도시는 인더스강의 모래에 묻혀 사람들의 기억 속에서 잊혀 버렸지."

"그럼 이유가 뭘까요?"

"아마 인더스강 유역이 더 이상 사람이 살기 어려운 곳으로 변해 버린 것이 아닐까 짐작하고 있어."

"네? 수백만 명을 먹여 살릴 만큼 비옥했던 땅이 왜 살 수 없는 땅으로 변해요?"

"물론 인더스 문명이 발생했던 기원전 3000년쯤 인더스강 유역은 너무나 비옥한 땅이었어. 하지만 오늘날 인더스강 주변은 상류 일부를 제외하고는 오래전 고대 문명이 꽃을 피웠다는 사실이 믿기지 않을 만큼 황량한 사막으로 변해 있단다."

"멀쩡한 땅이 왜 사막으로 변해요?"

"건조한 지역에서는 조금만 자연환경이 훼손돼도 쉽게 사막화가 진행돼. 인더스강 유역에서도 마찬가지였을 거야. 기후가 건조해진 데다가 사람들이 목재를 채취하거나 농경지를 넓히려고 숲을 무분별하게 파괴하는 바람에 급속히 사막화가 진행된 거지."

"아웅, 허무해. 문명이 그렇게 쉽게 사리지다니, 휴!"

허영심이 허탈한 마음에 한숨을 푹 내쉬었다.

"하하, 너무 허탈해하지 마. 도시는 사라져도 문화는 끈질기게 살아남는 법이거든."

"도시가 있었다는 사실도 까맣게 모르는데, 뭐가 남아요?"

"허허, 이걸 한번 보렴."

용선생은 스크린에 사진을 한 장 띄웠다.

"이건 무슨 그림이에요?"

"여기, 가부좌를 틀고 앉아 있는 건 바로 지금도 수많은 인도 사람들이 섬기는 시바 신으로 보이는 인물이야. 보통 시바 신은 가부좌 자세

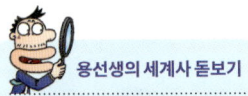
↑ 시바 신으로 보이는 인물이 새겨진 인장

용선생의 세계사 돋보기

시바 신은 파괴의 신으로, 창조의 신인 브라만, 유지의 신인 비슈누와 함께 힌두교의 가장 중요한 신이야.

로 앉아 요가를 하고 그 주변에 온갖 동물들이 모여드는 모습으로 묘사되거든."

"이게 신이라고요?"

"그렇단다. 이 인장은 수천 년 전에 모래 속에 묻힌 도시에 살던 사람들이 자신들이 섬기던 신을 새긴 거야. 그런데 그 신을 지금 인도 사람들도 섬기고 있지. 그러니까 도시는 망했지만 인더스 문명은 사람들의 마음속에 끈질기게 이어지고 있다, 이 말씀이야."

"앗! 정말 그러네요! 도시는 사라져도 문화는 살아남았다, 이거죠?"

"바로 그거야. 비록 인더스 문명의 전성기를 이끈 도시들은 모래 속에 묻혔지만 그 영향은 그 이후 문명까지 계속 이어졌던 거야."

"그 이후 문명이라고요?"

"그래. 멀리 중앙아시아에서 스스로를 아리아인이라고 부르던 사람들이 인도로 들어와 인더스 문명을 이어받아 새로운 문명을 꽃피운단다."

나선애가 차분히 물었다.

"아리아인이 누군데요?"

▲ **인더스강 위성 사진**
인공위성에서 촬영한 인더스강 유역 모습이야. 강 주변 좁은 지역을 제외하고는 모두 사막으로 변해 있어.

> **용선생의 핵심 정리**
>
> 기원전 1900년 무렵부터 인더스강 유역의 사막화로 인해 도시들이 서서히 몰락했지만, 문화는 지금까지 살아남아 전해짐.

모래 밑에서 찾아낸 인더스 문명 **203**

아리아인이 베다 문명을 꽃피우다

나선애의 세계사 사전

유목 물과 풀을 찾아 이동하며 가축을 기르는 걸 말해.

용선생의 세계사 돋보기

드라비다인은 아리아인보다 앞서 인도에 정착해 인더스 문명을 일군 사람들이야. 아리아인에 비해 체구가 작고, 피부가 가무잡잡하지. 인도 인구의 25퍼센트를 차지하며 주로 남부에 살고 있어.

"아리아인은 원래 힌두쿠시산맥 서쪽 멀리 흑해와 카스피해 주변 초원에서 유목 생활을 하던 사람들이었어. 그러다 무슨 이유에서인지 기원전 1500년 무렵부터 수백 년에 걸쳐 인도로 이주해 왔지."

"왜 자기 땅을 놔두고 남의 땅으로 들어온대요?"

"기후 변화 때문에 유목을 하기 어려워졌기 때문이 아닌가 짐작할 뿐 정확한 이유는 몰라. 아리아인은 키가 크고 피부가 하얀 사람들이었어. 지금의 이란 사람들과 같은 계통이지. 이들은 처음에는 슬금슬금 들어와 조용히 토착민들과 섞여 살았어. 그러다 토착민인 드라비다인을 정복하고 인도의 새로운 주인이 되었단다."

➜ **아리아인의 이동**

흑해와 카스피해 주변 초원에서 유목 생활을 하던 아리아인은 기원전 2000년 무렵부터 대대적인 이동을 시작했어. 이들은 기원전 1500년 무렵부터 인도로 들어왔대.

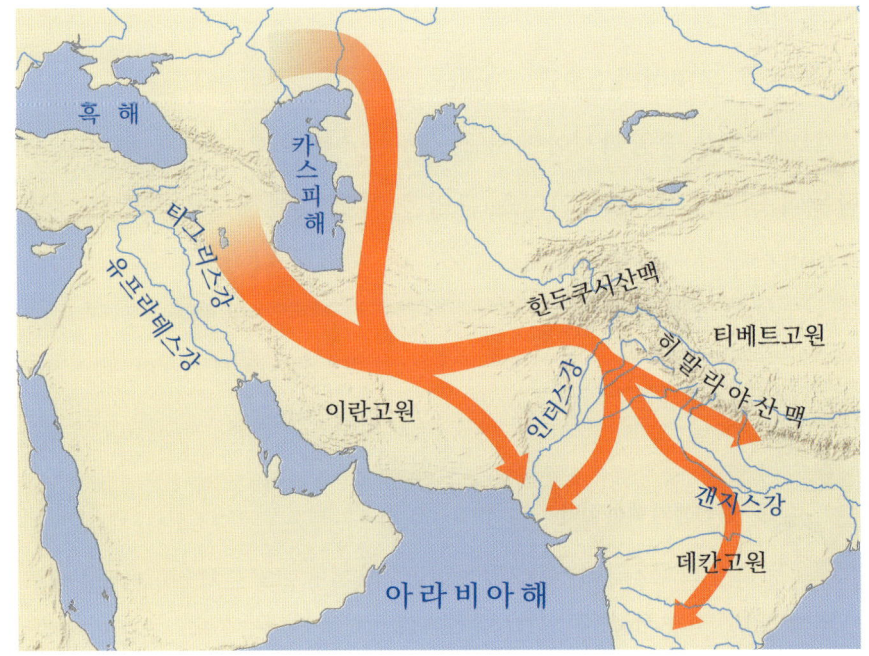

"굴러온 돌이 박힌 돌을 빼내고 주인이 된 거네요."

"아리아인이 처음부터 인도를 무력으로 정복했던 건 아니야. 처음에는 부유한 토착민들을 부러워하기도 했지. 그런데 아까도 말했지만 아리아인이 등장한 기원전 1500년 무렵에는 인더스 문명이 전성기를 지나 이미 쇠퇴했을 때였거든. 아리아인은 그 틈을 노려 토착민들에게서 인도 사회의 주도권을 서서히 빼앗아 온 거란다. 결국 드라비다인은 아리아인에 밀려 인도 남쪽으로 쫓겨 가거나, 피정복민으로 사회의 제일 밑바닥으로 떨어지고 말았어."

"그런데 인더스강 유역은 상류만 빼고는 사막으로 변했다면서요? 아리아인은 그런 땅에서 어떻게 살아요?"

곽두기의 국어 사전

피정복민 피는 당할 피(被) 자야. 피정복민은 정복을 당한 민족이지.

"오, 예리한걸? 그래서 아리아인은 차츰 갠지스강을 따라 동쪽으로 세력을 넓혀 간단다. 그러다 500년쯤 후 갠지스강 유역을 중심으로 새로운 문명을 탄생시키게 되지."

용선생의 설명에 두기가 고개를 갸우뚱했다.

"어, 그럼 드라비다인은 왜 갠지스강으로 갈 생각을 하지 못한 거예요?"

"그때만 해도 갠지스강 유역은 온통 밀림이었어. 밀림을 농지로 개간하려면 나무를 제거하고 관개를 해야 하는데, 그러려면 철제 농기구가 있어야 해. 하지만 인더스 문명은 청동기 문화여서 철기가 없었단다. 반면에 아리아인은 이미 철기 시대에 접어들었기 때문에 밀림을 개간할 수 있었던 거지. 아리아인은 갠지스강 주변의 밀림을 서서히 농지로 바꾸었어. 그리고 그 지역을 기반으로 베다 문명이라고 부르는 새로운 문명을 꽃 피우게 된단다."

"베다 문명이라고요?"

"아리아인이 믿는 브라만교의 경전을 《베다》라고 해. 《베다》에는 산스크리트어로 자신들이 섬기는 여러 신들에게 바치는 기도문, 제물, 제사 방법 등이 시의 형태로 자세히 쓰여 있지."

"근데 왜 하필 베다 문명이라고 해요?"

"그건 아리아인 문명의 모습을 《베다》를 통해 알 수 있기 때문이야."

"네? 아까 《베다》는 브라만교 경전이라고 하셨잖아요?"

"물론 《베다》는 브라만교 경전이야. 하지만 종교는 생활과 밀접한 관련이 있기 때문에 《베다》 곳곳에 아리아인의 역사와 일상생활을 이해할 수 있는 실마리들이 담겨 있지. 《베다》는 오랫동안 입으로만

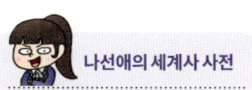

나선애의 세계사 사전

브라만교 아리아인의 전통 종교야. 힌두교의 뿌리라고 보면 돼.

허영심의 상식 사전

산스크리트어 아리아인의 고대 언어. 영어나 독일어, 페르시아어와 같은 인도·유럽어족에 속해.

↑ **갠지스강 상류의 모습** 아리아인이 처음 정착한 인더스강 상류에서 가까운 갠지스강 상류의 현재 모습이야. 아리아인은 갠지스강의 밀림을 개간하며 조금씩 동쪽으로 나아갔어.

전해지다 기원후 100년 무렵부터 문자로 기록되었는데, 아리아인이 인도로 들어온 기원전 1500년부터 기원전 600년 무렵까지의 역사가 담겨 있단다."

"《베다》 말고는 다른 역사책이 없어요?"

"응, 《베다》는 이 시대를 알려 주는 거의 유일한 문자 기록이야. 그러니까 우리가 인도로 들어온 아리아인의 역사를 알 수 있는 건 오로지 《베다》 덕분이지. 한마디로 베다 문명은 바로 아리아인의 문명인 거야. 알겠지?"

모래 밑에서 찾아낸 인더스 문명 **207**

베다가 뭐야?

베다는 지식, 지혜라는 뜻의 산스크리트어로, 아리아인이 믿던 브라만교의 경전을 《베다》라고 불러. 《베다》에는 신을 찬양하는 노래, 신께 제사를 지내는 방법, 마법의 주문 등이 담겨 있지. 신께 감사드리는 노래 속에는 자신들이 인도로 들어와 정착하는 과정, 원주민으로부터 땅을 빼앗는 과정, 갠지스강을 따라 동쪽으로 나아가는 과정이 잘 그려져 있어. 또 《베다》에는 결혼식이나 장례식 등 아리아인의 일상생활과 풍습을 짐작해 볼 수 있는 내용도 풍부하게 들어 있지. 그래서 《베다》는 인도 역사를 연구하는 데 없어서는 안 될 소중한 자료란다.

"선생님, 그런데 왜 기원후 100년이 돼서야 《베다》를 기록한 거죠?"
"아리아인은 《베다》를 암송하는 걸 신성하게 여겼거든. 그래서 수천 편이나 되는 시를 달달 외워 후손들에게 전했대."
"으악, 수천 편을 다 외워서 전달했다고요?"
"그래. 운율에 맞춰 노래처럼 암송했는데, 어려서부터 한 20년은 훈련시켜야 다 외울 수 있었대."
"으악! 20년이라고요? 그냥 써 놓고 읽으면 될걸, 왜 그렇게 고생을 해요?"
"《베다》를 암송하는 건 브라만의 특권과 밀접한 관련이 있단다.

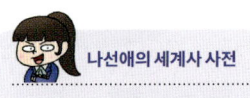

나선애의 세계사 사전

브라만 브라만교의 제사를 주관하는 사제. 인도의 전통 계급 제도에서 가장 높은 계급이었어.

사실 《베다》를 암송하고 가르치는 것 자체도 브라만의 특권이었지."

"엥? 암기와 교육이 특권이라니, 그게 말이 돼요?"

"아까 말했듯이 《베다》는 브라만교의 경전이야. 《베다》를 읽으면 언제 어떤 신에게 제사를 지내야 하는지, 제물은 무엇을 얼마만큼 바치고 어떻게 준비해야 하는지, 어떤 주문을 외워야 하는지 알 수가 있었지. 이 《베다》는 오로지 브라만만 가르칠 수 있었어. 그래서 브라만은 제사에 관한 지식을 독점했단다. 제사에 관해서 브라만이 '이렇게 저렇게 해야 해.' 하면 사람들은 무조건 따를 수밖에 없었어. 그런 점에서 《베다》는 브라만이 특권을 인정받고 유지하는 수단이었다는 말이지."

"정말 아는 것이 힘이었군요."

"선생님, 그럼 브라만이 제일 높은 사람인 건가요?"

"그래, 인도에서도 이때쯤 브라만을 정점으로 하는 독특한 신분 제도가 자리 잡았단다. 그걸 카스트 제도라고 해."

곽두기의 국어 사전

정점 정수리 정(頂), 점 점(點). 맨 위 또는 꼭대기라는 뜻이야.

용선생의 핵심 정리

수백 년에 걸쳐 유목민인 아리아인이 인도로 들어와 정착하며 새로운 주인이 됨. 아리아인은 갠지스강 유역으로 옮겨 가 브라만교를 중심으로 한 베다 문명을 꽃피움.

모래 밑에서 찾아낸 인더스 문명 **209**

인도의 어두운 그림자 카스트 제도가 뿌리내리다

"브라만이 제일 높은 계급이라고요? 그럼 부족장도 브라만보다 낮아요?"

"그렇단다. 이 무렵 아리아인은 부족들끼리 서로 땅을 차지하기 위해 치열하게 싸움을 벌이고 있었어. 그런데 전쟁에서 이겨 땅을 빼앗아도 그 땅을 손쉽게 다스리려면 반드시 신으로부터 허락을 받았음을 보여 줄 필요가 있었지. 그러려면 신에게 제사를 지내야 하는데, 제사를 지낼 수 있는 신성함을 가진 존재는 브라만뿐이었어. 결국 부족장들도 브라만에게 제사를 지내 달라고 부탁을 해야 했지. 부족장들은 정기적으로 엄청난 양의 공물과 두둑한 사례금을 마련해 브라만을 찾아가 신에게 제사를 지내 달라고 부탁했어. 이렇게 해서 브라만은 칼 한 번 휘두르지 않고도 제일 높은 신분을 차지하게 된 거란다."

"선생님, 그건 인더스 문명에서도 비슷하지 않아요? 사제들이 제일 높은 계급이었으니까요."

"인도의 신분 제도는 인종 및 직업 차별과 얽혀 있다는 점에서 독특해. 그럼 인도의 신분 제도인 카스트 제도를 좀 더 자세히 들여다보기로 할까? 먼저 인종에 따른 구분이야. 인더스 문명을 일군 원주민인 드라비다인은 피부가 가무잡잡하고 체구는 작아. 하지만 뒤늦게 인도로 들어온 아리아인은 피부가 희고 덩치가 컸어. 아리아인은 자신들은 고귀한 인종이므로 드라비다인을 지배하는 것이 당연하고, 드라비다인은 열등한 노예 인종이니 자신들의 지배를 받는 것이 당

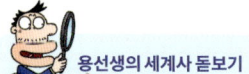
용선생의 세계사 돋보기

인도의 신분 제도는 원래 바르나 제도라고 불렀어. 바르나는 아리아인의 말로 '색깔'이라는 뜻이래. 인도의 신분제도가 피부색에 따른 인종차별주의와 밀접한 관련이 있다는 것을 알 수 있지. 카스트 제도란 이름은 15세기 인도를 찾아온 포르투갈 사람들이 붙인 이름이야. 카스트는 '순종', '순수함'을 뜻하는 포르투갈어란다.

연하다고 생각했지. 정복자와 피정복자의 관계가 피부색에 따른 인종 차별과 합쳐진 거야. 이런 생각을 널리 퍼뜨리는 데 브라만이 큰 역할을 했단다."

"신을 모시는 사제들이 인종 차별에 앞장섰다고요?"

곽두기가 잔뜩 인상을 찌푸렸다.

"브라만은 창조의 신인 브라흐마의 입에서 사제인 브라만이, 팔에서 전사 집단인 크샤트리아가, 허벅지에서 평민인 바이샤가, 발에서 노예인 수드라가 나왔다고 주장했어. 카스트는 신이 미리 정해 놓은 것이니 군말 없이 받아들여라, 이거지. 이렇게 해서 인도의 신분 제도는 점점 더 널리 그리고 굳게 자리 잡게 된단다. 결국 카스트 제도는 아리아인이 인도를 손쉽게 다스리려고 만들어 낸 신분 제도였던 거야."

"그럼 카스트 제도는 어떻게 이루어졌나요?"

"맨 윗자리는 제사를 주관하는 사제인 브라만, 그다음은 전사 집단인 크샤트리아가 차지했어. 그 밑의 평민을 바이샤라고 하는데, 상업과 농업 등의 생산을 담당했지. 맨 밑의 수드라는 원주민인 드라비다인으로, 노예처럼 일하면서 위의 세 계급을 모셔야 했단다. 그런데 말이야, 오늘날 인도에는 수드라보다 더 낮은 신분도 있어. 바로 카스트 제도가 자리 잡은 후 새로이 생겨난 '불가촉천민'이라고 불리는 신분이야. '손도 닿지 말아야 할 만큼 더러운 천민'이라는 의미로 불가촉천민이라고 하지. 수드라가 가장 밑바닥 신분이라면 불가촉천민은 아예 거기에 끼지도 못했어. 그러다 보니 남들이 꺼리는 더럽고 지저분한 일을 도맡으며 벌레보다 못한 대접을 받았지. 불가촉천민

↑ 쓰레기 처리장에서 재활용 쓰레기를 수집하고 있는 하층민 소녀

은 지금도 인도의 극빈층으로 힘겨운 삶을 이어 가고 있단다."

"어머, 아직도 신분 제도가 남아 있단 말이에요?"

"물론 법적으로는 이미 오래전부터 신분 차별을 엄격히 금지하고 있어. 하지만 아직도 끈질기게 차별 의식이 남아 있어서 낮은 신분 출신은 여전히 차별을 받으며 살고 있단다."

"그런데요 선생님, 저는 사람들이 저런 말도 안 되는 신분 제도를 묵묵히 받아들였다는 게 도무지 이해가 안 돼요."

"거기에도 다 이유가 있지. 너희들 혹시 윤회라는 말 들어 봤니?"

수재가 고개를 갸우뚱했다.

"사람이 죽었다가 다음 생에 또 태어나는 게 윤회잖아요. 근데 갑자기 윤회는 왜요?"

곽두기의 국어 사전

윤회 수레바퀴 륜(輪) 돌 회(廻). 수레바퀴 돌듯이 생이 끊임없이 되풀이된다는 사상이야.

모래 밑에서 찾아낸 인더스 문명 **213**

"윤회 사상의 뿌리는 브라만교에서 나왔어. 그런데 그게 따지고 보면 사람들이 카스트 제도를 묵묵히 받아들이도록 하는 데 큰 영향을 미쳤단다."

"엥? 윤회 사상 때문에 카스트 제도를 받아들였다고요?"

"그렇단다. 알다시피 윤회 사상에 따르면 사람은 한 번 죽더라도 그걸로 끝나는 게 아니라 다음 세상에 다시 태어나게 되어 있어. 그런데 그냥 다시 태어나는 것이 아니라 생전에 쌓은 행동에 따라 다르게 태어나. 예를 들어 착한 행동을 쌓으면 다음 생에 브라만으로 태어나지만, 나쁜 행동을 쌓으면 다음 생에 수드라로 태어난다, 심지어 죄를 많이 지으면 사람이 아닌 짐승으로 태어날 수도 있다는 식이지."

용선생의 세계사 돋보기
이런 행동의 결과를 '업'이라고 해. 불교에서 말하는 업보는 업으로 인한 대가나 보상이야.

"그러니까 착한 일을 많이 해라? 그거 좋은 거 같은데요?"

"문제는 착한 행동이라는 게 지배층이 정해 놓은 질서를 군말 없이 따르는 것, 그러니까 무조건적인 복종을 의미한다는 거지. 브라만교 사제들은 윤회 사상을 퍼뜨려 수드라나 불가촉천민 같은 하층 계급들이 현재 자신의 처지를 순순히 받아들이도록 했던 거야."

"근데 선생님, 아까 인도의 신분 제도가 직업 차별과도 관계가 있다고 하셨잖아요. 그건 무슨 말씀인가요?"

"그래, 그것도 아주 뿌리가 깊지. 인도는 일찍부터 상공업이 아주 발달했던 곳이야. 장인이나 상인들은 자신의 기술이 새어 나가는 것을 막고 또 다른 사람들이 함부로 자신의 이익을 해치지 못하도록 할 필요가 있었지. 그래서 같은 일을 하는 상인이나 장인들이 동업자 조합을 만들기 시작한단다. 토기장이 조합, 장신구 제작자 조합, 보석

용선생의 세계사 돋보기
이런 동업자 조합을 '자티'라고 해. 자티는 베다 시대 이후에 만들어졌는데, 바르나와 함께 인도의 신분 제도를 떠받치고 있지.

세공업자 조합…… 하는 식이지. 심지어 빨래하는 사람 조합, 똥 치우는 사람 조합까지 있을 정도였어. 그런데 시간이 흐르며 기술이나 영역을 지키려는 생각이 강해졌고, 조합 간에 벽도 점점 높아졌어. 놀 때도 자기들끼리 어울려 놀고 결혼도 자기들끼리만 할 정도였지."

"근데 그거랑 신분 제도랑 무슨 상관이 있는 거죠?"

"인도에서는 신분에 따라 할 수 있는 생업이 정해져 있었어. 수드라가 바이샤의 일을 한다든가, 거꾸로 바이샤가 수드라의 일을 할 수가 없었던 거야."

곽두기의 국어 사전

생업 날 생(生) 일 업(業). 살아가기 위해 하는 일 또는 직업이야.

"멀리 다른 곳으로 도망쳐 버리면 안 되나요? 그럼 수드라인지 바이샤인지 모를 거 아니에요."

"동업자 조합이 바로 그런 걸 불가능하게 만들었단다. 동업자 조합은 기존 멤버들끼리 똘똘 뭉쳐 새로운 사람이 자기들 틈에 끼어드는 걸 아예 막아 버렸거든. 만약 다른 곳으로 이사를 가면 아예 직업을 구하는 것 자체가 불가능했어. 그래서 죽으나 사나 자기가 살던 곳에서 부모로부터 물려받은 생업을 이어받아 살아가야 했던 거야."

"휴~, 신분이 낮다는 이유만으로 힘든 일을 도맡고, 또 그 일 때문에 차별을 받고. 얼마나 억울했을까?"

허영심이 안타까운지 한숨을 내쉬었다.

"그리고 이런 신분 차별이 지금까지도 끈질기게 남아 있다는 것도요."

"하지만 인도 정부와 뜻있는 사람들의 노력으로 조금씩 차별이 개선되고 있어. 공무원이나 대학 신입생을 뽑을 때 수드라나 불가촉천민 출신을 특별히 배려하고 있고, 하층민들 스스로도 자식들에게 가

난을 대물림하지 않기 위해 자식 교육에 헌신적으로 매달리고 있거든. 이런 노력들이 쌓이다 보면 언젠가 인도의 하층민들도 신분 제도의 굴레에서 완전히 벗어나는 날이 오지 않겠니?"

"아, 하루빨리 그런 날이 왔으면 좋겠어요."

두기의 말에 용선생이 환하게 웃었다.

"하하, 그래. 선생님도 두기랑 똑같은 마음이란다. 자, 그럼 오늘은 여기까지 할까?"

> **용선생의 핵심 정리**
>
> 베다 시대에 브라만, 크샤트리아, 바이샤, 수드라로 구성된 엄격한 신분 제도인 카스트 제도가 뿌리내림.

나선애의 정리노트

1. **인도 아대륙**
   - 인도 아대륙: 북쪽으로는 히말라야산맥과 힌두쿠시산맥, 남쪽으로는 인도양으로 둘러싸인 거대한 반도

2. **인더스 문명의 특징**
   - 기원전 2500년에서 기원전 1500년 무렵까지 인더스강 유역의 비옥한 평야에 도시가 건설
     * 하라파, 모헨조다로, 로탈 등 수많은 도시 유적이 발견됨.
   - 도로망과 상·하수도 시설, 대형 목욕탕 등이 갖추어진 계획도시
   - 장인과 상인이 주축이 된 교역 도시 → 메소포타미아 문명과도 교역 활동
     * 인더스강 유역의 사막화로 인해 몰락

3. **아리아인의 이주와 베다 문명**
   - 중앙아시아의 아리아인이 드라비다인을 정복한 후 인도에 정착
     → 기원전 1000년 무렵 갠지스강 유역 진출. 베다 문명 탄생
     * 《베다》: 브라만교의 기도문과 제사 의식을 정리한 경전. 아리아인의 역사를 이해하는 실마리!

4. **카스트 제도란?**
   - 브라만, 크샤트리아, 바이샤, 수드라로 구성된 인도의 엄격한 신분 제도
   - 아리아인의 이주 이후 브라만교가 퍼져 나가며 정착!

세계사 퀴즈 달인을 찾아라!

1 인더스 문명에 대해 <u>잘못</u> 설명한 친구는?　　　（　　　）

 ① 강력한 왕이 있었다는 게 큰 특징이지.

 ② 기원전 2500년 무렵 인더스강 유역에서 시작되었어.

 ③ 인더스 문명의 대표 도시 유적으로는 하라파, 모헨조다로 등이 있어.

 ④ 모헨조다로는 도로망과 상·하수도 시설, 대형 목욕탕이 갖추어진 계획 도시였어.

2 다음 중 인더스 문명의 유물로 알맞은 것은?　　　（　　　）

①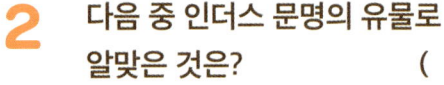

②

③

④

3 기원전 1500년 무렵 아래 지도에 그려진 경로를 통해 인도로 이주한 사람들의 이름은 무엇일까? (   )

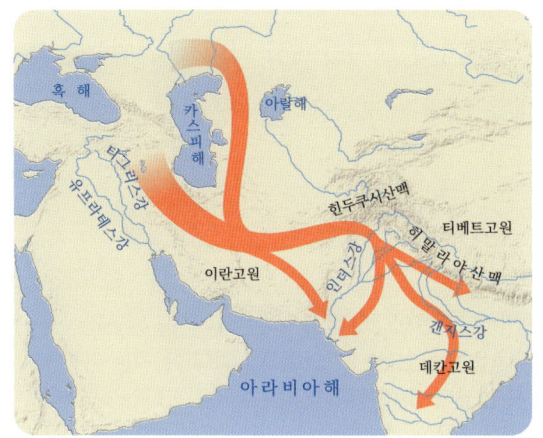

① 아랍인　　② 이집트인
③ 아리아인　④ 수메르인

5 빈칸에 들어갈 알맞은 말을 써 보자.

《○○》는 지식, 지혜라는 뜻의 산스크리트어로, 아리아인이 믿던 브라만교의 경전을 말한다.

(   )

4 다음 중 아리아인에 대한 설명으로 알맞지 <u>않은</u> 것은? (   )

① 브라만교를 중심으로 하는 베다 문명을 꽃피웠어.
② 아리아인의 이주 이후 인도에 청동기 문화가 시작되었어.
③ 토착민인 드라비다인을 정복해 인도의 새로운 주인이 되었어.
④ 아리아인의 이주로 인해 브라만을 정점으로 하는 카스트 제도가 자리 잡았지.

6 카스트 제도에 대한 설명으로 알맞은 것에 ○표, 알맞지 <u>않은</u> 것에 X표 해 보자.

○ 인종과 직업에 따라 신분이 구분돼.(   )
○ 브라만 계급은 정치와 군사를 담당했어. (   )
○ 베다를 암송하는 건 브라만들의 특권이었어. (   )
○ 바이샤는 전사 집단, 크샤트리아는 상업과 농업을 담당했어. (   )

 정답은 338쪽에서 확인하세요!

용선생 세계사 카페

고대 인더스 문명의 아이들은 어떤 놀이를 하고 놀았을까?

인더스강 유역의 고대 도시들에서는 아이들의 놀이 기구나 장난감으로 보이는 유물들이 많이 발견되었어. 주사위, 장기, 미로 찾기 판 같은 것들도 있지. 수천 년 전 인더스강가의 도시들에서 아이들이 친구들과 이런 놀이를 하며 즐겁게 한때를 보내는 모습을 상상해 보렴.

주사위
주사위는 인도뿐 아니라 이집트와 중국에서도 발견돼. 어디서 맨 처음 만들어졌는지, 어떻게 전파되었는지는 아직 밝혀지지 않았어. 고대에 주사위는 놀이뿐 아니라 점술에도 사용됐대.

피투
흙으로 빚은 둥근 원반이야. 크기별로 등급이 정해져 있어. 인더스강 유역인 파키스탄과 인도 북서부 지방 아이들은 이것과 똑같이 생긴 도구를 이용해 피투라는 놀이를 한대.

장기
하라파에서 발견된 세상에서 가장 오래된 장기판이야. 일종의 전쟁 게임으로, 유럽의 체스와 중국 장기의 기원이 되었대.

220

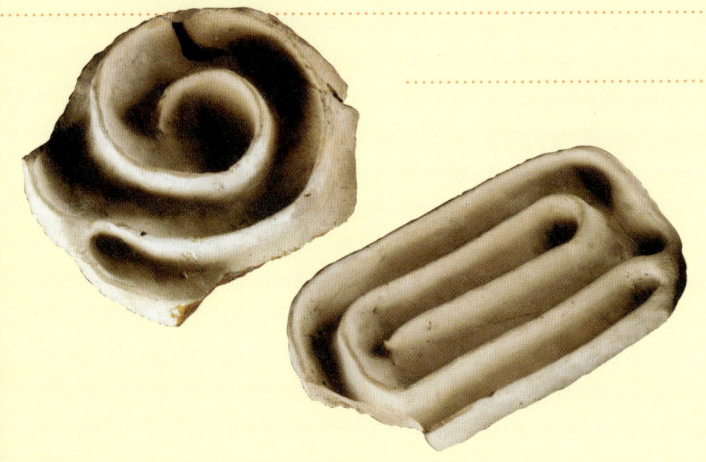

미로 찾기
흙으로 빚은 미로 찾기 판의 일부야. 역시 아이들의 놀이로 보이는 미로 찾기는 손가락으로 이리저리 미로를 헤치며 길을 찾아나가는 놀이였던 것으로 보여. 오늘날 미로 찾기와 다른 건 지금은 공책에 그려진 미로 그림을 사용하지만, 그때는 흙으로 빚은 미로 찾기 판을 썼다는 것뿐이지.

흙으로 빚은 아이들의 장난감들
인더스의 고대 도시에서는 이런 놀이 기구 외에 흙으로 빚은 재미있는 장난감도 발견되었어. 사실 장난감은 단순한 놀이 도구일 뿐 아니라 역할 놀이를 통한 사회적 훈련의 일부이기도 해. 아기 인형으로 엄마가 되는 연습을 한다든가, 플라스틱 칼로 병정이 되는 연습을 하는 것이 대표적이지. 인더스 문명의 고대 도시들에서는 소가 끄는 장난감 수레가 여럿 발견되었어. 혹시 아이들은 수레를 가지고 놀며 먼 곳으로 모험을 떠나는 상인을 꿈꾸지 않았을까?

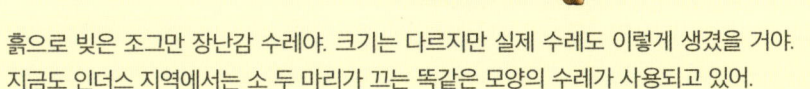

흙으로 빚은 조그만 장난감 수레야. 크기는 다르지만 실제 수레도 이렇게 생겼을 거야. 지금도 인더스 지역에서는 소 두 마리가 끄는 똑같은 모양의 수레가 사용되고 있어.

강아지 인형으로 앞발을 든 채 고개를 돌려 뒤를 보는 모습이야. 먹을 것을 달라고 보채는 듯한 눈빛이 귀여워.

용선생 세계사 카페

인더스 문명의 상징
인장에 새겨진 신기한 동물들

인더스 문명 하면 바로 인장을 떠올릴 만큼 인장은 인더스 문명을 상징하는 유물이야. 대부분의 인장에는 신기하게 생긴 동물이 새겨져 있어. 인더스 문명의 인장에 어떤 동물들이 있는지 한번 구경해 볼까?

일각수
일각수는 말의 몸뚱이에 뿔 하나가 달린 상상 속의 성스러운 짐승이야. 당시 인도인의 신앙과 관련된 동물이었을 것으로 짐작하고 있어.

코끼리
인더스강 유역에는 코끼리가 많이 살았어. 인도에서 코끼리는 오랫동안 사람이 타거나 짐을 운반하거나 군사용으로 두루 쓰였지.

그 밖에도 인장에는 한 팔에 하나씩 호랑이 두 마리의 멱살을 움켜쥐고 있는 장사, 한 몸뚱이에 일각수와 소, 영양의 머리를 모두 가진 짐승 등 인더스 문명 사람들의 끝없는 상상력을 엿볼 수 있는 다양한 그림들이 새겨져 있어.

호랑이

지금도 인도 벵갈 지방은 호랑이가 많이 사는 곳이야. 벵갈 호랑이는 한대 지방에 사는 시베리아 호랑이보다 약간 덩치가 작지만 동물의 제왕인 건 똑같아. 이 인장에는 상상을 가미해 뿔을 덧붙였지만 호랑이 특유의 세로줄 무늬가 선명하게 그려져 있어.

제부

제부는 인도 고유의 소 품종으로 덩치가 크고 힘이 세기로 유명해. 수레를 끌고, 농사를 짓고, 우유를 제공해 주는 등 인도 사람들에게는 그 무엇과도 바꿀 수 없는 중요한 동반자였지. 그래서인지 인장에서 일각수 다음으로 자주 등장하는 동물이야.

인도 코뿔소

인도에서 자생하던 코뿔소로, 아프리카 코뿔소와는 약간 다른 품종이야. 지금은 거의 사막으로 변해 버린 인더스강 유역이 당시에는 아프리카 못지않게 다양한 동물들의 보금자리였음을 알 수 있어.

5교시

세 강 유역에서 시작된 동아시아 문명

오늘은 4대 문명의 마지막인 동아시아 문명에 대해 공부할 차례야. 동아시아 문명은 중국의 황허강, 창장강, 랴오허강 유역에서 발달한 고대 문명으로, 지리적으로나 역사적으로나 우리와 밀접한 관련이 있지. 그러니 특별히 더 집중해서 공부해 보자꾸나!

기원전 7000년 무렵	기원전 5000년 무렵	기원전 1600년 무렵	기원전 1046년
창장강 유역에서 벼농사 시작	중국 곳곳에서 신석기 문명 출현	상나라 건국, 청동기 시대 시작	주나라 건국

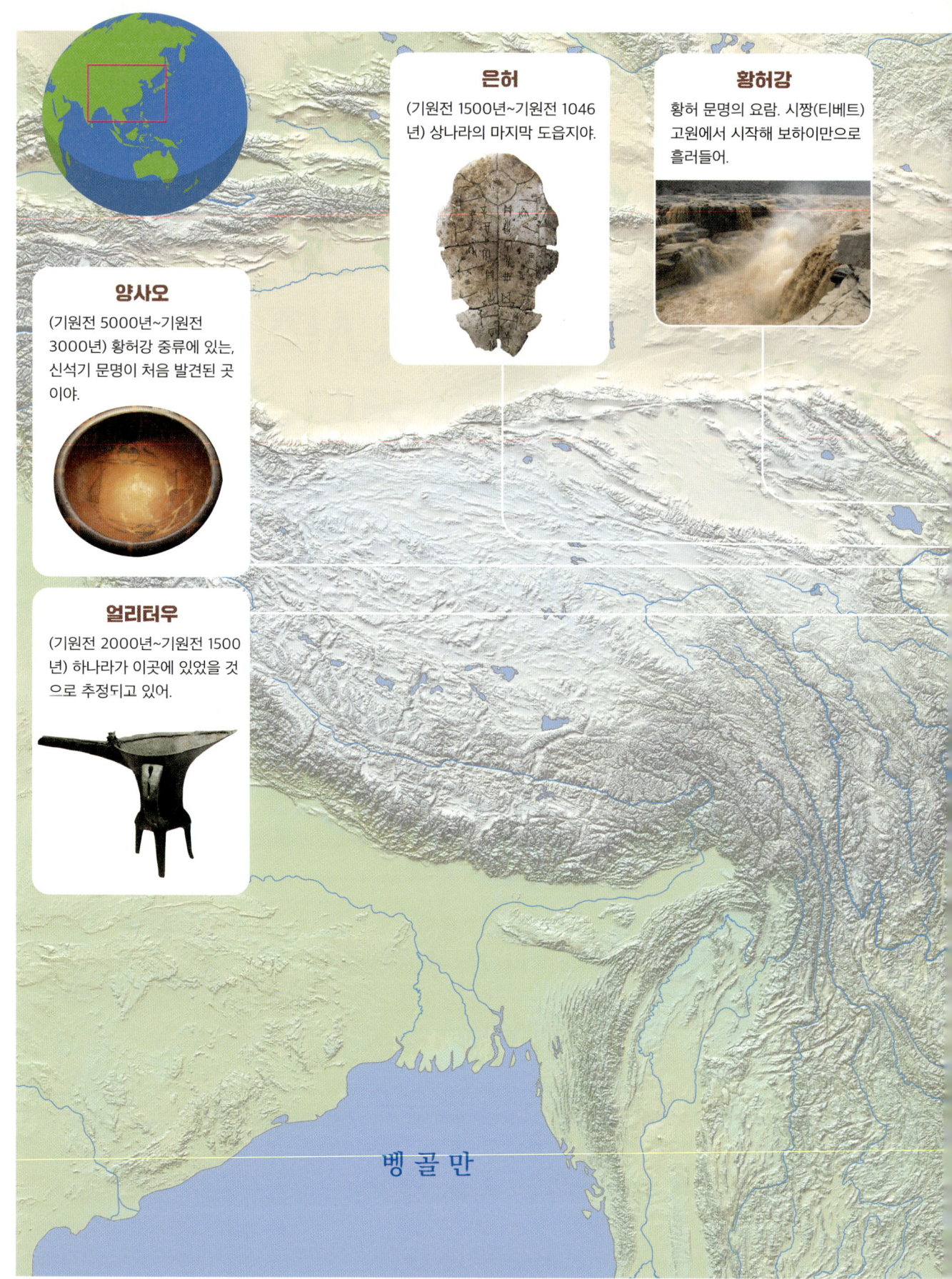

> 역사의 현장 지금은?

동아시아 문명의 보금자리 중국은 지금 ……

중국은 면적은 한반도의 약 44배로 세계 4위, 인구는 14억 명으로 세계 2위야. 지구상에 사는 사람들 4명 가운데 1명 꼴로 중국인인 셈이지. 중국의 국기는 별 다섯 개가 그려져 있어서 오성홍기라고 해. 중국은 지리적으로나 역사적으로 우리와 가장 가까운 나라였어. 1977년 개혁 개방 정책으로 시장 경제를 도입한 뒤 30년 동안 급속한 경제 발전을 이뤄 왔어. 1인당 국민 소득은 아직 우리나라의 3분의 1 정도지만, 국민 총생산은 이미 우리나라의 10배를 넘어 미국에 이어 세계 2위 자리에 올라 있지. 그런데 더 무서운 건 중국의 미래야. 그동안은 값싼 노동력을 무기로 빠른 경제 성장을 이뤄 왔지만 지금은 기술 역시 빠르게 발전하고 있거든.

중국의 수도 베이징

베이징은 북경, 즉 북쪽의 수도라는 뜻으로 광활한 화베이 평원 북방에 자리 잡고 있어. 중국 북방에서는 오랜 역사 동안 내내 유목민과 농경민 사이에 각축이 벌어졌는데, 베이징은 그 경계에 자리 잡은 전략적 요충지였어. 전국 시대 연나라의 수도였으며, 그 이후 요나라, 금나라, 원나라, 명나라, 청나라도 이곳을 수도로 삼았어. 현재 2,100만 명이 모여 살고 있어.

↑ 베이징의 상징 자금성 자금성은 명나라와 청나라에 걸쳐 500년 동안 중국의 궁궐이었어.

↑ 베이징의 화려한 야경

← 현대화된 베이징의 거리 풍경

중국의 관문 상하이

창장강이 바다로 흘러드는 입구에 자리 잡은 상하이는 중국 최대 공업 지대이자 베이징을 능가하는 중국 최대 도시로 인구가 2,400만 명에 달해. 오랫동안 중국의 대외 접촉 기지 역할을 한 탓에 미국, 영국, 프랑스, 일본 등 총 12개국의 총영사관이 이곳에 있어. 또 중국이 개혁 개방 정책을 선언한 이후 상하이의 황푸 지구는 전 세계 금융 기관들이 밀집해 그야말로 중국 경제의 심장과도 같은 역할을 하고 있어.

➜ 상하이 황푸 지구의 야경

우주 개발에 열 올리는 중국

중국은 우주 정거장을 건설한다는 목표로 우주 개발에 열을 올리고 있어. 2003년에는 유인 우주선이 달 궤도에까지 갔다가 무사히 지구로 돌아오는 데 성공해 전 세계를 깜짝 놀라게 했지.

⬅ 중국 최초의 우주인 양리웨이
우주 왕복선 선저우 5호를 타고 무사히 귀환한 뒤 V자를 그려 보이고 있어.

다민족 국가 중국

중국은 여러 민족으로 구성된 다민족 국가야. 90퍼센트 이상은 한족이지만 좡족, 위구르족, 조선족 등 55개 1억 명에 가까운 소수 민족들이 살고 있거든. 이들은 오랫동안 한족에 동화되지 않고 자신들만의 고유한 문화를 간직해 왔어.

▲ 신장웨이우얼 자치구의 어린이들
위구르족을 비롯한 여러 소수 민족들이 어울려 살고 있어.

▼ 전통 음악을 연주하는 좡족 처녀들
좡족은 인구가 1,600만 명을 넘는 중국 최대 소수 민족이야.

우리와 닮은 중국의 명절

중국의 가장 큰 명절은 우리의 설날과 추석에 해당하는 춘절과 중추절이야. 이때가 되면 중국인들은 선물 보따리를 들고 부모님이 계신 고향으로 돌아가느라 전국에 걸쳐 교통 대란을 빚곤 하지. 땅이 넓은 만큼 고향을 오가는 데 워낙 많은 시간이 걸리다 보니 중국의 명절 연휴는 짧게는 일주일, 길게는 보름까지 이어진대.

◀ 폭죽 놀이를 하는 사람들
우리 설날에 해당하는 춘절 전날 밤에 귀신을 쫓기 위해 폭죽을 터트린대.

▶ 월병
중국인들은 중추절에 월병을 빚어 나눠 먹는 풍습이 있어.

231

산해진미라는 말이 딱 어울리는 요리 천국

중국 요리는 강한 향신료와 온갖 재료를 활용한 화려한 요리로 유명해. 해외로 진출한 중국인들, 즉 화교들이 가장 많이 선택한 업종 역시 중국 식당이지.

↑ 매콤한 맛의 쓰촨 요리
쓰촨 요리는 중국 서부를 대표하는 요리로, 얼얼하고 매콤한 맛이 특징이야.

← 여행객들의 입맛을 사로잡는 거리 음식들

↓ 광둥 지역의 대표 요리 딤섬
딤섬은 중국 남부 사람들이 간단히 즐겨 먹던 만두야. 오늘날 중국을 대표하는 요리로, 전 세계인의 사랑을 듬뿍 받고 있어.

사막화로 인한 환경 재앙 황사

황사는 주로 이른 봄에 중국을 거쳐 우리나라와 일본에까지 날아가는 미세한 먼지를 말해. 원래는 토양이 산성화되는 걸 방지하는 등 좋은 기능도 있었지만, 최근에는 중국의 공업화에 따라 오염 물질까지 섞여 건강에 큰 문제가 되고 있어. 고비 사막을 중심으로 중국 북서부 지방이 빠르게 사막화되면서 황사 현상은 점점 더 심해지고 있어. 중국 정부에서도 대기 오염을 줄이고 사막화를 막기 위한 다양한 노력을 펼치고 있지만 아직은 역부족이야.

↑ 사막화 방지를 위해 나무를 심는 네이멍구 주민들

↑ 베이징을 덮친 황사

왕수재의 지리 사전

랴오허강 다싱안링산맥에서 시작해 보하이만으로 흘러드는 강으로, 동아시아에서 가장 오래된 신석기 문명인 훙산 문화의 터전이야. 또 고조선, 고구려, 발해의 무대로 우리 역사와도 밀접한 관련이 있어.

황허강 티베트고원에서 시작해 황해로 흘러드는 5,500킬로미터의 긴 강이야. 황허강 유역은 수천 년 동안 중국 역사를 이끌어 가는 심장 역할을 했지.

창장강 황허강과 마찬가지로 티베트고원에서 시작해 황해로 흘러드는 강이야. 아시아에서 가장 긴 강으로 길이가 무려 6,300킬로미터나 된다. 중하류에서 벼농사를 바탕으로 한 신석기 문명이 발달했단다.

세 강 유역에서 신석기 문명이 꽃피다

용선생은 먼저 모니터에 지도 한 장을 띄웠다.

"동아시아에서는 여기 지도에 표시된 네 곳에서 수준 높은 신석기 문명이 발생했어. 제일 북쪽의 랴오허강 유역, 중간의 황허강 중류 유역, 산둥 지역, 그리고 제일 남쪽의 창장강 유역이지."

"모두 어김없이 큰 강 유역이군요."

"그래. 큰 강 유역을 중심으로 삼는 건 모든 고대 문명이 다 비슷해."

"선생님, 근데 황허강 중류 유역이라면 혹시 황허 문명 말씀하시는 건가요? 황허 문명을 책에서 본 적 있거든요."

"하하, 그래. 예전에는 황허강 중류 유역에서 먼저 문명이 발달된

◀ 동아시아의 신석기 문명 중심지들

뒤 동아시아 지역 전체로 퍼져 나갔다고 생각했어. 그래서 중국의 고대 문명을 황허 문명이라고 불렀지. 그런데 황허강 중류 유역뿐 아니라 여러 곳에서 동시에 신석기 문명이 발생했고, 그 수준도 황허 문명에 전혀 뒤지지 않았다는 사실이 밝혀졌어. 그래서 요즘은 황허 문명이라는 말보다 동아시아 문명이라는 말을 더 많이 쓴단다."

"어차피 다 중국에 있는데 그냥 쉽게 중국 문명이라고 하면 안 돼요?"

"맞아, 그렇게 부르기도 해. 하지만 옛날에는 중국이라는 나라가 없었고, 황허 이외의 문명은 한족이 일군 문명이 아니라서 동아시아 문명으로 불러야 한다는 주장이 있지."

"신석기 문화는 농사를 지으며 시작되잖아요? 동아시아에서는 언제부터 농사를 짓기 시작했어요?"

나선애가 노트를 펼치고 용선생을 바라보았다.

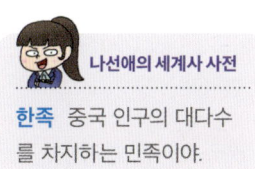

나선애의 세계사 사전

한족 중국 인구의 대다수를 차지하는 민족이야.

세 강 유역에서 시작된 동아시아 문명 **235**

↑ 랴오허강 유역

↑ 탄 볍씨
창장강 유역에서 발견된 탄 볍씨야.

허영심의 상식 사전
조 좁쌀을 얻을 수 있는 식물이야.

"남쪽의 창장강 유역에서는 기원전 7000년 무렵에 벼농사가 시작되었어. 그 무렵의 한 신석기 시대 유적에서 재배된 볍씨가 발견되었거든. 세계에서 가장 이른 시기 벼농사의 흔적이라고 해. 기원전 6000년 무렵에는 황허강 중류 유역에서도 농사를 지었어. 황허강 중류 유역의 신석기 시대 마을 유적에서는 조를 재배하고 돼지와 닭을 비롯한 가축을 기른 흔적이 발견되었단다."

"어, 잠깐만요! 같은 중국인데 왜 재배한 작물이 달라요?"

"황허강 중류 유역과 창장강 유역의 기후와 토양이 다르기 때문이야. 황허강과 랴오허강 유역은 창장강 유역에 비해 서늘하고 비가 적

◆ 조(왼쪽)와 기장(오른쪽)
서늘하고 건조한 곳에서 잘 자라는 조와 기장은 황허강 중류 유역뿐 아니라 한반도 북부와 만주 지역의 주요 작물이었어.

게 내릴 뿐 아니라 토양도 물이 쑥쑥 잘 빠져. 그래서 서늘하고 건조한 곳에서 잘 자라는 조와 기장을 재배했지. 반면에 창장강 유역에서는 따뜻하고 물이 많은 곳에서 잘 자라는 벼를 재배했단다."

"이제 농사도 짓고 가축도 기르기 시작했으니 곧 문명이 발생하겠죠?"

"그래. 기원전 5000년부터 아까 말한 네 곳에서 신석기 문명이 발생한단다. 그런데 서로 독자적으로 문명이 발달하다 보니 유물들도 저마다 특징을 가지고 있었어. 대표적인 특징이 토기의 색깔이야. 창장강 유역에서는 까만색 토기를 만들었고, 황허강 중류 유역에서는 색깔을 입힌 채색 토기, 산둥 지역에서는 흰색 토기를 주로 만들었지."

"히야, 진짜 생긴 게 전혀 다른데요."

"그래, 한눈에 보기에도 많이 다르지? 하지만 크게 다르지 않은 것도 있어. 기원전 3000년 무렵이 되면 제사장의 권력이 막강해지며 계급이 나타나고 전문 장인이 등장하는 등 사회가 복잡해진다는 거야."

"왜 갑자기 제사장의 권력이 막강해지는데요?"

"어디서나 농사를 짓기 시작하면 제사가 매우 중요해져. 하늘의 뜻에 따라 풍년이 들 수도 있고, 흉년이 들어 굶어 죽을 수도 있었거든.

▲ 산둥 지역의 흰색 토기(백도)

▲ 창장강 유역의 까만색 토기(흑도)

→ 황허강 중류 유역의 채색 토기(채도)

→ 창장강 유역에서 발견된 옥 공예품

그래서 제사를 주관하는 제사장의 권력이 강해진 거야. 제사가 중요해질수록 제사장의 권력은 점점 커졌어. 제사장의 무덤에서 값비싼 옥으로 만든 물건들이 무더기로 쏟아져 나오고, 심지어 순장을 하기도 했지. 또 장인들을 시켜 제사에 쓸 특별한 제기나 의례용품들을 만들었어. 제기와 의례용품을 제작하기 위해 멀리까지 가서 귀한 재료와 공물을 구해 오는 과정에서 교역도 차츰 발달하기 시작한단다."

"모든 게 제사를 중심으로 돌아갔군요."

"그런 셈이지. 그럴수록 제사장의 권력은 점점 더 거대해져서 기원전 3000년 무렵이 되면 사실상 거의 왕이나 다름없어졌어. 그리고 기원전 2000년 무렵 마침내 황허강 유역에서 중국 최초의 국가가 탄생한단다. 자, 지금부터 이 나라가 어떻게 만들어지고 발전해 가는지 한번 알아보기로 할까?"

> **나선애의 세계사 사전**
> 순장 높은 사람의 무덤에 산 사람을 함께 묻는 것을 말해.

> **용선생의 핵심 정리**
>
> 동아시아에서는 기원전 7000년에서 기원전 6000년 사이에 농사를 짓기 시작하며, 황허강 유역, 창장강 유역, 랴오허강 유역에서 신석기 문명이 발달함.
> 기원전 2000년 무렵 황허강 유역에서 최초의 국가가 탄생함.

황허강 중하류에 먼저 나라가 들어선 까닭은?

"그런데 선생님, 하필 황허강 유역에 나라가 세워진 특별한 이유라도 있나요?"

곽두기의 물음에 용선생이 깜짝 놀란 표정을 지었다.

"이야, 두기가 놀라운 질문을 했구나. 이미 많은 역사학자들이 두기와 똑같은 질문을 했거든. '도대체 황허강 유역에서 먼저 나라가 세워진 이유가 뭘까?' 사실 황허강보다 먼저 신석기 문명이 꽃핀 건 다른 지역이었는데 말이야."

"그래서 그 이유를 알아냈나요?"

"학자들은 크게 두 가지 이유를 꼽아. 첫째는 황허강 유역이 북쪽의 초원과 가깝다는 것, 두 번째는 황허강 유역에서 홍수가 끊임없이 되풀이되었다는 거야."

"엥? 그렇다면 오히려 좀 불리한 거 아니에요?"

"먼저 첫 번째 이유부터 살펴보자. 북쪽의 초원과 가깝다는 건 서아시아의 앞선 문명을 받아들이기에 유리했다는 뜻이야. 그래서 황허강 유역은 중국의 다른 지역보다 먼저 청동기 문화를 받아들일 수 있었지. 황허강 유역 지도자들은 청동 무기로 군사들을 무장시켜 강력한 군사력을 거느렸고, 그걸 바탕으로 왕권을 강화해 마침내 국가를 건설할 수 있었던 거야."

"그럼 홍수는요?"

"황허강은 물살이 무척 빠르고 거칠어서 좀체 다스리기가 어려웠어. 아무리 둑을 튼튼하게 쌓아도 걸핏하면 성난 물길에 둑이 터져 논밭과 마을이 싯누런 황톳물에 휩쓸려 버리곤 했지. 그런데 역설적으로 황허강 중류 유역에 비옥한 평원이 만들어진 것도 황허강 덕분이었어. 황허강 중류 유역의 평원은 바로 수천, 수백만 년 동안 황허강이 범람할 때마다 강 유역에 강물에 실려 온 고운 황토가 차곡차곡 쌓여서 만들어졌거든. 이 고운 황토에는 영양 물질이 아주 풍부해서 농사가 잘되었단다."

용선생의 설명에 아이들이 고개를 끄덕였다.

"아하, 이제 그건 알겠어요. 그런데 왜 황허강 유역은 홍수가 잦은 거예요?"

"그건 사진을 보면서 설명해 줄게."

용선생이 모니터에 사진 한 장을 띄운 뒤 설명을 이어 갔다.

"이건 황허강 중류의 황투고원을 따라 흐르는 황허강의 모습을 찍은 사진이야. 강물도 고원도 온통 싯누런 색깔을 띠고 있지?"

"색깔이 왜 이래요?"

➡ 황투고원을 휘감아 도는 황허강의 모습
산과 강이 온통 싯누런 황토색을 띠고 있어.

"그건 황투고원 전체에 50미터도 넘게 쌓여 있는 황토 먼지 때문이야."

"먼지가 50미터가 넘는다고요?"

"응. 황투고원에는 북쪽과 서쪽에서 부는 바람에 실려 온 고운 황토 먼지가 수천, 수백만 년 동안 차곡차곡 쌓여 왔거든. 황허강이 걸핏하면 홍수를 일으킨 것도 바로 이 황토와 관련이 있어."

"강 색깔이랑 홍수가 무슨 상관이 있는 거죠?"

"황허강은 황투고원을 크게 한 바퀴 휘감아 돈 뒤 화베이 평원을 가로질러 황해로 흘러들어. 문제는 황투고원에 거미줄처럼 얽혀 있는 황허강의 지류들이야. 비가 조금만 와도 이 지류들은 엄청난 양의 황토 토사물을 싣고 황허강으로 흘러들게 되지. 이렇게 쓸려 내려온 황토들은 강물을 따라 흘러 내려가다 흐름이 느려지는 곳에서 강바닥에 차곡차곡 쌓이게 돼. 이 상태에서 다시 큰비가 내리면 흐름이 막힌 강물이 홍수를 일으키게 되는 거야. 워낙 많은 양의 황토가 떠내려오니 홍수도 잦을 수밖에 없었지. 특히 홍수 피해를 많이 입었던 곳이 강물이 느려지는 중하류 유역이었어."

"황허강 중하류 유역이 정확히 어디예요?"

"먼저 지도부터 볼까?"

용선생은 새로운 지도 한 장을 띄웠다.

"이건 지난 4,000여 년 동안 황허강의 진로가 어떻게 바뀌었는지를 보여 주는 지도야."

"우아, 이거 진짜예요? 어떤 때는 저 남쪽으로 흘렀다가 또 어떤 때는 한참 북쪽으로 흐르잖아요. 말도 안 돼."

곽두기의 국어 사전

황토 누를 황(黃) 흙 토(土). 누런 흙이라는 뜻이야.

왕수재의 지리 사전

지류 큰 강으로 흘러드는 작은 하천들을 말해. 황허강에는 200개가 넘는 크고 작은 지류들이 있지.

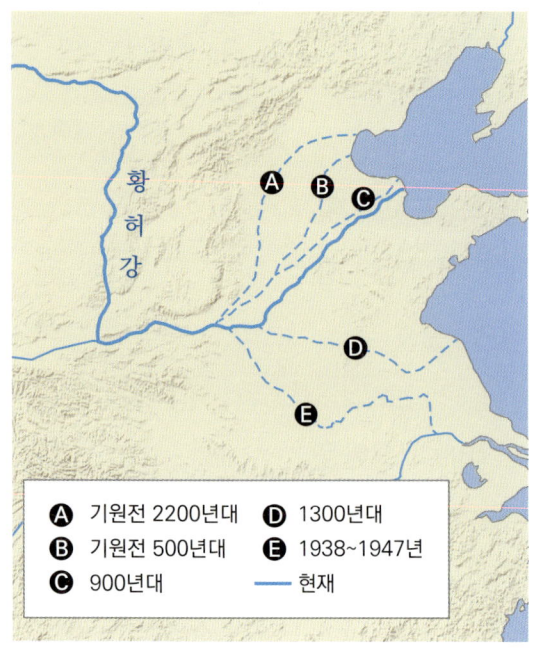

Ⓐ	기원전 2200년대	Ⓓ	1300년대
Ⓑ	기원전 500년대	Ⓔ	1938~1947년
Ⓒ	900년대		현재

▲ 지난 4,000여 년 동안의 황허강 진로

"화베이 평원은 거의 완전한 평지야. 그래서 강물이 어디로 흐를지 종잡을 수가 없단다. 한번 큰비가 내렸다 하면 강물이 둑을 무너뜨리고 진로를 바꾸기 일쑤였지. 그때마다 사람들은 들판이며 마을이 온통 물에 잠기는 큰 물난리를 겪어야 했어. 그래도 땅이 비옥했으니, 사람들은 물난리 속에서도 꿋꿋하게 땅을 일구며 살았단다. 황허강 유역의 고대 문명은 바로 이런 조건 속에서 탄생했던 거야. 전설 속의 하나라가 있었던 곳도 바로 여기였지."

"전설 속의 나라라고요?"

>  **용선생의 핵심 정리**
>
> 황허강 유역은 초원에서 가까워 다른 지역보다 빨리 청동기 문화를 받아들임. 또 황허강의 잦은 홍수 때문에 영양 물질이 풍부한 평원이 만들어짐.

하나라는 전설일까, 역사일까?

"응. 중국 사람들은 하나라가 중국 최초의 나라라고 생각해. 그리고 하나라가 들어서는 과정을 우리나라의 단군 신화처럼 삼황오제 전설로 설명하지."

"와, 재미있겠다. 그 이야기 해 주시면 안 돼요?"

"하하, 그럼 간단히 얘기해 줄게. 삼황오제는 '삼황'과 '오제'를 합친 말이야. 여기서 삼황은 중국 사람들의 시조인 여와와 복희씨 그리고 농사짓는 법을 알려 준 신농씨를 가리키고, 오제는 하나라를 세우기 전에 있었던 다섯 왕을 가리켜. 전설에 따르면, 신농씨는 사람들에게 농사짓는 법과 약초와 독초를 구별하는 법을 가르친 인물이야. 그래서 지금도 중국인들은 신농씨를 농사의 신이자 약초의 신으로 여기지. 신농씨 씨족은 오랫동안 황허강 유역을 다스렸어. 하지만 시간이 흐르면서 세력이 약해졌고, 그사이 오제 중 한 명인 황제 씨족의 세력이 커졌지. 결국 황제 씨족은 신농씨 씨족을 누르고 황허강 유역의 새로운 지배자가 되었단다. 하지만 동쪽의 전쟁의 신인 치우 역시 황제 씨족만큼이

곽두기의 국어 사전

시조 처음 시(始) 할아버지 조(祖). 어떤 민족이나 가계의 최초의 조상을 말해.

↑ 전설 속 하나라의 영역

세 강 유역에서 시작된 동아시아 문명

왕수재의 지리 사전
탁록 지금의 베이징 근방으로 짐작되는 곳이야.

나 강력한 세력을 가지고 있었지. 결국 두 세력은 탁록이라는 곳에서 쾅 하고 맞붙었어. 이 싸움에서 황제가 치우를 물리치고 승리하며 황제 씨족은 황허강 유역의 지배자가 되었단다. 그 뒤 임금 자리는 요와 순을 거쳐 우에게 이어졌고, 우가 하나라를 건설했어."

"전쟁의 신을 쓰러뜨리고 황허강 유역의 지배자가 되었다니, 정말 대단해요."

장하다가 감탄한 표정으로 엄지를 척 내밀었다.

"중국인들은 황제를 중국 역사의 기틀을 놓은 사람이라고 여긴단다. 중국은 황허강 유역에서 시작해 계속 성장해 왔는데, 그 첫걸음이 황제가 이룬 황허강 유역의 통합이었기 때문이지. 황제의 뒤를 이은 요임금과 순임금 역시 요순시대라는 말이 태평성대와 같은 말로 쓰일 만큼 어질고 지혜로운 임금이었어. 두 임금은 아들에게 왕위를 물려주지 않고, 가장 훌륭한 사람을 찾아 임금 자리를 물려준 것으로도 유명해. 치수를 담당하는 관리였던 우가 임금 자리에 올라 하나라를 건설한 것도 그 덕분이라고 할 수 있지."

나선애의 세계사 사전
요순시대 요임금과 순임금이 다스렸던 시대를 일컫는 말이야.

곽두기의 국어 사전
태평성대 클 태(太) 평평할 평(平) 성스러울 성(聖) 시대 대(代). 어진 임금이 나라를 잘 다스려 태평한 시대라는 뜻이야.

허영심의 상식 사전
치수 물을 다스린다는 뜻으로 가뭄과 홍수에 대비해 강 주변에 둑을 쌓거나 수리하는 걸 가리켜.

"관리가 임금 자리에 올랐다고요?"

"그렇단다. 사실 황허강 유역에서 치수는 나라와 백성의 운명이 걸린 중요한 일이야. 전설에 따르면 우임금은 노력 끝에 치수에 성공했고, 순임금의 눈에 들어 임금 자리를 물려받았대. 우임금은 기원전 2070년 무렵 하나라를 세웠지."

"아까는 하나라가 전설 속의 나라라고 하시

↑ **우임금** 치수에 성공한 우는 순임금에게 발탁되어 임금 자리에 올랐어.

삼황오제 전설의 주인공들

여와와 복희씨 원래 이 둘은 남매였어. 그런데 큰 홍수가 나서 세상 사람이 모두 죽고 둘만 살아남았지. 혼인을 하기 전 둘은 하늘의 뜻을 물으려 산에 올라 각자 다른 봉우리에서 연기를 피워 올렸어. 그러자 두 줄기의 연기가 하늘에서 하나로 합쳐졌지. 둘은 하늘이 혼인을 승낙한 것으로 여겨 부부가 되어 자식을 낳았어. 그리고 그 후손들이 지금의 한족이 되었대. 여와와 복희씨는 하반신이 서로 꼬여 있는 뱀으로 표현하는데, 뱀은 다산과 치유, 부활을 상징한다는구나.

신농씨 귀신 신(神) 농사 농(農) 성씨 씨(氏). 말 그대로 농사의 신으로 보통 인간의 몸에 소의 머리를 한 모습으로 그려져. 신농씨는 사람들에게 귀리나 조를 심어 거두는 법을 가르치고, 호미 같은 편리한 농기구도 발명했대. 또 수많은 풀들을 직접 먹어 본 뒤 약초와 독초를 가려냈는데, 그 때문에 약초의 신, 차의 신으로 여기기도 해.

황제 누를 황(黃) 임금 제(帝). 중국의 지배자를 뜻하는 황제(皇帝)와는 다른 말이야. 황제는 신농씨를 누르고 황허강 유역의 맹주가 되었어. 또한 농사를 장려하고, 군사력을 강화했을 뿐 아니라 문자와 역법, 수레, 배 등을 발명한 것으로 알려져 있지.

치우 머리는 구리, 이마는 쇠, 발은 말발굽인 전쟁의 신이야. 비를 뿌리고 안개를 피우는 재주 덕에 싸움에서 진 적이 없대. 삼황오제 전설에서 황제와 싸운 괴물로 그려지는데, 아마도 황제 세력과 대립한 세력의 지도자였기 때문에 이런 무서운 모습으로 그려진 것으로 여기고 있어.

요와 순, 우 요와 순은 중국 역사상 최고의 태평성대를 이끈 성군으로 꼽혀. 요임금은 어느 날 해가 열 개나 동시에 뜨는 바람에 물이 마르고 곡식이 타자 예라는 뛰어난 궁수를 시켜 해를 하나만 남기고 다른 해는 모조리 쏘아 떨어뜨리게 해 백성들을 구했대. 순임금은 어려서부터 효자로 유명했어. 아버지와 계모가 순을 미워해 집에 가두고 불을 질러 죽이려고 하자 오히려 더 부모에게 효도했대. 순의 효심에 감동한 요임금은 순을 사위로 삼고 왕위를 물려줬어. 순임금 역시 황허강의 치수에 큰 공을 세운 우에게 왕위를 물려줬지. 그리고 마침내 우가 하나라를 세우게 된단다.

더니 왜 지금은 꼭 진짜로 있었던 일처럼 말씀하시는 거죠?"

"정확히 말하자면, 우임금 이야기와 하나라 이야기 모두 아직은 사실로 확인이 되지 않았어. 하지만 중국인들은 하나라가 실제로 있었던 나라라고 철석같이 믿고 증거를 찾으려 많은 노력을 기울였지. 그러다 지금의 허난성 얼리터우라는 곳에서 궁궐터를 비롯한 대규모 청동기 시대 유적을 발견했어. 또 그 주변의 100곳이 넘는 유적에서 얼리터우에서 나온 것과 생김새가 아주 비슷한 유물들이 발견되었지. 바로 이 얼리터우의 유물과 유적을 전설 속 하나라의 흔적으로 여기고 있어."

"엥? 그럼 전설 속의 나라가 아닌 거잖아요."

"문제는 안타깝게도 '여기가 하나라다!' 하고 자신 있게 말할 만큼 결정적인 증거가 없다는 거야. 얼리터우가 진짜 하나라라면 그 수많은 유물에 '하'라는 글자가 새겨진 유물이 하나쯤은 있을 법한데, 그런 게 하나도 발견되지 않았거든. 그래서 심증은 있지만 확신하지는 못하고 있단다."

왕수재의 지리 사전

얼리터우 하나라로 여겨지는 얼리터우 문화(기원전 2000년~기원전 1500년)의 유적과 유물이 처음 발견된 곳이야.

↑ 얼리터우의 궁궐 모습을 복원한 모형

→ 보석이 박힌 청동 장식
얼리터우에서 발견된 유물로, 보석의 일종인 터키석을 박아 넣은 화려한 청동 장식이야.

"에구, 답답한 일이네요."

"중국의 옛 역사책에 따르면, 하나라는 거의 500년 동안 황허강 유역을 다스리다 상나라의 탕왕에게 멸망당했대. 혹시 너희들 주지육림이라는 말 들어 봤니?"

"나라는 다스리지 않고 흥청망청 놀기만 할 때 쓰는 말이죠."

곽두기가 냉큼 용선생의 질문에 대답했다.

"오호, 역시 두기구나! 주지육림이란 말을 처음으로 만든 왕이 바로 하나라의 마지막 왕인 걸왕이야. 걸왕은 말희라는 애첩한테 푹 빠져 맨날 술을 가득 채운 연못에 배를 띄워 놓은 채 놀기만 하고 화려한 궁궐을 짓겠다고 백성들을 쥐어짰거든. 백성들이 원망하는 소리가 하늘을 찔렀지만 걸왕은 들은 척도 하지 않고, 바른말을 하는 신하들은 있는 대로 죽여 버렸지. 결국 하나라의 신하였던 상나라의 탕이 반란을 일으켜 군사를 이끌고 쳐들어왔어. 노는 데만 정신이 팔려 있던 걸왕은 뒤늦게 사태를 알아차렸지만 이미 늦은 뒤였지. 결국 걸왕은 스스로 목숨을 끊고 말았단다. 이렇게 하나라는 망하고 상나라의 시대가 시작돼."

"에구, 임금이 놀기만 하다 나라까지 말아먹다니, 쯧쯧."

나선애가 혀를 찼다.

곽두기의 국어 사전

주지육림 술 주(酒) 연못 지(池) 고기 육(肉) 수풀 림(林). 술로 연못을 채우고 나무에 고기를 주렁주렁 매달아 놓았다는 뜻이야.

애첩 사랑 애(愛) 첩 첩(妾). 본부인이 아니면서 사랑을 받는 첩이라는 뜻이야.

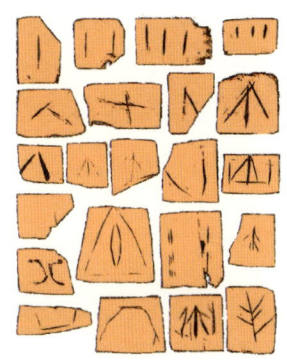

▲ 토기 조각에 새겨진 기호들
숫자를 표시한 기호일 것으로 여겨.

용선생의 핵심 정리

전설에 따르면 기원전 2070년 무렵, 우임금이 하나라 건설. 황허강 중류의 얼리터우라는 곳에서 하나라 것으로 추정되는 유적이 발견되었으나 확실하지는 않음.

세 강 유역에서 시작된 동아시아 문명

갑골로 점을 치고 갑골 문자를 남긴 상나라

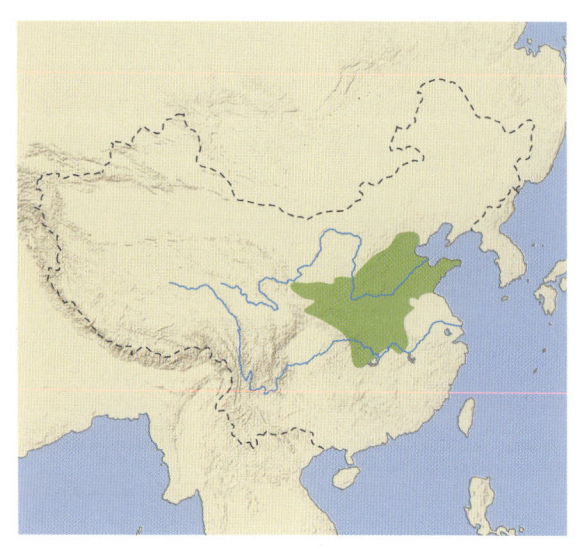

▲ 상나라 영역

"상나라는 중국에서 실제로 있었다는 것이 확인된 나라들 중 가장 오래된 나라야. 기원전 1600년 무렵에 들어서 기원전 1046년까지 500여 년 동안 황허강 유역을 다스렸는데, 이 시기는 중국 역사상 굉장히 중요한 발전이 이루어진 시대로 꼽혀."

"굉장히 중요한 발전이라면 어떤 거죠?"

"무엇보다 먼저 문자가 발명되고, 본격적인 청동기 시대가 열렸지. 그리고 하나라 때보다 영토가 훨씬 넓어지고 왕권이 강화되었어."

"앗! 어디선가 많이 들어 본 것들인데요?"

"그래, 다른 고대 문명을 공부할 때에도 한 번쯤 나온 것들이지. 자, 그럼 지금부터 상나라에서 어떤 일이 있었는지 자세히 알아보기로 할까?"

용선생이 말을 끊고 교탁 밑에서 뭔가를 꺼내 아이들에게 하나씩 나눠 주었다.

나선애가 입을 열었다.

"이거 텔레비전에서 본 적 있는데, 뭐라더라…? 아, 맞다. 갑골!"

"갑골? 누나, 갑골이 뭐야?"

두기가 손에 쥔 물건을 이리저리 살펴보며 물었다.

"응, 거북의 배딱지나 동물 어깨뼈를 갑골이라고 한댔어."

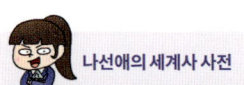

나선애의 세계사 사전

갑골 갑은 거북의 배딱지를, 골은 동물의 뼈를 말해. 상나라에서는 갑골을 이용해 점을 치고, 그 결과를 점을 친 갑골의 뒷면에 기록했어.

"뭐? 동물 뼈? 그럼 이게 동물 뼈?"

허영심이 기겁하며 손에 들고 있던 걸 내동댕이쳤다.

"호호호, 영심아, 설마 선생님이 진짜를 가져오셨겠니? 보나 마나 플라스틱 모조품일걸."

"참, 그렇지. 너무 놀라서 그만."

영심이 배시시 웃으며 다시 갑골을 집었다.

"근데 선생님, 여기 글자 비슷한 게 잔뜩 새겨져 있어요. 혹시 이게 문자예요?"

"하하, 그게 바로 그 유명한 갑골 문자야. 갑골에 새겨진 문자라 해서 갑골 문자라고 하지."

"근데 왜 하필 동물 뼈에다가 글자를 새겨 놓은 거지? 점토판이나 파피루스가 없어서 그런가?"

"그건 상나라에서 갑골로 점을 치고 그 뒷면에 점을 친 결과를 새겨 놓았기 때문이야."

"엥? 동물 뼈로 점을 쳐요?"

"글자가 새겨진 뒷면을 한번 보렴. 무슨 홈 같은 게 파여 있지? 이 홈은 점을 치기 전에 갑골에 미리 파 놓은 거야. 점을 칠 때는 이렇게 미리 손질해 둔 갑골을 꺼내 불에 달궜어. 그러면 홈을 중심으로 점 복(卜) 자 모양으로 금이 쩍 가는데, 그 금 간 모양을 보고 점을 쳤지. 그리고 점을 친 뒤에는 갑골 뒷면에 점을 친 내용과 결과, 점을 친 사람의 이름, 날짜 등을 꼼꼼히 기록해 두었어. 상나라의 마지막 도읍이었던 은허에서는 이렇게 문자가 기록된 갑골이 무

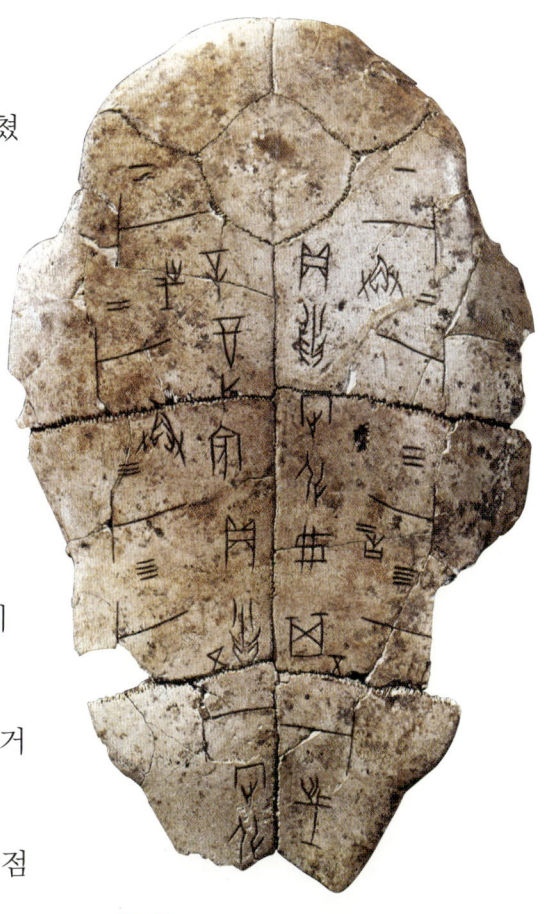

↑ **갑골 문자** 상나라에서는 갑골이 갈라진 모양을 보고 점괘를 판단했어. 그리고 점을 친 후에는 갑골 뒷면에 점을 친 결과를 기록했지. 갑골의 금 모양을 본뜬 한자가 바로 점 복(卜) 자란다.

왕수재의 지리 사전

은허 상나라의 마지막 도읍. 지금의 허난성 안양에 자리 잡고 있어.

세 강 유역에서 시작된 동아시아 문명

▸ 무더기로 발굴된 갑골

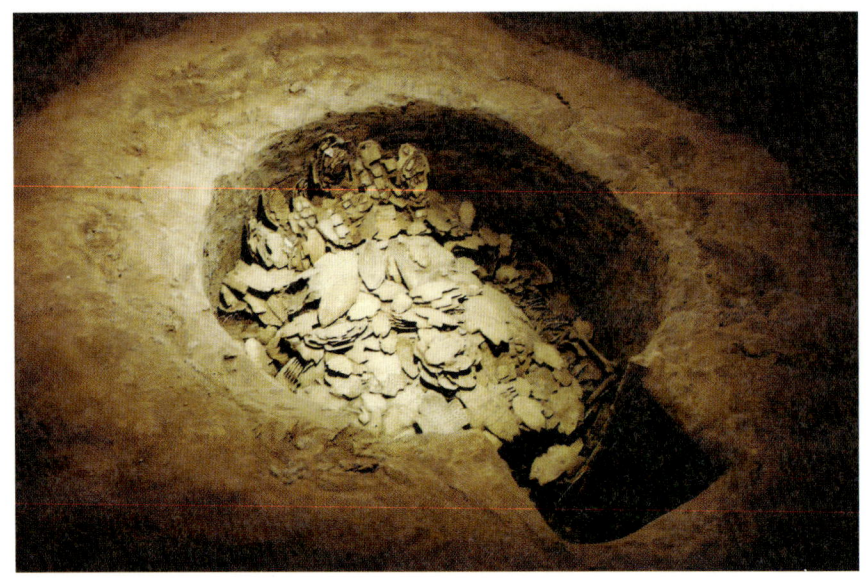

더기로 발견되었단다."

"그렇게나 많이요? 도대체 점칠 게 뭐가 그리 많았던 거죠?"

"궁금한 것은 뭐든 점을 쳐서 알아봤거든. 태어날 자식이 아들일지 딸일지, 내일 날씨는 어떨지, 적이 쳐들어올지 말지 같은 것들 말이야. 제일 많이 점을 친 것은 제사였어. 어느 신한테 언제 제사를 지낼지, 공물은 뭘 바칠지 하는 것들을 일일이 점을 쳐서 결정했지."

"제사 지내는 걸 점을 쳐서 결정하다니, 정말 제사가 중요하긴 중요했나 보다."

"물론이지. 상나라 왕은 곧 제사장이기도 했거든. 상나라 사람들은 세상 만물에는 다 신이 있다고 믿었어. 또 죽은 조상님들이 하늘에서 후손들을 돌보아 준다고 믿었지. 그래서 늘 무슨 일만 있으면 자연의 신들을 달래기 위해, 또 하늘의 조상님들에게 잘 돌봐 달라는 뜻으로 제물을 차려 놓고 제사를 지냈단다. 점치고 제사 지내는 게 상나라

갑골로 점치기

1. 손질하기 잘 손질된 갑골에 미리 홈을 파서 차곡차곡 쌓아 둬.

2. 불에 굽기 손질된 갑골을 불에 구우면 홈을 중심으로 점 복(卜) 자 모양으로 금이 가면서 색깔이 누렇게 변해.

4. 기록하기 점치는 걸 돕는 관리는 점친 내용과 결과를 갑골에 꼼꼼히 기록해 둬. 이렇게 기록한 문자를 갑골 문자라고 해.

3. 해석하기 갑골에 금이 간 모양을 보고 점을 쳐.

왕의 제일 중요한 일이었던 것처럼 보일 정도야."

"잠깐만요, 왕이 점도 쳤어요?"

"그렇단다. 상나라 사람들은 왕만이 점괘를 읽을 수 있다고 믿었어. 그러니 당연히 왕만이 점을 칠 수 있었지."

"쳇, 제대로 맞히지 못하면 왕 체면이 말이 아닐 텐데."

"맞아, 점은 역시 점일 뿐이니 맞을 때도 있고 틀릴 때도 있었어. 하지만 놀라운 건 틀린 것도 빠짐없이 기록했다는 사실이야. 그만큼 진지한 자세로 점을 쳤다는 걸 알 수 있지."

용선생의 핵심 정리

기원전 1600년 무렵, 상나라가 건설됨. 상나라는 왕권이 강했고, 갑골을 이용해 점을 쳤으며, 하늘에 제사를 지냄. 마지막 수도였던 은허에서 많은 유물들이 발견됨.

청동기 문화가 크게 발전하고 왕권이 강화되다

"이번에는 상나라 하면 빼놓을 수 없는 청동기 문화에 대해 알아볼까? 중국에 처음 청동기 기술이 등장한 건 메소포타미아와 이집트보다 다소 늦은 기원전 2500년 무렵이었어. 하지만 상나라 때 중국의 청동기 제조 기술은 눈에 띄게 발전해 뛰어난 청동기들을 만들어 낸단다."

"우아, 다른 문명들보다 늦게 시작했는데 어떻게 뛰어난 청동기를

▲ 동물 모양의 청동기 상나라 장인들은 동물 모양의 청동기도 많이 만들었어. 이 코끼리 모양 청동기는 상나라 장인들의 뛰어난 솜씨를 잘 보여 주고 있지.

▲ 후모무정 안에 '후모무'라는 글자가 새겨져 있어서 후모무정이라고 해. 정은 솥이라는 뜻으로, 제기의 일종이야. 후모무정은 기원전 1300년에서 기원전 1000년에 만들어졌는데, 높이가 133센티미터, 무게가 약 833킬로그램이나 돼. 지금까지 발견된 것 중 가장 큰 청동 솥이지.

만들어 내게 된 거죠?"

두기가 의아한 표정으로 물었다.

"그건 중국이 뛰어난 토기 제조 기술을 가지고 있었던 덕분이야."

"토기 만드는 거랑 청동기 만드는 게 어떤 관계가 있어요?"

"청동기는 거푸집에 녹인 청동을 부은 뒤 굳혀서 만들기 때문에 거푸집을 잘 만들수록 멋진 청동기를 만들 수 있어. 그런데 거푸집을 만드는 방법이 토기를 만드는 방법이랑 비슷해. 청동기를 만드는 거푸집도 토기처럼 흙으로 모양을 빚은 뒤 높은 온도에서 구워 내거든. 그래서 뛰어난 토기 제조 기술을 가지고 있었던 중국이 금방 앞선

 나선애의 세계사 사전

거푸집 쇳물 등을 부어 원하는 모양을 만들 수 있도록 속이 비어 있는 틀이야.

세 강 유역에서 시작된 동아시아 문명 **253**

청동 제기 만들기

1. **모형 만들기** 진흙으로 청동 제기의 모형을 빚은 다음 가마에 넣고 구워.

2. **거푸집 만들기** 모형에 진흙을 두툼하게 덧입혀 거푸집을 만든 뒤, 나중에 분리해서 떼어 내기 쉽도록 칼집을 내고 불에 구워.

3. **거푸집을 모형에서 떼어 내기** 거푸집을 구운 뒤 여러 조각으로 분리해 모형에서 떼어 내.

4. **청동 물 붓기** 떼어 낸 거푸집을 다시 조립하고 안 틀을 넣어 거푸집과 안 틀 사이에 청동 물을 부어.

5. **마무리** 거푸집과 안 틀을 떼어 내고 청동 제기를 다듬으면 끝!

◀ 술이나 물을 담는 데 쓰였던 청동 제기들
제기들 표면에 새겨진 정교하고 화려한 무늬를 통해 상나라의 뛰어난 청동기 제조 기술을 엿볼 수 있어.

문명들 부럽지 않은 청동기를 만들어 낼 수 있었던 거란다."

용선생이 상나라 시대의 청동기 사진을 화면에 띄웠다.

"이게 바로 상나라의 청동 제기들이야."

"우아, 어떻게 저런 모양을 만들고 무늬를 새기지? 진짜 신기하다."

"그래. 저런 섬세한 장식들은 상나라 장인들이 얼마나 뛰어난 실력을 가지고 있었는지를 보여 주는 증거들이란다."

"근데 선생님, 상나라는 청동 무기는 안 만들어요? 메소포타미아에서는 왕이 군사들을 청동 무기로 무장시키면서 왕권이 강화되었다고 하셨잖아요."

"하하, 왜 안 만들었겠니? 사실 상나라에서도 청동기는 왕권을 강화하는 데 중요한 역할을 한단다. 상나라 왕도 자기가 거느린 군사를 청동 무기로 무장시키고, 전차를 도입해 막강한 군사력을 갖추며 누구도 넘보기 힘든 권력을 손에 쥐었지. 상나라가 전성기를 누린 건 은으로 도읍을 옮긴 기원전 1300년 무렵부터였단다. 상나라는 막강한 군사력으로 주변 부족들을 제후국으로 삼아 중원 대부분을 지배했어. 멀리 떨어진 변방의 이민족들도 상나라 앞에서 머리를 숙였단

 **곽두기의 국어 사전**

제기 제사 제(祭) 그릇 기(器). 제사에 쓰는 그릇이야.

 나선애의 세계사 사전

제후국 왕이나 황제에게 충성하는 신하 나라라고 생각하면 돼. 제후는 왕 다음가는 신분으로, 일정한 영토를 받아 그 땅에 사는 사람들을 다스리는 일을 맡았지.

 왕수재의 지리 사전

중원 원래 지금의 허난성을 중심으로 산둥성 서부, 산시성 동부를 아우르는 황허강 중하류 지역을 가리켰어. 그 뒤 한족의 무대가 남쪽과 서쪽으로 확장되면서 화베이 평원 전체를 가리키는 것으로 의미가 확대되었어.

세 강 유역에서 시작된 동아시아 문명

다. 또 이때쯤 되면 아들에게 왕위를 물려주고 친척들을 높은 관리로 앉힐 만큼 왕권이 강해졌어. 왕을 중심으로 하는 통치 제도가 자리를 잡게 된 거지."

"우아, 그 정도면 상나라 왕 앞에서 모든 사람들이 벌벌 떨었겠어요."

"흐흐, 상나라 왕의 권력이 얼마나 대단했는지는 무덤을 보면 잘 알 수 있어."

"무덤이 어땠는데요?"

"제일 먼저 눈에 띄는 건 순장이야. 말을 비롯한 동물들은 물론이고 심지어 죽은 사람이 부리던 시종들까지 함께 묻었지. 은허의 한 무덤 입구에는 머리가 잘린 시신들이 죽 줄지어 누워 있을 정도였단다."

"그럼 멀쩡하게 살아 있는 사람들을 머리를 잘라서 묻어 버린 거예요? 으윽, 말도 안 돼."

▼ **은허의 무덤에서 발견된 상나라의 청동 전차들** 무덤에 순장된 병사와 말 뼈까지 고스란히 발견되었어.

◆ 부호의 무덤
은허에서 도굴되지 않은 유일한 무덤으로 엄청난 양의 부장품이 쏟아져 나왔어. 양 옆에는 순장된 이들의 유골이 놓여 있었지.

◆ 부호의 무덤에서 나온 청동기 부장품
부엉이 모양의 그릇, 청동 도끼 등 다양한 청동기가 발굴되었어.

"그래, 참으로 가혹한 일이었지. 그만큼 왕의 권력이 막강했음을 말해 주는 것이기도 하고."

용선생은 모니터에 새로운 사진을 띄웠다.

"얘들아, 이번에는 이걸 한번 보렴. 부호라는 상나라 왕비의 무덤이야. 사실 학자들이 은허를 발견했을 때 대부분의 무덤들은 이미 도굴된 상태였어. 그런데 딱 하나가 용케 도굴범들의 손을 피했지. 그게 바로 이 무덤이야. 덕분에 무덤 속에 묻혀 있던 부장품들이 고스란히 출토되어 상나라 연구에 큰 도움을 줬단다. 근데 그 양이 엄청났어. 7,000점의 조개 장식, 590점의 옥 공예품, 440점의 청동기 부장품이 쏟아져 나왔거든. 학자들의 눈이 휘둥그레질 정도였지."

"근데 도대체 순장을 하거나 귀한 물건들을 무더기로 묻은 이유가 뭐예요?"

허영심이 뾰로통한 표정으로 용선생에게 질문했다.

장하다의 인물 사전

부호 상나라 제22대 왕 무정의 왕비야. 여성이지만 제사장과 장군의 역할까지 했대.

곽두기의 국어 사전

도굴 도둑질 도(盜) 팔 굴(掘). 몰래 무덤 속의 부장품들을 훔쳐 가는 걸 말해.

부장품 무덤에 시신과 함께 묻는 물품들. 껴묻거리라고도 해.

세 강 유역에서 시작된 동아시아 문명 **257**

▲ **상나라의 청동 도끼와 단검** 청동 무기는 나무나 돌보다 단단하고 날카로워서 당시로서는 최첨단 무기였어.

"음, 이집트에서도 피라미드에 화려한 부장품들을 묻었잖아. 상나라에서도 비슷한 이유로 그렇게 사람과 물건들을 묻은 거란다."

"아, 상나라 사람들도 사후 세계를 믿었던 거군요. 그래서 저승에 가서도 이승에서처럼 부와 권세를 누리라는 뜻으로 시종들과 귀한 물건들을 묻었던 거고."

"바로 그거야! 크하하, 역시 훌륭한 선생님 밑에 훌륭한 제자로다."

왕수재의 말에 용선생이 엄지를 치켜세웠다.

"그나저나 왕도 아니고 왕비 무덤에서 청동기가 440점이나 나오다니, 도대체 청동기를 얼마나 만든 거죠?"

"셀 수 없이 많이 만들었지. 청동기는 상나라를 지탱하는 버팀목이나 다름없었어. 청동기가 없으면 제사를 지내는 데 필요한 제기도 만들 수 없고, 군사력도 유지할 수가 없었으니까 말이야. 그래서 상나라는 청동기 재료를 확보하는 일을 무엇보다 중요하게 여겼단다. 청동기 재료가 나는 곳이면 아무리 멀어도 군사를 보내 점령하고 재료를 실어 오도록 했지. 심지어 머나먼 창장강 이남까지 군사를 보낼 정도였다니, 청동기 재료를 구하는 데 얼마나 혈안이 되어 있었는지

청동기의 필수 재료는 구리와 주석이야.

알 만하지."

"우아, 그럼 상나라는 창장강 유역까지 다스린 거예요?"

"하하, 아무리 상나라가 강력해도 아직 그렇게 넓은 땅을 다스릴 정도는 아니었어. 그냥 청동기 재료가 나는 곳 주변과 그걸 실어 오는 길을 지키는 정도였대."

용선생의 핵심 정리

상나라는 청동 무기와 전차를 도입해 주변 지역을 지배함. 후모무정을 비롯해 다양한 모양의 청동 제기들을 만들었음.

천명을 받들어 주나라를 세우다

용선생의 설명을 들으며 골똘히 생각에 잠겨 있던 나선애가 불쑥 질문을 던졌다.

"근데 선생님, 전 아무리 생각해도 왕이 이렇게 맨날 점치고, 제사 지내고, 청동기 만드느라 정신없는데 나라가 잘 돌아간다는 게 신기해요. 나라는 언제 다스려요?"

"호오, 안 그래도 바로 그 얘기를 하려던 참이었단다. 사실 백성들의 불만이 이만저만 아니었어. 제사 한 번에 소 수십 마리씩 들어갈 정도였으니 그걸 바쳐야 하는 백성들은 죽을

▼ 주나라 영역

↑ 주 문왕 상나라의 제후국이었던 주의 제후로 주나라 건국의 기초를 닦은 인물. 수천 년 동안 훌륭한 군주의 모범으로 존경을 받고 있어.

맛이었거든. 곡식이나 가축만이 아니라 사람까지 공물로 바쳐야 했단다."

"사람을 공물로 바쳤다고요? 정말 해도 해도 너무한 거 아니에요?"

"하지만 왕은 전혀 신경 쓰지 않았단다. 아까 말했듯이 상나라 왕은 왕인 동시에 제사장이었어. 그래서 백성을 돌보는 것보다 제사를 지내는 것을 더 중요하게 생각했지. 결국 이로 인해 상나라에 어두운 그림자가 짙게 드리우게 된단다."

"흥, 그럴 줄 알았어. 불만이 쌓이면 언젠가 폭발하기 마련이라고."

허영심이 혀를 쏙 내밀었다.

"결정적인 계기는 상나라 주왕의 폭정이었어. 주왕은 하나라 마지막 임금이었던 걸왕과 판박이였어. 주왕은 달기라는 여인에게 홀딱 빠져 주지육림을 즐기고, 화려한 궁전을 짓는다며 백성들과 제후국들을 쥐어짜고, 충언을 하는 신하는 벌겋게 단 숯불에 태워 죽였지. 그러다 보니 누구도 감히 옳은 소리를 하지 못했대."

"어쩜 저렇게 걸왕이랑 똑같을까, 쯧쯧."

허영심이 혀를 찼.

"한편 이때 상나라의 서쪽을 다스리던 문왕은 주왕과 정반대로 지혜롭고 너그러운 통치로 큰 존경을 받았어. 문왕은 백성들의 세금을 덜어 주고 백성들에게 형제와 사이좋게 지내라, 부모님께 효도하고 어른을 공경하라고 가르쳐서 질서를 바로잡았지. 주왕의 폭정에 지친 사람들은 문왕 주위로 모여들었어. 그런데 이게 화근이 되었어. 주왕의 신하 한 명이 문왕이 딴마음을 품고 있다며 모함을 한 거야.

곽두기의 국어 사전

폭정 포악할 폭(暴) 다스릴 정(政). 포악스러운 정치라는 뜻이야.

의심을 품게 된 주왕은 곧장 문왕을 감옥에 가둬 버렸어. 그뿐만이 아니었어. 주왕은 문왕의 아들을 가마솥에 삶아 죽인 뒤 문왕에게 그 국물을 내밀었어. '나에게 복종한다면 이걸 마셔라. 그러면 풀어 주겠다.' 하면서."

"으악, 나쁜 놈! 그게 말이 돼요?"

용선생의 설명에 아이들이 얼굴을 찌푸렸다.

"문왕은 마음속으로 피눈물을 흘리면서도 겉으로는 태연히 그걸 다 마셨대. 그렇게 해서 겨우 감옥에서 풀려난 문왕은 상나라를 멸망시킬 계획을 짜기 시작했어. 먼저 서쪽의 융을 물리치고 정벌해 관중 평원 전체를 손에 넣었어. 상나라와 싸울 힘을 갖추기 위해서였지. 물론 여전히 화베이 평원 전체를 차지하고 있는 상나라에 비하면 턱없이 모자랐지. 하지만 주왕의 폭정에 신물이 난 상나라의 신하들이 하나둘 문왕 편으로 넘어오면서 상나라를 위협할 정도로 큰 힘을 가지게 되었단다."

"크하하, 이제 제대로 싸울 수 있겠다."

장하다가 주먹을 불끈 쥐어 보였다.

"그래. 하지만 안타깝게도 문왕은 상나라의 멸망을 보지 못하고 세상을 떠났단다. 문왕의 뜻을 이어받은 것은 아들 무왕이었어. 무왕은 포악한 주왕을 몰아내고 새로운 나라를 만들자며 사람들을 설득했지. 무왕이 군대를 이끌고 상나라 도읍인 은으로 진격하자 주왕은 급히 군대를 긁어모아 무왕을 상대하려 했지만, 이미 너무 늦어 버렸어. 결국 기원전 1046년, 주왕은 궁궐에 불을 지르고 스스로 목숨을 끊고 말았단다."

용선생의 세계사 돋보기
주왕은 충언을 하는 신하를 포락지형이라는 형벌에 처했어. 포락지형은 시뻘건 숯불 위에 기름칠한 구리 기둥을 설치하고, 그 위를 걸어가게 하는 형벌이야. 기둥이 뜨겁고 미끄러워 떨어지면 그대로 타 죽었대.

나선애의 세계사 사전
융 중국 서쪽의 이민족을 융이라고 불렀어.

↑ **무왕** 문왕의 둘째 아들로 이름은 희발이야. 상나라를 멸망시키고 주나라를 세웠어.

세 강 유역에서 시작된 동아시아 문명 **261**

"죽는 것도 어째 걸왕이랑 너무 비슷해. 그건 그렇고 그럼 이제 주 나라가 중국을 지배하게 되는 건가요?"

"그렇단다. 무왕은 나라를 다스리기 좋은 호경을 도읍으로 정하고, 천명에 따라 자신이 왕이 되었다고 선언했어."

"엥? 갑자기 왜 하늘 이야기가 나와요?"

"상나라 왕은 하늘이 자신들을 왕으로 정했으니 세상 사람들은 자신들을 섬기는 것이 당연하다고 생각했어. 하지만 무왕의 생각은 달랐지. 무왕은 '하늘이 상나라 왕에게 왕 자리를 맡긴 건 하늘을 대신해서 백성들을 잘 돌보라는 뜻이었다. 그런데 상나라 왕이 백성들을 잘 돌보지 않으니 하늘이 백성들을 다스릴 권한을 거두어들였다. 왕

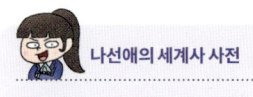

나선애의 세계사 사전

천명 하늘의 명령. 여기서는 하늘이 왕을 선택하는 것을 말해.

◀ 주나라의 청동기
안쪽 면에 왕으로부터 상을 받은 내역이 새겨져 있어. 주나라 제후들은 왕으로부터 상을 받으면 그 내용을 새긴 청동기를 제작해 후손들에게 전했지.

에게 덕이 없으면 하늘은 언제든지 맡겼던 권한을 거두어들이기 때문이다.'라고 여긴 거야. 그리고 하늘이 왕을 선택하는 기준은 덕이라고 주장했어."

용선생의 말에 두기가 고개를 끄덕였다.

"듣고 보니 진짜 일리가 있는데요. 그래야 왕이 나쁜 짓 하지 않고 백성들을 잘 돌볼 테니까요. 근데 무왕은 진짜로 백성들을 덕으로 잘 다스렸어요?"

"그야 물론이지. 사실 무왕이 이런 주장을 들고 나온 데는 그럴 만한 이유가 있었어. 오랫동안 상나라의 지배를 받아 온 사람들한테 왕으로 인정을 받으려면 그만한 명분이 있어야 했거든. 그 명분으로 무왕은 천명을 내세웠던 거야. 그래서 주나라 왕들은 대대로 천명이 떠나지 않도록 백성들을 잘 보살피고 너그럽게 다스리는 것을 매우 중요하게 여겼지."

"주나라, 말만 들어도 멋진걸요."

장하다가 엄지를 척 세웠다.

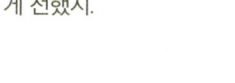

용선생의 세계사 돋보기

이러한 생각을 '천명사상'이라고 해. 임금에게 덕이 없으면 교체할 수 있다는 사상이야. 훗날 새로운 왕조가 들어설 때면 늘 천명을 명분으로 내세웠어.

"주나라가 세워진 지 3년 남짓 되던 해, 갑자기 무왕이 세상을 떠났단다. 다행히 무왕에게는 아들이 하나 있었지만 나이가 너무 어렸어. 그래서 무왕의 동생 주공이 어린 왕을 도와 나라를 다스렸지. 그런데 위기가 발생했어. 주공이 왕위를 탐낸다는 엉뚱한 구실을 대며 주공의 동생들이 상나라 왕족들과 손잡고 반란을 일으킨 거야. 주공은 친히 군대를 이끌고 나가 반란을 진압했어. 그리고 7년 뒤 왕이 어른이 되자 모든 자리에서 깨끗이 물러났단다."

"주공이 왕위를 탐낸다고 했던 건 거짓말이었군요."

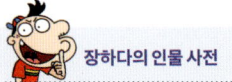

공자 춘추 전국 시대에 활동한 유학의 시조야.

"그런 셈이지. 훗날 공자를 비롯한 유학자들은 늘 주나라의 제도를 본받아야 한다고 주장했어. 바로 그 주나라의 각종 제도들을 바로 세운 사람이 주공이었단다. 주나라를 세운 사람은 무왕이지만 주나라 제도를 세운 사람은 주공이었던 거지. 주공이 만들어 낸 여러 제도 중에서 가장 중요한 게 바로 봉건제야."

 용선생의 핵심 정리

기원전 1046년, 상나라 주왕이 폭정을 일삼자 주 무왕이 천명을 앞세워 상나라를 뒤엎고 주나라를 세움.

주나라를 떠받친 봉건 제도와 정전제

"봉건제? 그게 뭔데요?"

"봉건제는 왕은 신하에게 땅을 나눠 주고 신하는 왕에게 충성을 바치는 제도야. 옛날에는 교통이 나쁘고 통신도 발달하지 않아서 왕이 넓은 땅을 모두 직접 다스리기가 어려웠어. 그래서 도읍에서 멀리 떨어진 곳에는 사람들을 보내 왕 대신 다스리도록 했지. 이렇게 왕을 대신해 나라의 땅 일부를 맡아 다스리는 사람을 '제후'라고 해. 물론 제후는 그 땅을 다스리는 대신 왕에게 충성을 바쳐야 했어. 말하자면 제후는 정해진 만큼 공물을 꼬박꼬박 바치고, 필요할 때는 군사를 보내 왕을 도와야 했다는 말이지."

↑ 주공 주나라의 법과 제도를 세운 사람이야. 《주례》라는 책을 썼다고 하기도 해.

"그렇다면 믿을 만한 사람을 제후로 앉혀야 할 것 같은데요?"

"물론이지. 하지만 상나라 때는 원래 그곳을 다스리던 씨족장들이 그대로 제후가 되었어. 상나라 왕에게 신하로서 충성을 바치겠다고 맹세하면 제후로 인정해 주고 그대로 자기 씨족을 다스리게 해 준 거지. 그런데 주나라에 들어오면 제후들을 제일 믿을 만한 사람들로 죄다 물갈이해 버린단다."

"믿을 만한 사람들로 제후들을 싹 갈아 치웠다고요? 그게 누구죠?"

"왕실의 혈족들과 상나라와 싸울 때 주나라를 도왔던 강태공을 비롯한 동맹들이지. 실제로 대부분의 제후들은 왕의 동생이나 아들 같은 친척들이었어. 왕은 도읍지 주변의 땅만 직접 다스리고, 제후들은 그 바깥의 땅을 맡아 다스리면서 반란이나 전쟁이 일어나면 군사를 이끌고 나가 왕실을 보호하는 역할을 맡았지. 이처럼 왕과 제후가 혈연으로 이어져 있는 것이 주나라 봉건 제도의 가장 큰 특징이란다."

곽두기의 국어 사전
혈족 피 혈(血) 겨레 족(族). 삼촌, 동생, 아들처럼 가까운 혈연관계에 있는 친족들을 말해.

장하다의 인물 사전
강태공 흔히 낚시꾼에 비유되는 그 강태공이야. 실제로는 굉장히 뛰어난 사람으로 상나라를 무너뜨리는 데 혁혁한 공을 세웠대.

"음, 알겠어요. 아무래도 가까운 친척이니까 왕한테 더 충성을 바칠 거다, 뭐 그런 계산이 깔린 거겠죠?"

"물론이지. 자, 마지막으로 살펴볼 제도는 정전제야. 너희들 혹시

우물 정(井) 자 알고 있니?"

"에헴, 그 정도야 당연히 알고 있지요. 그런데 갑자기 우물 정 자는 왜요?"

장하다가 헛기침까지 하며 허공에 손가락으로 우물 정 자를 그렸다.

"그래. 네모난 땅 위에 우물 정 자를 그리면 땅이 아홉 구역으로 나누어지지? 정전제는 이 중 바깥의 8개 구역은 백성들에게 하나씩 나눠 줘서 농사를 지어 먹고살 수 있도록 해 주고, 가운데 구역은 백성들이 힘을 합쳐 농사를 지어 나라에 바치게 하는 토지 제도야."

"아하, 결국 여덟 구역은 백성들 몫이 되고 한 구역은 세금이 되는 셈이군요. 우아, 이거 멋진데요. 이렇게 되면 백성들도 농사짓는 보람이 있을 것 같아요."

"그렇단다. 사실 정전제는 주나라 이후 수천 년 동안 중국 토지 제도의 바탕이 된단다. 시대마다 이름은 달라져도 결국은 모두 그때그때 사정에 따라 정전제를 조금씩 손질했을 뿐이었지."

▲ 정전제 개념도

용선생의 설명에 아이들이 고개를 끄덕였다.

"자, 애들아, 이렇게 해서 흔히 4대 문명이라고 부르는 메소포타미아 문명, 이집트 문명, 인더스 문명, 그리고 동아시아 문명을 살펴보았어. 그런데 멀리 지구 반대편에도 4대 문명 못지않게 아주 발달된 고대 문명이 있었단다. 너무너무 신비하고 독특한 문명이지. 다음 시간에는 그 문명을 공부할 거야."

"지구 반대편? 그게 어디지?"

"하하, 궁금하면 다음 시간에도 빼먹지 말고 꼭 오렴. 자, 안녕~!"

용선생의 핵심 정리

주나라는 왕의 가까운 혈족과 공신들을 제후로 봉하는 봉건 제도를 실시하고, 토지 제도로는 정전제를 실시함. 주공은 주나라의 법과 제도를 정비했음.

나선애의 **정리노트**

1. ### 세 강 유역의 신석기 문명
   - 중국 북부의 랴오허강, 중부의 황허강, 남부의 창장강
     → 기원전 6000년에서 기원전 3000년 사이 각각 신석기 문명이 발생
     * 토양과 기후, 주요 작물, 중심이 된 민족도 서로 다름!

2. ### 전설 속의 하나라
   - 전설 속의 삼황오제가 기틀을 다짐. → 우임금이 나라를 세움!
   - 500여 년 동안 황허강 유역을 지배했다고 전해짐.

3. ### 중국 최초의 국가 상나라
   - 상나라는 중국에서 실존이 확인된 가장 오래된 나라
   - 왕이 정치와 제사를 주관하고 나라의 중요한 일은 왕이 점을 쳐서 결정
     → 갑골 문자: 거북의 껍질이나 동물의 뼈에 점괘를 기록 하는 데 쓰인 문자
     → 한자의 기원
   - 정교한 청동기 문화 발달 → 상나라를 지탱하는 버팀목!

4. ### 천명을 받든 주나라
   - 무왕이 천명사상을 내세워 상나라 주왕을 내쫓고 나라를 세움.
   - 넓은 땅을 다스리기 위해 봉건 제도를 실시함.
     → 왕은 제후에게 땅을 나눠 주고 제후는 왕에게 충성을 바침. 왕과 제후는 혈연관계!
   - 땅을 아홉 구역으로 나누어 백성들에게 나눠 주는 정전제를 실시함.

세계사 퀴즈 달인을 찾아라!

1 빈칸에 들어갈 알맞은 강의 이름을 써 보자.

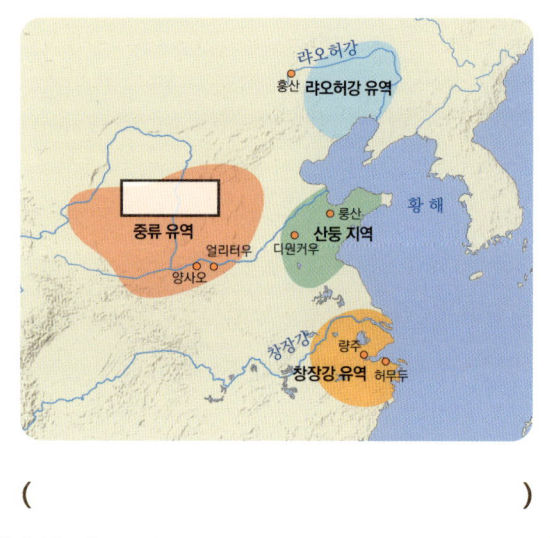

(   )

2 상나라에 대한 설명으로 알맞은 것에 ○표, 알맞지 않은 것에 X표 해 보자.

○ 중국에서 실제로 있었다는 것이 확인된 가장 오래된 나라야.　　　(　　)

○ 삼황오제 전설에 따르면 기원전 2070년 무렵, 우임금이 건설했대.　　　(　　)

○ 은허에서 발견된 무덤을 통해 정교한 청동기 문화가 발달했음을 알 수 있어.　(　　)

3 빈칸에 들어갈 알맞은 말을 순서대로 써 보자.

상나라에서는 왕이 정치와 제사를 주관하고 나라의 중요한 일은 왕이 ①○을 쳐서 결정했어. 주로 제사, 전쟁, 농사에 관한 일을 점친 후 거북의 배딱지나 동물의 뼈에 기록한 ②○○ ○○를 사용했고, 이것이 한자의 기원이 되었어.

(①   , ②   )

4 주나라 무왕이 앞으로 나라를 어떻게 다스릴지 이야기하고 있어. 이러한 사상을 무엇이라고 하는지 빈칸에 알맞은 말을 써 보자.

(   )

5 주나라 봉건 제도에 대한 설명으로 알맞지 <u>않은</u> 것은? (   )

① 왕은 도읍지만 직접 다스렸다.
② 왕과 제후는 혈연관계가 아니었다.
③ 제후들은 왕실의 제사에 참여하고 특산물을 바쳤다.
④ 제후들은 도읍지 바깥 땅을 맡아 다스리고, 왕실을 보호하는 역할을 맡았다.

6 다음 설명을 읽고 알맞은 제도의 이름을 써 보자.

우물 정(井) 자로 땅을 나누어 바깥의 8개 구역은 백성들이 각각 농사를 짓게 하고, 남은 가운데 구역은 힘을 합쳐 농사를 지어 수확물을 나라에 세금으로 바치게 하는 주나라의 토지 제도.

(   )

 정답은 338쪽에서 확인하세요!

| 용선생 세계사 카페 |

강태공, 곧은 낚싯바늘로 중국을 낚아 올리다

너희들, 강태공이란 말 들어 봤니? 물가에서 낚시를 즐기는 낚시꾼을 흔히 강태공이라고 불러. 근데 왜 낚시꾼을 강태공이라고 할까? 여기엔 매우 재미있는 이야기가 숨어 있단다.

사실 강태공은 중국 역사에서 손꼽히는 전략가의 이름으로, 상나라를 무너트리는 데 커다란 공을 세운 사람이야. 강태공은 학문을 쌓는 데 열중하느라 일흔 살 노인이 되도록 관직에 나아가질 않았대. 그래서 가난에 지친 강태공의 부인은 결국 남편을 버리고 가출하고 말았지. 하지만 강태공은 그 뒤에도 관직에 나아가지 않고 매일 공부를 하거나 낚시를 하며 살았어.

근데 어찌 된 일인지 강태공은 다른 낚시꾼들이 물고기를 척척 낚아 올릴 동안 한 마리도 낚지 못했어. 왜냐면 강태공은 곧은 낚싯바늘로 낚시를 했기 때문이었지. 그래서 사람들은 강태공을 아주 어리석은 사람이라 생각했단다. 하지만 강태공은 아랑곳하지 않고 매일 강가에 나가 낚싯대를 드리웠어.

그러던 어느 날 사냥을 가던 주 문왕이 강태공이 낚시를 하는 모습에 흥미를 느끼고, 다가가 말을 걸었지. 물고기를 많이 잡았냐는 문왕의 말에 강태공은 자신은 물고기가 아닌 천하를 낚는 중이라고 답했어. 그러고는 주 문왕에게 천하를 낚기 위해선 인재를 구하고, 너그러이 사람들을 다스리며 때를 기다려야 한다고 조언했지. 문왕은 비로소 이 낚시꾼이 평범한 인물이 아님을 알아차리고 '나의 아버지 태공(太公)이 원하던(望) 사람이다.'라며 강태공에게 벼슬을 주고 극진히 대접했어. 그래서 강태공을 '태공망'이라고도 부르지.

▼ 강태공

강태공은 문왕과 함께 포악한 임금 주왕을 몰아내고 새 나라를 세울 준비를 해 나갔단다. 그리고 때를 기다려 문왕의 아들 무왕과 함께 군대를 이끌고 상나라의 수도로 향했어. 상나라 수도로 가는 도중, 목야란 곳에서 무왕의 군대는 상나라 70만 대군과 마주쳤어. 어마어마한 수의 상나라 군대를 본 사람들은 크게 당황했지.

하지만 강태공만은 달랐단다. 강태공은 상나라 군사가 수만 많지 급히 긁어모은 것임을 눈치챘어. 대부분 억지로 끌려와 훈련도 받지 못한 사람이 대부분이었던 거지. 그래서 무왕의 군대와 맞닥뜨리자, 상나라 군사들은 겁을 집어먹고 뿔뿔이 흩어져 도망치기 바빴지. 강태공이 당황하지 않고 상나라 군대의 약점을 꿰뚫어 본 덕분에 무왕은 무사히 상나라 수도를 멸망시킬 수 있었어. 이후 강태공은 상나라를 멸망시킨 공을 인정받아 고향 땅인 산둥 반도의 제후가 되었고, 딸을 무왕에게 시집보내며 왕의 장인이 되었단다.

▲ **강가에서 낚시하고 있는 강태공** 청나라 말 소겸중이란 화가가 그린 그림으로, 강가에서 때를 기다리며 낚시를 하고 있는 강태공을 묘사한 그림이야.

제후가 되어 고향으로 돌아온 강태공을 환영하기 위해 사람들이 마중을 나왔어. 그중엔 강태공을 버리고 도망쳤던 부인도 있었지. 부인은 강태공에게 다시 자신을 받아 달라고 애원했어. 그러자 강태공은 하인을 시켜 대접에 물을 떠 오라고 한 후, 그 물을 땅에 쏟았지. 그리고 '지금 쏟은 이 물을 다시 대접에 담는다면 아내로 받아 주겠다.'고 했대. 당연히 아내는 땅에 스며든 물을 담을 수 없었지. '한번 엎질러진 물은 다시 주워 담을 수 없다.'라는 격언은 여기서 유래한 말이야.

용선생 세계사 카페

3,000년 만에 드러난 싼싱두이 청동기 문명(기원전 1200년~기원전 600년)

지금의 쓰촨성에서는 황허강 유역과는 또 다른 청동기 문명이 꽃을 피웠어. 이 문명을 유적이 발견된 곳의 지명을 따서 싼싱두이 청동기 문명이라고 해. 싼싱두이 청동기 문명은 기원전 1200년 무렵부터 수백 년 동안 지속됐는데, 놀랍게도 1986년에 유적이 발견될 때까지 이곳에 청동기 문명이 존재했다는 사실조차 아무도 몰랐대. 물론 중국의 옛 역사서에도 아무런 기록이 남아 있지 않았지. 1929년에 우연히 옥기 몇 점이 발견됐고, 1986년에 파괴된 유물이 묻힌 구덩이가 발견되면서 본격적인 발굴이 이루어졌어. 그리고 싼싱두이 청동기 문명의 존재가 밝혀지게 되었지.

◀ 싼싱두이 유적 발굴 모습

▼ 청동 두상

싼싱두이 유적의 대표적인 유물 가운데 하나야. 부리부리한 눈과 우뚝 솟은 코가 너무나도 강렬한 인상을 주지. 자세한 쓰임새는 밝혀지지 않았지만 종교 의식에 사용된 가면일 것으로 짐작하고 있어.

↑ **새 모양의 조각품**
새는 싼싱두이의 청동기에 자주 등장하는 소재로, 종교적 의미를 담고 있을 것으로 여겨지고 있어. 디자인과 세부 묘사가 도저히 3,000년 전의 작품이라고는 믿기지 않는 수준이지.

→ **높이 2.6미터가 넘는 거대한 청동 인물상**
제사 지내고 있는 사제의 모습으로 보여. 세계에서 가장 크고 가장 보존 상태가 좋은 청동 인물상이지.

→ **황금 가면을 쓴 청동 두상**
청동 두상 가운데 몇몇은 이처럼 황금 가면을 착용하고 있어.

6교시

아메리카 대륙에 피어난 고대 문명들

4대 문명에 비해 조금 늦었지만
지구 반대편 아메리카 대륙에서도 고대 문명이 꽃을 피웠어.
언제부터 아메리카에 사람이 살기 시작했을까?
아메리카 사람들은 어떤 어려움을 이겨 내고
입이 떡 벌어지는 수준 높은 고대 문명을 이룩했을까?
우리 같이 아메리카 고대 문명이 어떤 모습이었는지 살펴보자.

기원전 13000년 무렵	기원전 2500년 무렵	기원전 1500년 무렵	기원전 900년 무렵	기원전 500년 무렵	기원전 100년 무렵
아메리카 대륙에 인류 정착	최초의 농경 마을 탄생	올메카 문명 출현	차빈 문명 출현	사포테카 문명 출현	나스카 문명 출현

산로렌소

올메카 문명(기원전 1500년~기원전 900년)의 초기 중심지야.

멕시코고원

멕시코 중북부에 있는 평균 해발 고도 2,000미터의 광대한 고원이야.

멕시코만 유카탄반도

멕시코고원 산로렌소

오악사카 몬테 알반

태 평 양

몬테 알반

사포테카 문명(기원전 500년~기원후 800년)의 중심지야.

> 역사의 현장 지금은?

아스테카 제국의 땅에 세워진 현대의 나라 멕시코를 가다

멕시코는 1821년에 에스파냐로부터 독립한 나라야. 멕시코의 면적은 우리나라의 8배, 인구는 약 1억 2천만 명으로 아메리카에서 미국, 브라질 다음으로 많아. 1인당 국민 소득은 우리나라의 3분의 1 정도이며, 국민 총생산은 우리나라보다 약간 적어(세계 15위).

멕시코 국민 대부분은 백인과 아메리카 원주민의 혼혈로, 스스로를 고대 아스테카 제국의 후예라고 여기고 있지. 멕시코 국기에 아스테카 제국의 건국 전설이 담긴 독수리 문양이 새겨진 것도 멕시코 사람들이 스스로를 아스테카 사람들의 후손이라 여기기 때문이야. 멕시코에서는 에스파냐어를 주로 쓰지만 원주민 언어도 꽤 많이 쓰고 있대.

멕시코의 수도 멕시코시티

해발 2,000미터가 넘는 고원에 자리 잡은 멕시코시티는 고대 아스테카 제국의 수도가 있었던 곳이기도 해. 고원 지대에 자리 잡고 있어 좁은 평지와 뾰죽한 산이 가득할 거란 선입견과 달리 멕시코시티는 사진처럼 광대한 평지란다.

멕시코의 전통 복장

멕시코 사람들의 전통 복장이야. 지역마다 전통 복장이 다르고, 에스파냐의 영향을 많이 받았어. 남자가 쓰고 있는 챙 넓은 모자는 솜브레로라고 부르는데, 강렬한 태양을 피하는 데 좋지.

➔ 전통 복장을 한 멕시코인 남녀

우리 입에도 잘 맞는 멕시코 전통 요리

멕시코의 전통 음식은 우리나라 음식처럼 매콤한 것들이 많아. 멕시코 사람들의 주식은 옥수수 가루를 반죽해 얇게 펴 구운 토르티야야. 여기에 각종 채소와 고기, 매콤한 소스를 얹어 쌈처럼 싸서 먹는 타코는 특히 우리나라 사람들에게도 큰 인기를 얻고 있지. 멕시코의 상징인 용설란 즙으로 만든 술인 테킬라도 세계적으로 큰 인기를 얻고 있어.

↑ 각종 채소에 새우를 올린 타코

열광적인 축구의 나라

멕시코는 열광적인 축구의 나라야. 월드컵과 올림픽을 비롯해 우리나라와도 여러 번 겨루었는데, 아직까지는 전적이 우리보다 앞서고 있어. 2016년 리우 올림픽에서는 우리나라가 1 대 0으로 승리를 거두었지.

↑ 멕시코와 우리나라의 2016년 리우 올림픽 축구 경기

곳곳에 살아 있는 원주민 문화

멕시코에는 여전히 꽤 많은 아메리카 원주민들이 자신들만의 전통문화를 간직하고 살고 있어.

➜ 전통 춤을 추고 있는 오악사카주의 미스테카 원주민 남녀

멕시코 사람들이 가톨릭을 믿게 된 까닭은?

오늘날 멕시코 사람들의 80퍼센트 이상은 가톨릭을 믿고 있어. 이렇게 된 데는 재미있는 이야기가 있어. 처음 원주민들은 가톨릭 선교사의 말에 의심을 품었대. 그런데 1521년 멕시코시티의 테페약 언덕에서 후안 디에고라는 원주민 앞에 성모 마리아가 두 번이나 모습을 드러낸 거야. 원주민이 이때부터 가톨릭을 받아들이기 시작했대. 사진은 성모 마리아가 모습을 드러낸 언덕 옆에 지은 과달루페 성당이야. 교황청은 2002년 이곳을 성지로 인정했어.

⬇ 과달루페 성당

⬇ 과달루페의 성모
원주민에게 나타난 성모 마리아의 모습을 그린 그림이야.

아메리카로 건너간 매머드 사냥꾼들

"얘들아, 너희들 호모 사피엔스가 언제 아메리카로 건너갔는지 기억하니?"

용선생의 물음에 나선애가 재빨리 손을 들었다.

"지금으로부터 1만 5천 년 전에 사람들이 사냥감을 쫓아 아메리카로 건너갔다고 하셨어요."

왕수재도 질세라 얼른 덧붙였다.

"그리고 그때는 아직 빙하기여서 아시아와 아메리카가 육지로 연결되어 있었기 때문에 사람들이 걸어서 아메리카로 건너갈 수 있었다고 하셨어요."

"그래, 다들 잘 기억하고 있구나. 이번 시간에는 그때 아메리카로

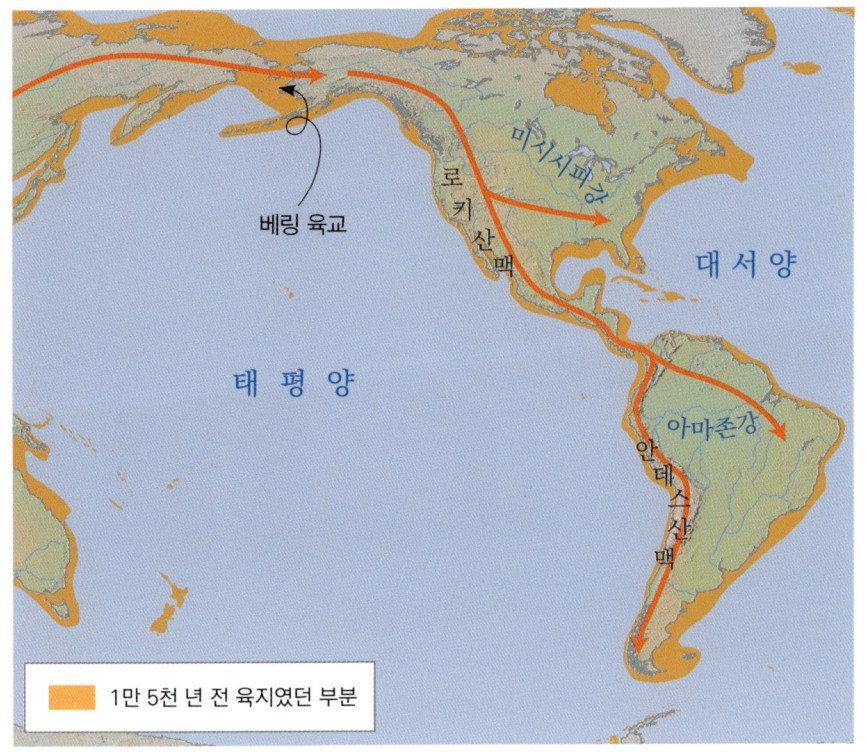

◀ 아메리카로의 이동
아메리카 원주민의 조상들은 빙하기가 끝나기 전인 1만 5천 년 전쯤 베링 육교를 건너 아메리카로 들어갔어.

건너간 사람들이 어떻게 새로운 환경에 적응하고 문명을 일구었는지 알아보기로 하자."

용선생은 지시봉으로 지도의 한 지점을 탁 짚었다.

"여기가 바로 베링 해협이야. 아시아와 아메리카는 바로 이 좁은 바다를 사이에 두고 갈라져 있지. 하지만 수재가 말했듯이 빙하기에 베링 해협은 바다가 아니라 그냥 육지였단다. 그래서 베링 육교라고 불러. 시베리아에 살던 사람들 일부가 베링 육교를 통해 걸어서 알래스카로 들어갔고, 차츰 남하해서 아메리카 전역으로 흩어졌지. 그 후손이 훗날 아메리카의 고대 문명을 일구게 된 거야."

"시베리아에서 알래스카로? 아휴, 하필 추운 곳만 골라 다닐 게

왕수재의 지리 사전

베링 해협 아시아 대륙과 아메리카 대륙 사이의 좁은 바다.

아메리카 대륙에 피어난 고대 문명들 **285**

↑ **거대 동물 매머드** 매머드는 코끼리와 비슷하게 생겼지만, 추운 곳에 살며 적응하느라 털이 많고 엄니 길이가 4미터까지 자랐어.

용선생의 세계사 돋보기

최근에는 인류가 아메리카 대륙의 태평양 해안선을 따라 배를 타고 이주했다는 주장도 힘을 얻고 있어. 이들은 물새나 물고기처럼 작은 동물들을 잡으며 생활하는 사람들이었을 거라고 하는구나.

뭐람."

"선애가 말했듯이 사냥감 때문이었어. 이들은 매머드처럼 큰 사냥감을 사냥해서 먹고살았는데, 아마 시베리아에 살던 사냥꾼들이 사냥감을 쫓아 자연스럽게 알래스카로 건너가게 되었을 거야."

"매머드요? 저, 그거 알아요. 털북숭이 코끼리잖아요."

"그래. 매머드는 코끼리 사촌쯤 되는 동물이야. 추운 곳에 적응하느라 코끼리와 달리 털이 많은 게 특징이지."

"매머드는 멸종했잖아요."

장하다의 말에 용선생이 고개를 끄덕였다.

"그래, 지금은 한 마리도 남아 있지 않지."

"왜 멸종된 거예요?"

"가장 큰 이유는 기후 변화였어. 빙하기가 끝나자 추위에 적응하기 위한 두꺼운 지방 덩어리와 무성한 털이 오히려 생존에 불리하게 된 거야. 그리고 사람들이 너무 많이 사냥한 것도 매머드가 멸종한 큰 이유 중 하나지. 시베리아나 알래스카에 살던 사람들은 매머드 없이는 살아가기 힘들 정도로 매머드에 의존해 살았어. 고기는 식량으로 삼고, 털과 가죽으로는 옷을 만들고, 큰 뼈와 상아는 움집의 기둥이나 버팀대로 쓰고, 작은 뼈로는 온갖 도구와 장식품을 만들고, 힘줄은 실이나 끈으로 썼지. 그래서 매머드가 줄어드는데도 매머드 사냥을 계속할 수밖에 없었던 거야."

"그럼 매머드가 아예 사라지면 어떡해요?"

"유라시아 쪽 사람들은 그나마 농사를 짓고 가축을 기르기 시작하면서 변화에 빠르게 적응해 갔어. 하지만 아메리카에서는 그 과정이 영 순조롭지 못했단다. 그래서 유라시아에 비해 농사를 짓기 시작한

← 매머드 뼈 가옥을 원래 모습대로 복원한 모습
시베리아에서는 집 기둥이나 버팀목으로 사용된 매머드 뼈들이 많이 발견되었어.

시기도, 문명이 발생한 시기도 늦을 수밖에 없었지."

> **용선생의 핵심 정리**
>
> 인류가 처음 아메리카로 건너간 것은 빙하기가 끝나기 전인 1만 5천 년 전. 사냥감을 쫓아 베링 해협(당시는 육지였음)을 건너갔을 것으로 추정함.

온갖 악조건을 이겨 내고 농사를 짓기 시작하다

"왜요? 그 이유가 뭔데요?"

"몇 가지 이유가 있었어. 첫 번째는 뭐니 뭐니 해도 애초에 사람이 살기 시작한 것 자체가 늦었기 때문이야. 인류가 아프리카에서 유라시아로 건너온 건 대략 6만 년 전이었어. 하지만 아메리카에서 사람이 살기 시작한 건 겨우 1만 5천 년 전부터였지. 그래서 메소포타미아에는 기원전 9000년에 제법 큰 규모의 농경 마을이 자리 잡지만 아메리카에는 한참 후인 기원전 2500년이 되어서야 완전한 농경 마을이 들어선단다. 그러니까 메소포타미아나 이집트에서 화려한 고대 문명이 꽃을 피우고 있는 동안에도 아메리카 사람들은 사냥과 채집으로 생계를 꾸리며 살고 있었던 거야."

"흠, 출발이 늦었으니 어쩔 수 없죠, 뭐. 두 번째 이유는 뭔데요?"

"다른 고대 문명과 교류할 기회가 막혀 있었다는 점이야. 원래 문명은 혼자서 발달하는 게 아니야. 여러 지역에서 제각기 발달한 문명들이 전쟁이나 교역을 통해 충돌하는 과정에서 새로운 문물이 널리

퍼져 나가고, 더 많은 발전의 기회가 생기는 거지. 예컨대 이집트인은 힉소스인의 침입을 통해서 청동 무기를 받아들였고, 중국인도 초원을 통해 청동 기술을 뒤늦게 받아들였다고 이야기했었지?"

"음, 그럼 아메리카에는 그런 일이 없었나 보죠?"

"그래. 바다 건너에 고립된 아메리카 대륙 사람들은 다른 고대 문명과 교류할 기회가 없었어. 이들은 청동기 만드는 법, 문자를 만드는 법, 달력을 만드는 법 등등 문명을 건설하는 데에 필요한 수많은 발명품을 누구의 도움도 없이 자신들의 힘만으로 만들어 내야 했지. 그러다 보니 발전이 늦을 수밖에 없었던 거야."

"그 밖에 다른 이유도 있어요?"

"응. 아메리카에는 농사지을 작물과 가축으로 삼을 만한 동물의 종류가 부족했어. 유라시아에는 밀, 보리, 벼에다가 조, 기장, 수수까지 굉장히 다양한 곡물이 있었어. 또 소, 말, 양, 염소, 돼지처럼 가축으로 기르기 좋은 동물이 많았지. 하지만 아메리카에는 농작물이나 가축으로 삼기에 적당한 동식물이 턱없이 적었어. 쌀이나 밀 같은 곡물들은 아예 자생하지도 않았고, 가축으로 삼을 만한 동물도 야마와 알파카가 전부였거든."

"에구, 안 그래도 늦었는데 기를 만한 동식물까지 부족하고. 엎친 데 덮친 격이네요, 쯥."

"그뿐만이 아니야. 농사지을 땅도 마땅치가 않았어. 태평양 해안의 평야 지대는 농사짓기엔 너무 좁고, 내륙에 있는 드넓은 평지는 농사를 짓기에는 강우량이 턱없이 부족한 건조한 초원이거나 적도에서 가까운 열대 우림이어서 도저히 농사를 지을 수 없었지."

곽두기의 국어 사전

자생 스스로 자(自) 날 생(生). 자연에서 저절로 자란다는 뜻이야.

용선생의 세계사 돋보기

대표적인 곳이 미국의 프레리와 아르헨티나의 팜파스야. 원래는 건조한 초원이었지만 지금은 지하수를 개발해 세계적인 곡창 지대로 변했단다.

왕수재의 지리 사전

열대 우림 계절의 구분 없이 비가 많이 내리는 열대 지역의 밀림을 말해. 남미의 아마존 밀림이 대표적이야.

"어, 이상한데요? 미국이랑 남미에서 쌀이랑 밀 엄청 많이 기르지 않나요? 우리나라도 미국산 밀이랑 쌀을 많이 수입한다던데."

"하하, 맞아. 원래 건조한 초원이었던 곳에 땅 깊은 곳을 흐르는 지하수를 끌어 올려 농지로 탈바꿈시켰기 때문이란다. 지하수를 끌어 올릴 기술이 없었던 옛날에는 도저히 농사를 지을 수가 없었지."

"정말 너무해. 한 가지라도 유리한 점이 있어야지."

영심이 입을 쭉 내밀었다.

"하하, 그래. 이래저래 참 어려운 상황이었어. 하지만 우리 인간은 이런 악조건 속에서도 절대 포기하는 법이 없지. 다행히 아메리카에도 아쉬운 대로 양식으로 삼을 만한 몇 가지 식물이 있었단다. 바로 옥수수, 감자, 고구마, 호박, 토마토, 고추 같은 것들이었지. 이 중에서 특히 옥수수와 감자는 장차 아메리카 사람들의 주식이 돼."

"엥? 옥수수며 감자며 고추며, 저것들이 다 아메리카에서 자라는 식물이라고요? 원래부터 우리나라에 있었던 게 아니고요?"

↑ **안데스산맥을 오르는 야마(라마)** 야마는 낙타과 동물로 알파카와 함께 안데스고원에서 사육하는 가축이야. 몸집에 비해 심장이 크기 때문에 높은 산을 쉽게 오를 수 있지.

↑ **야마의 사촌 알파카** 야마보다 몸집이 작아. 사람들은 고기와 우유, 털을 얻고자 알파카를 가축으로 길렀어.

↑ 옥수수의 조상 테오신테
아메리카 사람들은 이 보잘것없어 보이는 테오신테를 계속 개량해서 지금처럼 맛좋고 알이 굵은 옥수수를 얻었어.

↑ 아메리카 대륙의 토종 옥수수
이렇게 겉껍질을 까서 말리면 오랫동안 보관할 수 있어.

"그래, 모두 아메리카가 원산지지. 유럽과 아시아로 전해진 건 불과 500년 전의 일이야. 자, 얘들아, 이 사진 한번 보렴. 이게 바로 옥수수의 조상 테오신테라는 거란다."

용선생은 모니터에 강아지풀처럼 생긴 식물 열매를 띄웠다.

"에계? 이게 옥수수의 조상이라고요? 뭐, 먹을 것도 없어 보이는데?"

"그래, 지금의 옥수수와는 하늘과 땅 차이지. 옥수수의 탄생은 아메리카 사람들의 끈기가 만들어 낸 기적이었어. 포기하지 않고 테오신테를 품종 개량해 마침내 지금과 같은 맛좋고 큼직한 옥수수를 만들어 냈거든. 이렇게 옥수수가 등장하며 마침내 아메리카에서도 본격적으로 농경이 시작됐어."

"히야, 농사를 짓기 시작했으니 드디어 문명이 탄생할 준비는 끝난 거 아닌가요?"

옥수수 품종 개량 과정

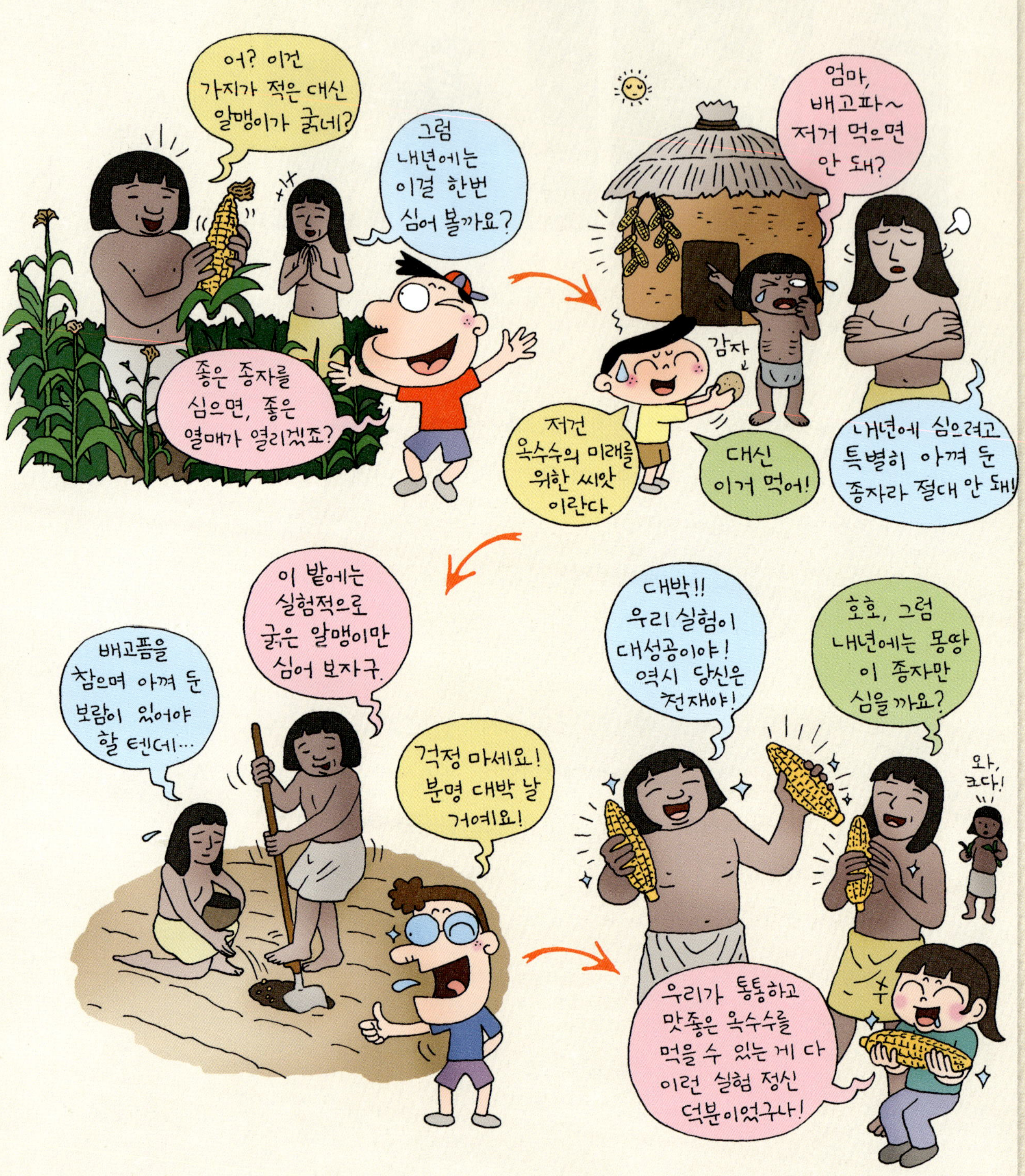

"하하, 그래. 문명의 발생에 꼭 필요한 기본 조건은 갖춰진 셈이지. 아메리카의 고대 문명은 크게 두 지역에서 발생했어. 한 곳은 메소아메리카 지역이고, 다른 한 곳은 지금의 페루를 중심으로 한 남아메리카의 안데스고원 지역이야. 이 가운데 문명이 먼저 시작된 곳은 메소아메리카 지역이었어. 자, 먼저 지도에서 그곳이 어딘지 확인해 보자."

용선생의 세계사 돋보기

메소아메리카는 오늘날의 멕시코 대부분과 과테말라, 벨리즈, 온두라스 일부 지역을 가리켜. 이 지역에서는 고대에 여러 문명이 등장했는데, 교류가 활발한 탓에 비슷한 면이 많았단다.

용선생의 핵심 정리

기원전 2500년 무렵, 아메리카에 농경 마을 등장. 문명의 발달이 뒤처진 까닭은 사람이 뒤늦게 살기 시작했고, 다른 문명과의 교류가 없었으며, 가축이나 농작물로 삼을 동식물이 부족했고, 기후와 토양이 농경에 불리했기 때문임.

올메카 문명-해안 지역에서 꽃핀 메소아메리카의 원조 문명

"크크, 땅이 꼭 사람 허리처럼 잘록해요."

"호오, 그러고 보니 정말 그런걸. 이 잘록한 허리 위쪽은 멕시코만, 아래쪽은 태평양이야. 이 잘록한 허리의 멕시코만 해안 지역이 바로 메소아메리카에서 처음으로 문명이 탄생한 곳이란다."

"히야, 드디어 아메리카에서도 문명이 탄생했다, 이거군요."

↑ **올메카 문명** 이 지역에서 발생한 후대의 문명에 지대한 영향을 미쳤기 때문에 메소아메리카의 원조 문명으로 여겨지고 있어.

"그래, 아메리카 사람들도 온갖 악조건을 이겨 내고 농사를 짓기 시작했고, 기원전 1500년 무렵 마침내 아메리카 최초의 문명인 올메카 문명을 탄생시켰지."

"근데 선생님, 거기서 문명이 발생한 특별한 이유라도 있나요?"

"올메카 문명이 발생한 곳은 평야가 꽤 넓게 형성된 강 유역이었어. 인구도 비교적 많고, 강줄기가 이리저리 얽혀 있어서 교통이 편리해 기원전 2500년 무렵부터 많은 사람들이 모여 살았지. 사람들은 늪지대에 둑을 쌓고 흙을 채워 경작지를 만들고 농사를 지었단다. 인구가 늘어나자 기원전 1500년쯤 올메카의 통치자는 산로렌소에 신전 도시를 세우고 이 도시를 중심으로 주변을 다스리기 시작했대."

용선생의 세계사 돋보기

신전 도시는 신전을 중심으로 건설된 도시를 말해. 사제가 다스린 아메리카의 고대 도시에서 신전은 도시의 가장 중요한 시설이었어. 나중에는 왕이 다스리는 도시 국가로 발전하지.

용선생은 모니터에 바위로 깎은 사람 머리 모양의 조각상 사진을 띄웠다.

"이게 바로 올메카 문명을 상징하는 유물이란다."

"헉, 사람 머리잖아. 몸통은 어디 가고 머리만 남은 거지?"

"하하, 처음부터 몸통은 없고 머리만 있었단다. 그래서 사람 머리 조각상이라는 뜻으로 인두상이라고 해. 높이가 2미터, 무게는 25톤을 훌쩍 넘는 엄청난 크

◀ **산로렌소에서 발견된 인두상**
인두상은 올메카 문명의 상징으로 여전히 많은 수수께끼를 간직하고 있어.

기를 자랑하지."

"우아, 머리가 2미터? 완전 대두다. 킥킥! 근데 누구 얼굴이에요?"

"아마 통치자들의 얼굴이 아닐까 하고 짐작하고 있어. 올메카 문명 지역 여러 곳에서 이런 인두상이 발견되었기 때문에 인두상이 발견된 곳을 살펴보면 올메카 문명의 영역을 파악할 수 있지."

"근데 선생님, 얼굴이 흔히 아는 아메리카 원주민 같은 모습이 아니에요."

"하하, 그건 아직 수수께끼야. 사실 아메리카 문명에 대해서는 아직 풀리지 않은 수수께끼들이 아주 많은데, 인두상도 그중에 하나지. 또 한 가지 놀라운 사실은 올메카에는 인두상의 재료로 쓰인 암석이 아예 없다는 거야."

▲ 올메카 문명의 교역로 메소아메리카 사람들은 유라시아의 고대 문명들 못지않게 활발한 원거리 교역을 했어.

"엥? 그럼 저 큰 돌덩어리를 어디서 가져와요?"

"서쪽으로 400킬로미터쯤 떨어진 멕시코고원에 똑같은 암석이 있대. 많은 사람들이 동원돼서 땅에서는 통나무를 깔아서 끌고, 강에서는 뗏목을 이용해 운반해 온 거지."

"말도 안 돼. 그렇게 멀리에서 그

▲ 라벤타에서 발견된 석상

아메리카 대륙에 피어난 고대 문명들   **295**

↑ 흙으로 빚은 아기 인형　　↑ 물고기 모양의 토기　　↑ 옥으로 조각한 재규어 신상

고생을 하며 가져왔단 말이에요?"

"물론이지. 유라시아와 마찬가지로 메소아메리카에도 지역마다 특산물이 있어서 이런 특산물들을 교환하기 위한 원거리 교역이 일찍부터 활발히 이루어졌어. 교통이 좋은 산로렌소는 바로 그런 원거리 교역의 중심이었지. 그리고 이런 원거리 교역 과정에서 올메카의 종교와 공예 기술, 건축 기술 등이 메소아메리카 전역으로 퍼져 나갔어. 이렇게 해서 올메카 문명은 훗날 멕시코고원과 마야 문명의 발판이 된단다. 그래서 올메카 문명을 메소아메리카의 어머니 문명이라고 부르기도 해. 말 나온 김에 올메카가 남긴 흥미로운 유물들 몇 가지만 구경해 보기로 할까?"

용선생이 모니터에 사진을 하나씩 올리며 설명을 해 나갔다.

"어머, 완전 귀여워. 아기가 손가락을 빠는 모습이야. 호호호."

사진을 보자마자 허영심이 웃음을 터트렸다.

"정말 귀엽지? 이건 흙으로 빚어서 구운 아기 인형이야. 올메카 사람들은 다산을 기원하는 의미로 이런 아기 인형들을 많이 만들었어.

▲ **라벤타의 피라미드** 원래는 계단식 피라미드로, 오랜 세월 뭉개졌음에도 여전히 높이가 34미터나 돼.

그리고 이건 물고기 모양의 그릇이야."

"오호, 아이디어가 참신한걸."

"지금 보기에도 아주 세련됐지? 자, 이번에는 종교와 관련된 유물이야. 올메카 사람들은 재규어를 숭배해 재규어상을 많이 만들었어. 이건 옥으로 조각한 재규어상이란다. 또 하나 재미있는 건 공놀이하는 모습을 표현한 토기야."

"에이, 선생님도. 그때 공이 어디 있다고 공놀이를 해요?"

장하다가 피식거리자 용선생이 정색을 했다.

"어허, 모르는 말씀. 진짜 멋진 경기장을 짓고 고무로 만든 공으로 공놀이를 했다니까. 그때 만든 경기장 유적들이 지금도 남아 있어. 공놀이 선수나 공놀이 경기를 묘사한 부조나 토기도 무수히 많고."

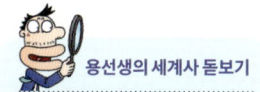

용선생의 세계사 돋보기

재규어는 아메리카에서 먹이사슬의 꼭대기에 있는 동물이야. 재규어 숭배는 올메카에서 시작해 메소아메리카 전체로 퍼져 나갔어.

➔ 올메카의 공놀이를 묘사한 토기

"근데 어떻게 하는 거예요?"

"정확한 규칙이나 목적은 아무도 몰라. 또 그냥 공놀이였는지 종교 의식이었는지도 밝혀지지 않았어. 하지만 올메카에서 시작된 공놀이가 메소아메리카 전역으로 퍼졌고, 2,000년 후 마야와 아스테카 문명에서도 공놀이가 활발하게 벌어졌다는 건 분명해. 이렇게 올메카 문명은 메소아메리카의 문명 형성에 큰 영향을 주었지. 오악사카 계곡의 사포테카 문명 역시 올메카의 영향을 짙게 받은 문명이야."

> **용선생의 핵심 정리**
>
> 올메카 문명은 기원전 1500년 무렵 출현한 메소아메리카의 원조 문명. 원거리 교역 중심지로 이후의 메소아메리카 문명에 큰 영향을 미쳤으며, 거대한 인두상이 유명함.

사포테카 문명-고원 지대로 옮겨 간 문명의 중심

"오악사카 계곡? 거긴 또 어디예요?"

"오악사카 계곡은 멕시코 남부 고원 지대에 있어. 높은 산들 사이에 Y자 모양의 널찍한 골짜기가 형성되어 있는데, 이 골짜기들을 합쳐서 오악사카 계곡이라고 한단다."

"엥? 산골짜기에서 문명이 발생했단 말이에요? 진짜 신기하다."

"희한하지? 근데 메소아메리카에는 고

↑ **고도에 따른 작물 재배**
적도에서 가까운 아메리카의 고원 지대는 대표적인 고산 기후 지역으로 일 년 내내 선선한 봄 날씨를 보여. 여름에도 20도를 넘지 않고 겨울에도 10도 이하로 내려가는 날이 거의 없지.

원 지대에서 발생한 문명이 많아. 메소아메리카처럼 위도가 낮은 곳은 무덥고 밀림이 우거진 저지대보다 고원 지대가 살기가 훨씬 좋단다. 날씨가 선선하거든. 오악사카 계곡에서도 기원전 11000년 무렵부터 사람이 살기 시작했지."

"헉, 그렇게 빨리요?"

"오악사카는 땅이 넓고 비옥해서 온갖 동식물의 보금자리였거든. 자연히 먹을 것이 풍부했지. 오악사카에서는 기원전 10000년쯤으로 여겨지는 옥수수 재배의 흔적도 발견되었단다. 아메리카에서 가장 오래된 흔적이야."

"그때부터 농사를 지었단 말이에요?"

▲ 사포테카 문명의 영역

> **곽두기의 국어사전**
>
> **이모작** 두 이(二) 풀 모(毛) 지을 작(作). 한 해에 두 차례 작물을 심고 수확하는 것을 말해.

"물론 그건 아니야. 이동 생활을 하면서 먹고 남은 옥수수 알갱이를 주변에 뿌려 두었다가 수확할 때쯤 돌아오는 정도였지. 그러다 기원전 2000년 무렵부터는 본격적으로 마을을 이루고 농사를 짓기 시작한단다. 둑을 쌓거나 물웅덩이를 파서 물을 가두고 수로를 파서 계곡물을 끌어오는 관개 공사도 했어. 덕분에 경작지가 늘어나고 이모작도 가능해졌지. 식량이 늘어나니 인구도 쑥쑥 늘어났단다."

"음, 딱 문명이 발생하기 직전 같은데요."

"오호, 역시 세계사반! 이렇게 해서 오악사카에서도 문명이 꽃을 피우게 된단다. 이 문명을 사포테카 문명이라고 부르지."

"그럼 사포테카 사람들은 계곡 어디에서 살았어요?"

"사포테카 사람들은 오악사카 계곡에서 세 갈래의 골짜기가 합쳐지는 곳에 살았어. 오악사카에서 들이 가장 넓고 교통이 편리한 교역의 중심지였지. 사포테카 사람들은 멀리 올메카와도 활발히 교역 활동을 벌였고, 그 과정에서 올메카의 발전된 문명을 빠르게 흡수했어. 그리고 기원전 500년 무렵, 마침내 오악사카에 도시를 건설한단다.

▼ 오악사카의 사포테카 유적지 몬테 알반
반반한 돌을 깐 광장을 한가운데에 배치하고, 피라미드, 신전, 궁궐, 천문 관측소 등 도시의 주요 시설들이 광장을 에워싸는 구조야. 사포테카의 통치자는 이 도시를 근거지로 오악사카 계곡 전체를 지배했어.

바로 사포테카 문명의 중심 도시 몬테 알반이야."

"몬테 알반에서 사포테카 문명은 어떻게 발전했나요?"

"사포테카는 몬테 알반을 근거지로 삼아 오악사카 계곡은 물론 주변 산악 지역까지 지배했어. 몬테 알반은 기원후 800년 무렵까지 무려 1,300년 동안이나 오악사카 계곡의 정치, 종교, 교역의 중심지 역할을 했지. 전성기 때는 몬테 알반의 인구가 2만 5천 명을 넘을 정도로 번영을 누렸대. 사진 속 도시가 바로 몬테 알반이야."

"우아, 왠지 멋져 보여. 근데 저것들은 다 무슨 건물들이에요?"

"계단 아래쪽의 네모반듯한 곳은 광장이야. 원래는 반반한 돌을 깔았었대. 그리고 저 건물들은 피라미드, 신전, 궁궐 같은 도시의 주요 시설들이야. 별자리를 관측하는 천문 관측소도 있었대. 아쉽게도 지금은 윗부분이 많이 무너지고 기초만 남아 있어."

"언덕 위에 저렇게 웅장한 도시를 건설하다니, 사포테카 사람들도 정말 대단한 것 같아요."

"사포테카 사람들은 건축술뿐 아니라 토기를 제작하는 기술, 금이나 옥 세공 기술도 굉장히 뛰어났어. 처음에는 올메카를 따라 하는 수준이었지만 점차 아주 독창적인 작품들을 쏟아 냈지. 재미있는 유물 몇 가지만 구경해 볼까?"

"호호, 안 그래도 목 빠지게 기다리고 있었어요."

예술에 관심 많은 허영심이 기쁜 기색을 보였다.

"이 토기는 몬테 알반에서 발견된 세 발 접시야. 문양이나 모양도 정교하지만 재규어의 발톱이 진짜처럼 보일 정도로 잘 만들어졌지."

↑ 재규어 발 모양의 세 발 접시

아메리카 대륙에 피어난 고대 문명들

▲ 화려한 관을 쓴
장례용 유골 항아리

"아메리카 사람들은 모양이 재미있는 토기를 많이 만든 것 같아요."

"그렇단다. 오리, 물고기, 공놀이 모습 등 다양한 모양의 토기를 만들었지. 장례용 유골 항아리도 사포테카 사람들의 뛰어난 토기 제작 솜씨를 잘 보여 준단다. 자, 이번에는 옥 세공품을 한번 볼까?"

"꺅! 이거 뭐예요?"

용선생이 띄운 사진을 보고는 허영심이 기겁했다.

"하하, 이건 어둠과 죽음의 신인 박쥐 신 가면이란다."

그러자 나선애가 슬쩍 용선생을 거들었다.

"영심이가 깜짝 놀라는 걸 보니 사포테카 사람들 솜씨가 정말 뛰어나긴 했나 봐, 호호."

"근데 선생님, 오악사카 계곡 말고 다른 곳에는 문명이 없었어요?"

"하하, 그럴 리가 있겠니. 이번에는 남아메리카로 가서 안데스고원의 원조 문명에 대해서 알아보자꾸나."

▲ 옥으로 만든 박쥐 신상

> **용선생의 핵심 정리**
>
> 사포테카 문명은 멕시코 남부 고원 지대인 오악사카 계곡에서 발달한 문명. 올메카 문명의 영향을 받았으며, 기원전 500년 무렵에 신전과 궁궐을 갖춘 도시인 몬테 알반이 건설됨.

차빈 문명-안데스의 원조 문명

"차빈 문명은 기원전 900년에 페루 북부의 해발 3,100미터쯤 되는 안데스산맥 고원 지대에서 발생한 문명이야. 올메카 문명이 메소아메리카의 원조 문명이라면 차빈 문명은 남아메리카의 원조 문명이라고 할 수 있어."

"해발 3,100미터? 높아도 너무 높은 거 아니에요?"

"차빈은 아마존강의 제일 상류 지역으로 높은 산으로 둘러싸인 분지야. 차빈은 주변의 산에서 흘러내린 계곡물이 합쳐지는 곳에 자리 잡고 있단다. 그래서 비록 고원 지대지만 농사를 지을 만한 땅과 농사에 필요한 물을 구할 수 있었지. 차빈 사람들은 계곡물을 이용해

왕수재의 지리 사전

페루 남아메리카 태평양 해안에 있는 나라야. 수도는 리마. 잉카 문명을 비롯한 아메리카 고대 문명들의 요람이었어.

안데스산맥 남아메리카 태평양 해안을 따라 길게 뻗은, 세계에서 가장 긴 산맥이야. 해발 6,000미터가 넘는 고봉만 100개가 넘어. 지금도 해발 수천 미터가 넘는 고원 지대에 큰 도시들이 들어서 있지.

↑ 차빈 문명이 발생한 안데스고원 지대 계곡
산비탈에 계단식 경지를 만들고 계곡물을 이용해 농사를 지었어.

↑ 차빈 문명의 영역과 영향권

아메리카 대륙에 피어난 고대 문명들

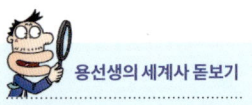
> 용선생의 세계사 돋보기
> 키노아는 안데스 고산 지역에서 자라는 곡물이야. 건강식품으로 전세계적인 인기를 끌고 있어.

감자, 키노아, 옥수수, 호박 따위를 길렀는데, 특히 옥수수보다 추위와 가뭄에 강한 감자와 키노아를 많이 심었대. 또 농사를 짓기 어려운 초지에는 야마를 길렀지."

"높은 고원 지대에서 농사를 지은 건 대단하지만 그것만으로 문명이라는 이름을 붙일 수는 없잖아요."

"하하, 그야 물론이지. 말 나온 김에 차빈 문명의 수준을 엿볼 수 있는 유물을 몇 가지만 살펴볼까? 먼저 차빈의 신전! 이 신전은 차빈 데 완타르라는 곳에 있어. 차빈 문명이란 이름도 그곳 지명에서 따왔지. 이 신전은 두 가지 점에서 사람들을 깜짝 놀라게 만들었단다. 우선 첫 번째는 이 신전을 짓는 데 쓰인 흰 화강암과 검은 석회암이 근처에서 나지 않는다는 점이었어."

용선생은 모니터에 신전 사진을 띄웠다.

"그럼 저 많은 돌을 멀리서 가져왔다는 뜻인가요?"

"그렇단다. 이건 곧 차빈의 통치자가 강력한 권력을 가지고 있었다는 걸 뜻해. 많은 인원을 동원하려면 통치자를 중심으로 잘 짜인 사회 조직을 갖추고 있어야 하거든. 또 한 가지 놀라운 점은 신전에서 볼 수 있는 차빈 사람들의 뛰어난 건축 기술이야."

↓ 차빈 데 완타르 신전
차빈 문명의 대표적인 유적으로, 화강암과 석회암을 쌓아 지었어.

"겉보기에는 그냥 돌을 차곡차곡 쌓아 놓기만 한 것 같은데……."

용선생의 말에 하다가 고개를 갸우뚱했다.

"겉으로 보기엔 그렇지. 사람들은 신전 지하의 커다란 배수관을 보고 깜짝 놀랐단다."

"신전 지하에 뭣 하러 물 내려가는 관을 설치해요?"

"차빈 사람들이 살던 고원 지대에는 우기가 되면 높은 산에서 순식간에 급류가 쏟아져 내리곤 했어. 여차하면 경작지며 집까지 떠내려가기 일쑤였지. 그러니 신전이라고 무사할 리가 없잖아? 공들여 지은 신전이 떠내려가면 큰일이니 뭔가 방법을 생각해 내야 했지. 차빈 사람들이 신전 지하에 배수관을 설치한 건 그 때문이야. 배수관은 평소에는 바람이 드나드는 통풍구 역할을 하고, 우기에는 신전이 물에 잠기거나 떠내려가는 걸 막아 주었단다. 게다가 이 배수관은 또 한 가지 놀라운 역할을 했어. 바로 효과음을 만들어 내는 거였지."

"엥? 영화 찍는 것도 아닌데, 효과음이라뇨?"

"배수관에 흐르는 물소리가 증폭되어 사원 전체에 울려 퍼지도록 설계한 거야. 그런데 그 소리가 마치 재규어의 울음소리와 같았던 거지. 신전에 딱 들어서는 순간 사방에서 재규어가 포효하는 소리가 들린다고 생각해 봐. 순간적으로 온몸이 굳어지면서 재규어 신 앞에 무릎을 꿇고 빌고 싶은 마음이 들지 않겠니? 바로 이런 효과를 노린 거지. 그래서인지 차빈 신전 곳곳에는 재규어 신의 모습이 새겨져 있어."

"히야, 정말 치밀하군요."

허영심의 상식 사전

배수관 물을 밖으로 내보내는 관을 말해.

곽두기의 국어 사전

효과음 영화나 연극 따위에서 더 실감 나게 하도록 하기 위해 내는 소리를 말해.

➜ **차빈 신전의 돌기둥**
신전 지하 통로 한가운데 있는 높이 4.5미터의 돌기둥이야. 농기구 모양의 돌기둥에 재규어의 모습이 새겨져 있어.

"차빈 사람들은 귀금속을 다루는 기술도 매우 뛰어났어. 금, 은 등 여러 가지 귀금속을 녹여서 이어 붙이는 용접 기술까지 가지고 있을 정도였지. 또 황금과 보석, 동물 뼈, 조개와 바다 동물 뼈로 만든 공예품들을 보면 차빈 사람들의 솜씨가 얼마나 세련되었는지 단번에 알 수 있지."

"앗, 잠깐만요! 산꼭대기에 무슨 조개와 바다 동물 뼈가 있어요?"

나선애의 말에 용선생이 미소를 지었다.

"차빈은 일찍부터 안데스고원 지역과 태평양 연안 지역, 아마존 지역을 잇는 원거리 교역의 중심지였단다. 당연히 멀리 해안 지역 상인들도 차빈으로 모여들었지. 그 과정에서 차빈의 발달된 문명이 주변 지역으로 퍼져 나갔지. 그래서 차빈 문명을 안데스의 원조 문명이라고 부르지."

▲ **차빈 문명의 공예품**
차빈 문명 사람들은 솜씨가 뛰어나서 황금이나 뼈, 돌을 가지고 아름답고 섬세한 공예품을 많이 만들었어. 황금과 아름다운 돌로 장식한 목걸이와 브로치, 재규어를 묘사한 장식품이 가장 대표적이지.

 **용선생의 핵심 정리**

차빈 문명은 기원전 900년 무렵, 페루 북부 안데스고원에서 발생한 남아메리카의 원조 문명. 감자와 키노아를 많이 심었으며, 안데스고원과 태평양 연안, 아마존 지역을 잇는 원거리 교역 중심지였음.

차빈 문명을 이은 나스카 문명과 모체 문명

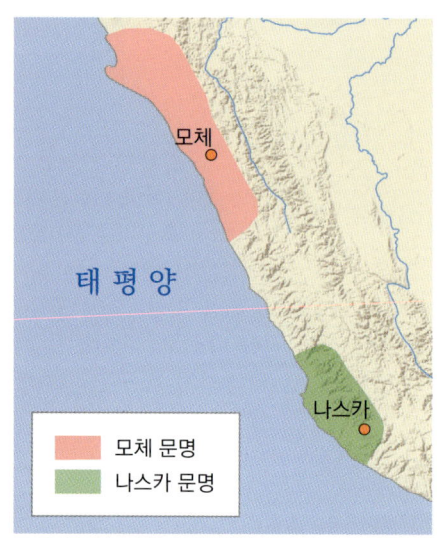

▲ 나스카와 모체 문명 영역

직조 피륙 직(織) 만들 조(造). 직은 실로 천 또는 옷감을 짠다는 뜻이야.

"그럼, 안데스산맥에 차빈 문명에 이어서 또 다른 문명이 발생하는 건가요?"

"물론이지. 이번에는 해안 지역이었어. 바로 페루의 태평양 해안 지역에서 나스카 문명과 모체 문명이 꽃을 피웠단다. 이번엔 이 두 문명에 대해 간단히 살펴보기로 할까? 먼저 나스카 문명은 페루 남부 해안의 나스카 계곡에서 기원전 100년 무렵에서 기원후 800년 무렵까지 번영했던 문명이야. 나스카 계곡은 기후가 건조한 지역이지만 안데스고원 지대에서 흘러내리는 계곡물을 이용할 수 있는 곳이었지. 나스카 사람들은 산비탈에 계단식 밭을 만들고 계곡물을 끌어와 옥수수, 호박, 고구마 등을 길렀지. 해안이니만큼 생선도 중요한 식량이었단다. 또 나스카 사람들은 목화 농사를 지어 천을 짰는데, 나스카의 직조 기술은 지금 보더라도 감탄을 자아낼 만큼 뛰어났어."

용선생이 나스카 사람들이 문양을 넣어 짠 자수 천을 보여 주자 아이들의 입에서 탄성이 터져 나왔다.

"우아, 완전 예술인데요?"

"나스카 사람들의 토기 제작 기술도 직조 기술 못지않았어. 특히 흥미로운 소재를 이용한 채색 토기가 유명하지."

용선생은 약간 익살스럽게 생긴 토기 한 점을 보여 주었다.

▲ **나스카 사람들의 자수 작품** 나스카 사람들의 뛰어난 직조 기술을 잘 보여 주는 유물이야.

"이건 범고래 신의 모습을 묘사한 채색 토기야."

"범고래 신? 근데 왜 저렇게 귀엽게 생겼어요? 호호호."

"귀엽다고? 다시 한 번 잘 봐. 저기 고래 뱃속에 고래한테 잡아먹힌 사람들이 안 보이니? 또 이빨이 호랑이 이빨처럼 무섭게 생겼잖아? 저래 봬도 범고래 신은 무서운 신들 가운데 하나였어."

"어라, 자세히 보니 정말 그렇네요."

장하다가 고개를 끄덕였다.

▲ **북 치는 사람 모양의 물병**

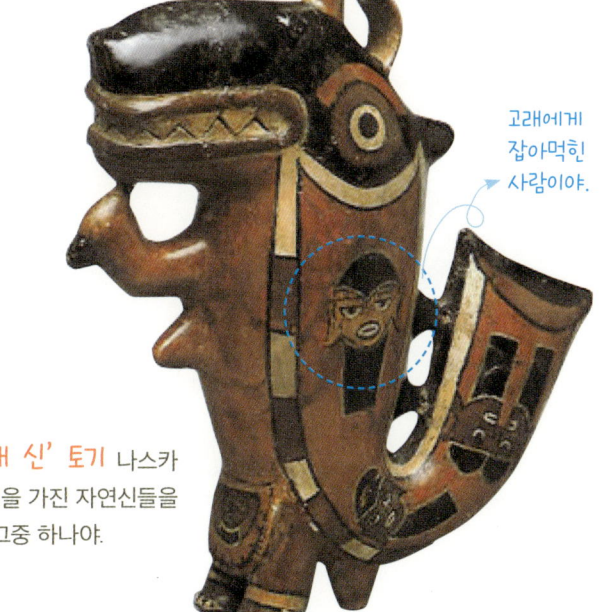

고래에게 잡아먹힌 사람이야.

➡ **흙으로 빚은 '범고래 신' 토기** 나스카 사람들은 무시무시한 힘을 가진 자연신들을 믿었는데, 범고래 신도 그중 하나야.

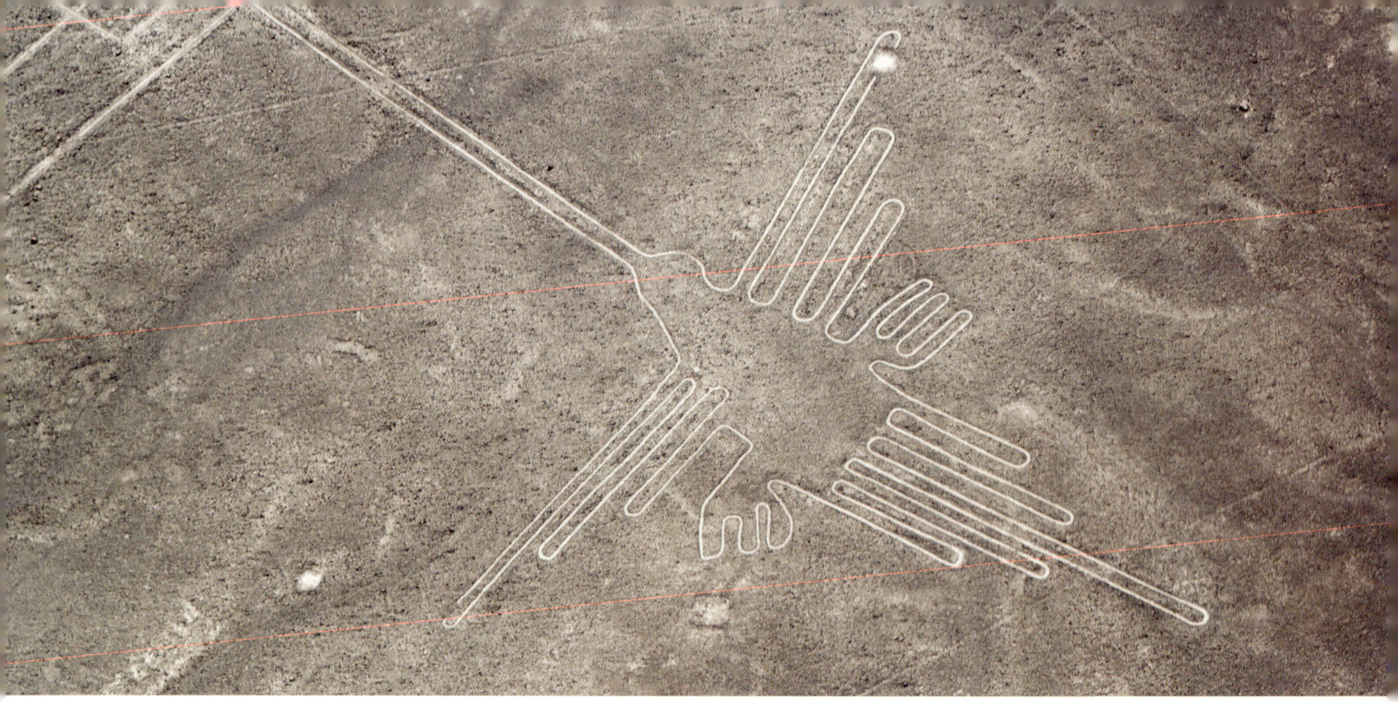

▲ 나스카의 대표적인 지상화인 벌새 그림
이 밖에도 원숭이, 거미, 도마뱀, 각종 도형 등을 그린 800여 개의 그림이 넓게 펼쳐져 있어.

"하지만 뭐니 뭐니 해도 나스카 문명에서 제일 유명한 건 바로 나스카 지상화이지."

"나스카 지상화? 그게 뭔데요?"

"땅 위에 그려져 있는 거대한 그림이야. 크기가 무려 수백 미터에 달하다 보니 땅 위에서는 제대로 알아볼 수 없을 정도지. 하지만 하늘에서 보면 그림의 모양이 뚜렷이 드러난단다. 사실 나스카 지상화를 처음 발견한 것도 비행기 조종사였어."

"그림 크기가 수백 미터나 된다고요? 왜 그런 거대한 그림을 그린 거죠?"

"사실 나스카 지상화는 아메리카 문명의 대표적인 수수께끼야. 아직 아무도 정확히 어떤 목적으로 이런 거대한 그림을 그렸는지 모르거든. 심지어 외계인이 그렸다는 주장까지 나올 정도지. 하지만 다른

건 몰라도 이 그림이 외계인이 아니라 나스카 사람들의 작품인 건 분명해. 알고 보니 그림을 그린 방법은 생각보다 어렵지 않았거든. 그런데 안타깝게도 이렇게 놀라운 흔적을 남긴 나스카 문명은 800년 무렵 느닷없이 막을 내리고 만단다."

"막을 내리다니, 망했단 말씀인가요? 갑자기 왜요?"

"정확한 이유는 몰라. 하지만 엘니뇨 현상으로 인한 홍수가 가장 큰 원인일 것으로 생각하고 있어."

"홍수라고요?"

"응. 아까 나스카 사람들이 산비탈을 개간해 밭을 만들었다고 했잖니? 이렇게 자꾸 밭을 만들다 보니 사람들이 나무를 다 없애 버린 거야. 산사태를 막는 역할을 하던 나무가 없어지니 산비탈의 밭들이 급류에 모조리 쓸려 내려가 버렸어. 결국 나스카 사람들은 살던 곳을 떠날 수밖에 없었지. 나스카 문명은 이렇게 한순간에 종말을 맞이했단다."

"에구, 욕심이 화를 불렀군요. 나무라도 보호했으면 그렇게 하루아침에 멸망하진 않았을 텐데, 쯧."

"그래, 평소에는 온갖 혜택을 주다가도 인간이 욕심을 부리는 순간 무서운 존재로 돌변하는 게 자연이지. 자, 마지막으로 살펴볼 문명은 모체 문명이야."

"모체는 또 어디에 있어요?"

"모체 문명은 기원후 100년 무렵 페루 북부 해안의 모체라는 작은 강 유역에서 출현한 문명이란다. 모체 사람들도 나스카 사람들과 마찬가지로 산비탈을 개간하고 계곡의 물을 끌어와 농사를 지었지. 나스카 문명의 상징이 나스카 지상화라면 모체 문명의 상징은 채색 토기야."

왕수재의 지리 사전

엘니뇨 현상 페루 앞바다에서는 3~5년 주기로 바닷물의 온도가 갑자기 올라가는 현상이 생기는데, 이것을 엘니뇨 현상이라고 해. 엘니뇨 현상은 홍수, 가뭄, 폭설 등 각종 기상 재해를 불러오는 원인으로 꼽히고 있어.

↑ **모체의 채색 토기들** 왼쪽부터 전사, 무릎을 꿇고 있는 여인, 노를 젓는 어부의 모습이야.

"채색 토기가 유명하다니, 나스카 문명하고 비슷하네요?"

"후후, 물론 그렇지. 일단 모체 문명의 토기를 한번 보고 이야기하자꾸나."

용선생이 모니터에 토기 사진을 띄우자 처음에는 시큰둥하던 아이들이 마치 자석에 끌리듯 모니터에 시선을 고정했다.

"히야, 신기하다. 어떻게 저런 아기자기한 토기들을 만들었지?"

"그러게. 재미있게 웃고 있는 표정이야."

"허허, 어떠냐? 모체 사람들은 자신들의 모든 일상생활을 토기의 소재로 삼았어. 옥수수를 비롯한 농작물, 온갖 물고기, 고기잡이, 사냥, 전

↓ **모체 문명의 태양 신전 유적**
원래 가로와 세로가 103미터, 높이가 136미터에 달하는 거대한 피라미드였어. 근처에 있는 달 신전은 이보다는 작아서 가로세로 80미터, 높이는 21미터였어.

투, 갑옷을 입은 전사와 가마를 탄 귀족, 공물을 바치러 온 사신 등……. 덕분에 토기만 봐도 모체 사람들이 어떻게 살았는지 훤히 알 수 있을 정도지."

아이들은 알겠다는 듯 고개를 끄덕였다.

"모체는 강력한 정복 국가였어. 전성기에는 해안을 따라 400킬로미터나 되는 넓은 땅을 지배할 정도로 강력했지. 모체 사람들은 거대한 태양 신전을 짓고 포로들을 제물로 바치는 희생 제의를 치르기도 했단다."

"태양 신전이라고요?"

"응. 사진 보이지? 모체의 태양 신전은 한 변이 100미터가 넘는 거대한 피라미드야."

↑ 터키석과 황금을 이용한 귀걸이 모체 사람들 역시 나스카 못지않은 뛰어난 세공 기술과 직조 기술을 가지고 있었어.

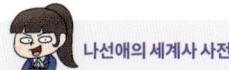

나선애의 세계사 사전

희생 제의 사람이나 동물을 산 채로 제물로 바치는 제사 의식을 말해.

아이들이 사진을 보며 놀라는 표정을 지었다.

"근데 선생님, 모체도 나스카 근처인데 홍수 피해는 없었어요?"

"흠, 안타깝게도 모체 문명 역시 나스카와 비슷한 시기에 비슷한 이유로 종말을 맞는단다. 하지만 모체 문명의 종말은 더욱 극적이었어. 전해 오는 이야기에 따르면 모체 사람들 역시 엘니뇨 현상으로 인한 홍수에 경작지를 잃고 계곡 깊숙한 곳으로 옮겨 갔어. 그리고 거기서 새로 밭을 일구고 열심히 신에게 기도했지. 하지만 재앙은 계속되었고, 모체 사람들은 신이 자신들을 버렸다는 절망감에 사로잡힌 나머지 모든 것을 불태운 뒤 어딘가로 사라져 버렸대."

"어디로요?"

"그건 아무도 모르지. 어쨌든 해안가에서 발생한 나스카와 모체 문명이 비슷한 시기에 기상 이변으로 종말을 맞은 뒤, 안데스 지역에서도 멕시코에서와 마찬가지로 문명의 중심이 다시 고원 지대로 옮겨 가게 된단다. 그리고 멕시코고원에서는 아스테카 제국이, 안데스고원에서는 잉카 제국이 탄생해 뒤를 잇게 되지."

"아스테카 제국과 잉카 제국이라면 예전에 책에서 본 적 있어요!"

"그래. 콜럼버스가 대서양을 건너 아메리카로 건너갔을 때 아메리카에 있었던 강력한 제국들이지. 유럽 사람과 아메리카 사람이 처음 만나서 벌어지는 이야기는 나중에 다시 자세히 공부하게 될 거야."

"엥? 다음 시간에 공부하는 게 아니고요?"

"흐흐, 다음 시간에는 서아시아를 공부할 거야. 거기서도 아메리카 못지않은 흥미진진한 이야기가 펼쳐지거든. 더욱 치열해진 전쟁, 평화를 유지하기 위한 노력 그리고 더욱 활발해진 교역 활동과 그로 인해 점점 더 가까워지는 세계. 어때? 재미있을 거 같지 않니?"

"네~!"

"좋았어. 자, 오늘은 이만. 안녕~!"

 **용선생의 핵심 정리**

나스카와 모체 문명은 차빈 문명을 이어 태평양 해안 지역에서 발달한 문명. 둘 다 엘니뇨 현상으로 인한 기상 이변으로 멸망했을 것으로 추정됨. 특히 나스카 문명은 크기가 수백 미터에 달하는 거대한 나스카 지상화로 유명함.

나선애의 **정리노트**

1. 아메리카에 인류가 정착하기까지
- 1만 5천 년 전, 빙하기 때 베링 해협을 건너 북아메리카로 유입
- 인류의 뒤늦은 유입, 외부 세계와의 단절, 농작물과 가축으로 기를 동물 부족
  → 문명 등장이 늦어짐.
  * 옥수수와 감자를 경작하면서 본격적인 농경 생활 시작!

2. 메소아메리카의 고대 문명
- 올메카 문명: 기원전 1500년 무렵. 산로렌소의 신전 도시를 중심으로 발달
  → 멕시코고원과 마야 지역 문명의 발판 역할!
- 사포테카 문명: 기원전 500년 무렵. 멕시코 남부의 오악사카 계곡을 중심으로 발달
  → 중심지는 몬테 알반. 기원후 800년까지 번영

3. 남아메리카의 고대 문명
- 차빈 문명: 기원전 900년 무렵. 안데스고원에서 발달
  → 안데스고원과 태평양 연안 지역을 잇는 원거리 교역의 중심
- 나스카 문명: 기원전 100년 무렵. 태평양 연안의 나스카 계곡
  → 나스카 지상화와 직조·토기 제작 기술로 유명함!
- 모체 문명: 기원후 100년 무렵 태평양 연안의 모체강 유역에서 발달
  → 다양한 형태의 채색 토기가 유명함!

세계사 퀴즈 달인을 찾아라!

1 아메리카 대륙이 다른 지역에 비해 문명 등장이 늦어진 까닭에 대해 잘못 설명한 친구는?　(　　)

 ① 키울 만한 동식물이 적었기 때문이야.

 ② 다른 문명과 교류할 기회도 없었기 때문이지.

 ③ 농사를 짓기에 적당한 땅도 많지 않았기 때문이야.

 ④ 다른 대륙보다 인류가 빠르게 정착하여 살았기 때문이지.

2 아래 지도에 표시된 문명에 대한 설명으로 옳지 <u>않은</u> 것은?　(　　)

① 아메리카 지역 최초의 문명이야.
② 이 문명의 이름은 올메카 문명이야.
③ 이 문명은 안데스산맥의 고원 지대에서 발생했어.
④ 원거리 교역의 중심지로 이후 메소아메리카 문명에 큰 영향을 미쳤어.

3 다음과 같은 유물을 남긴 문명의 이름은 무엇일까? (   )

① 베다 문명   ② 차빈 문명
③ 올메카 문명   ④ 사포테카 문명

5 나스카와 모체 문명에 대한 설명으로 알맞은 것에 ○표, 알맞지 <u>않은</u> 것에 X표 해 보자.

○ 나스카 문명은 직조 기술로 유명했어. (   )
○ 두 문명 모두 차빈 문명을 이은 문명이야. (   )
○ 두 문명은 서로 간의 잦은 전쟁으로 멸망했지. (   )

4 빈칸에 들어갈 알맞은 아메리카 문명의 이름을 써 보자.

○○○○ 문명은 멕시코 남부 고원 지대 오악사카 계곡에서 식량 생산과 인구 증가를 바탕으로 발생한 문명이지. 올메카와도 활발히 교역해서 발전된 문물을 흡수했대. 중심지인 몬테 알반은 정치, 종교, 교역의 중심지 역할을 했는데, 전성기 때는 이곳의 인구가 2만 5천 명을 넘을 정도였대.

(   )

6 다음 중 서로 관련 있는 것들을 바르게 연결해 보자.

① 최초의 문명   •   • ㉠ 올메카
② 오악사카 계곡 •   • ㉡ 사포테카
③ 거대한 지상화 •   • ㉢ 나스카

 정답은 338쪽에서 확인하세요!

| 용선생 세계사 카페 |

태평양 연안에서 기상 이변을 불러오는 엘니뇨 현상

엘니뇨 현상은 아메리카 태평양 해안 지역에서 3~5년 주기로 발생하는 이상 고온 현상을 말해. 엘니뇨는 '아기 예수'라는 뜻으로 주로 크리스마스 무렵에 찾아온다고 해서 이런 이름이 붙었대. 그럼 왜 이런 현상이 생기는 걸까?

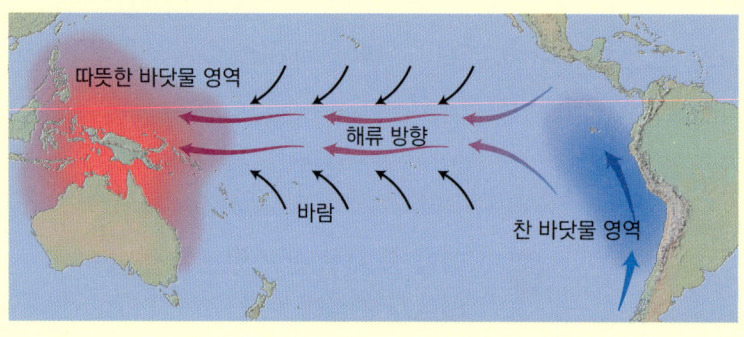

정상적인 해

적도에서 가까운 태평양에서는 보통 동쪽에서 서쪽으로 강한 바람이 불어. 바다 표면의 물도 이 바람에 떠밀려 동쪽에서 서쪽으로 흐르게 되지. 페루는 태평양의 동쪽 끝에 있어. 그래서 표면의 바닷물이 서쪽으로 떠밀려 가면 그 빈자리를 바다 깊숙한 곳에 있는 찬 바닷물이 위로 솟구쳐 올라서 메우지. 그런데 이 찬물은 영양분이 굉장히 풍부한 물이래. 자연히 영양분을 얻기 위해 멸치와 정어리 같은 물고기들이 몰려왔지. 그래서 페루 해안은 세계에서 정어리와 멸치가 가장 많이 잡히는 황금 어장이야. 또 바닷물이 차면 수분 증발이 적기 때문에 근처 해안은 건조한 기후를 보여. 페루 해안 지역에 비가 적게 오는 건 그 때문이야.

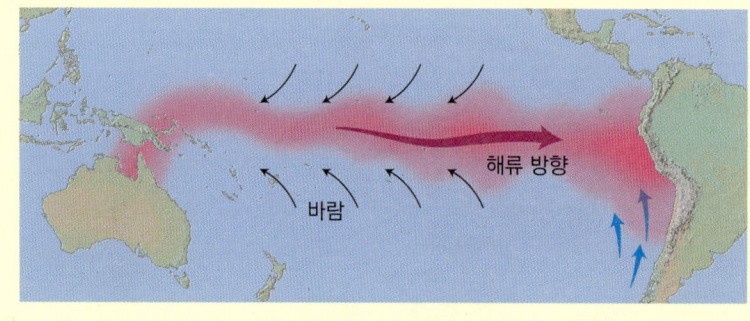

엘니뇨가 있는 해

적도 근처가 너무 더워지면 동쪽에서 서쪽으로 부는 바람의 세기가 매우 약해져. 그 때문에 바람에 떠밀려 서쪽으로 흐르던 해류가 계속 동쪽으로 흘러 페루 해안까지 떠밀려 오고, 자연히 페루 앞바다에서 솟구쳐 오르던 찬 바닷물이 표면으로 떠오르지 못하게 돼. 그러면 페루 해안은 온도가 치솟게 되고, 따뜻한 바다에서 증발된 수증기가 물 폭탄이 되어 쏟아지지. 나스카와 모체가 폭우로 인한 홍수 때문에 몰락한 것도 이것 때문이야. 엘니뇨가 발생하면 어부들도 큰 피해를 입게 되는데, 영양분이 풍부한 찬물이 올라오지 못하니 정어리와 멸치 같은 물고기들이 찾아오지 않거든.
요즘은 지구 온난화로 인해 갈수록 엘니뇨 현상이 자주 발생하고 있어. 과학자들은 이제 지구 전체가 나스카와 모체처럼 될지도 모른다고 걱정하고 있지.

페루 앞바다가 멸치 황금 어장인 까닭은?

페루의 태평양 해안은 세계에서 손꼽히는 황금 어장이야. 바다 밑에서 영양분이 풍부한 바닷물이 계속 위로 밀고 올라오기 때문에 플랑크톤이 많고, 플랑크톤을 먹이로 삼는 멸치와 정어리 등이 몰려들기 때문이지. 지금도 고기잡이는 페루의 주요 산업 가운데 하나야. 하지만 요즘 들어 기상 이변으로 멸치 떼가 급감하고 있어서 어민들의 걱정거리래.

새똥 전쟁을 아세요?

페루 해안의 절벽과 섬에는 수백 미터 높이로 말라붙은 새똥이 쌓여 있었어. 더럽게 웬 새똥 이야기냐고? 믿기지 않겠지만, 한때 페루는 이 새똥을 수출해서 나라의 빚을 모두 갚고 남아메리카에서 제일가는 부자 나라가 된 적이 있어. 또 1800년대 말에는 이 새똥을 차지하려고 전쟁이 벌어지기도 했어. 도대체 왜 그랬을까?
이 새똥을 구아노라고 하는데, 구아노는 화학 비료가 나오기 전까지 세계에서 유일한 천연 비료였어. 19세기 들어 유럽과 미국이 굶주림에서 벗어난 것도 모두 구아노 덕분이었지. 구아노만 뿌리면 식량생산이 부쩍부쩍 늘었거든. 그런데 구아노가 있는 지역이 페루, 볼리비아, 칠레의 국경이 맞닿은 곳이었지. 이들 세 나라는 구아노를 차지하기 위해 전쟁을 벌였단다. 하지만 결국 구아노는 동이 났어. 구아노를 대체할 물질이 절실히 필요했던 미국은 수많은 과학자들을 동원해 연구한 끝에 마침내 화학 비료를 개발하는 데 성공했지. 꿩 대신 닭이라고, 구아노 대신 화학 비료를 개발했던 거지.

용선생 세계사 카페

아메리카 고대 문명
최대의 수수께끼 나스카 지상화

우리 인류는 오랜 세월 지구상에 살아오면서 언뜻 이해하기 힘든 놀라운 일들을 이루어 놓곤 했어. 나스카 지상화라고 부르는 거대한 그림도 그중에 하나야. 나스카에 1,000제곱킬로미터에 걸쳐 흩어져 있는 나스카 지상화는 1930년대에 발견됐어. 비행기를 타고 하늘로 올라가자 비로소 거대한 그림의 형태가 뚜렷이 드러났거든. 나스카의 지상화는 인류가 이룩한 놀라운 성취라는 점, 또 여전히 밝혀진 것이 없다는 점에서 아메리카 고대 문명 최대의 수수께끼로 꼽기에 전혀 손색이 없어.

지상화가 뭐야?

지상화는 땅 위에 그려진 거대한 그림을 말해. 가까이에서는 그림이라는 사실조차 알아차릴 수 없고 최소한 수백 미터 높이의 공중에서 보아야만 그림의 형태를 알아볼 수 있지. 세계에는 나스카 말고도 여러 지상화가 있어. 영국 남부에는 백마 그림이 곳곳에 흩어져 있지. 또 최근에는 카자흐스탄에서 칭기즈 칸의 모습을 그린 지상화가 발견되기도 했어. 하지만 규모나 숫자에서 나스카의 지상화를 따라올 수는 없지.

↑ 영국 남부의 언덕 위에 그려진 백마 그림이 그려진 부분이 하얗게 보이는 것은 이곳이 석회암 지대이기 때문이야.

↑ 카자흐스탄에 그려진 칭기즈 칸의 지상화

나스카 지상화는 어떻게 그렸을까?

나스카에는 서울의 3분의 1쯤 되는 넓은 사막에 총 800여 개나 되는 지상화가 그려져 있어. 네모나 삼각형 같은 기본적인 도형뿐 아니라 벌새, 원숭이, 독수리, 도마뱀 등 꽤 복잡한 그림들도 많지. 크기도 다양해서 작은 것은 길이가 수십 미터, 큰 것은 수천 미터에 달하기도 해. 나스카 사람들은 도대체 어떤 방법으로 거대한 그림들을 그렸을까? 알고 보면 생각보다 그리는 방법은 단순하대. 한번 그리는 방법을 알아 볼까?

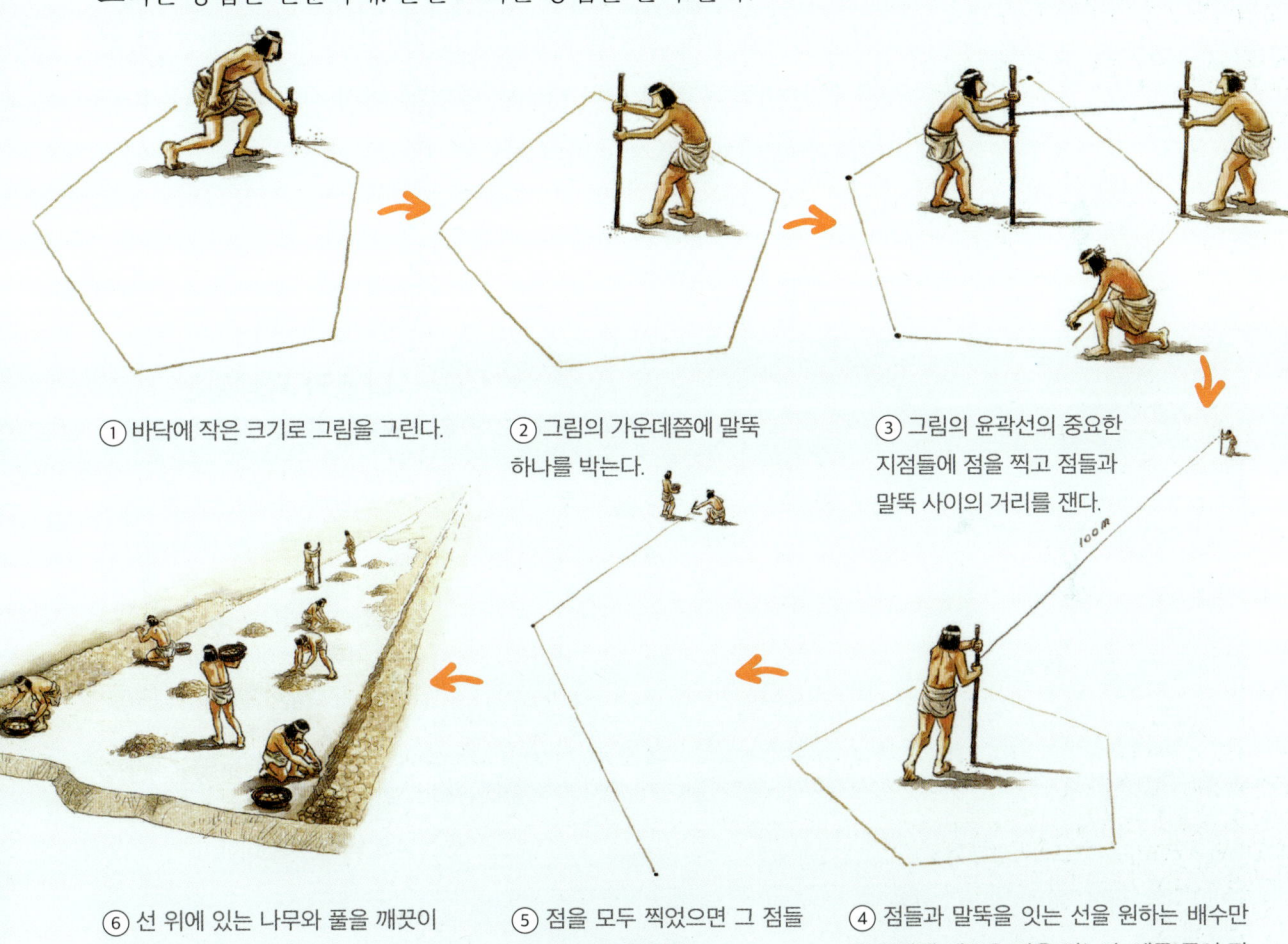

① 바닥에 작은 크기로 그림을 그린다.

② 그림의 가운데쯤에 말뚝 하나를 박는다.

③ 그림의 윤곽선의 중요한 지점들에 점을 찍고 점들과 말뚝 사이의 거리를 잰다.

④ 점들과 말뚝을 잇는 선을 원하는 배수만큼 연장해 새로운 점을 찍는다. 예를 들어 작은 그림에서 점과 말뚝의 거리가 1미터이고, 작은 그림의 100배 크기로 그림을 그리려고 한다면 말뚝과 점을 잇는 직선을 연장해 말뚝에서 100미터 되는 곳에 점을 찍는다.

⑤ 점을 모두 찍었으면 그 점들을 선으로 연결한다.

⑥ 선 위에 있는 나무와 풀을 깨끗이 제거하고 땅 표면을 긁어 바닥의 색깔을 드러낸다.

나스카 지상화를 그린 목적은 무엇일까?

나스카 지상화를 처음 발견한 뒤부터 나스카 지상화를 그린 목적을 놓고 온갖 주장들이 펼쳐졌어. 정답은 아직 아무도 모르니 대표적인 주장들 몇 가지만 소개할게. 인기는 없지만 가장 설득력 있는 주장은 뭔지는 몰라도 그림을 따라 행진하며 제사를 드리는 곳이었다는 주장이야. 나스카 지상화의 선 위에는 깨진 토기 조각이나 가공한 조개껍데기 같은 물건들이 많이 흩어져 있었어. 그중에는 아주 멀리서 온 귀한 것들도 있었지. 말하자면 제사 의식을 행하면서 신에게 바친 물건이었던 거야. 또 한 가지, 선 위의 흙은 선 바깥에 비해 꾹꾹 다져져 있었어. 아마 사람들이 선을 따라 행진하며 신에게 제사를 지내거나 기도를 드리는 과정에서 흙이 다져졌을 거라는 주장이지.

나스카 지상화는 천문 관측 기록이다?

나스카 지상화들은 별자리들과 천문 관찰 결과를 기록한 것이며, 지상화들 가운데 천체의 특이한 배열과 일치하는 그림들이 있다는 거야. 나스카 지상화가 제사와 밀접한 관련이 있는 것은 분명하고, 또 제사는 천문 관측과 밀접한 관련이 있어. 하지만 이런 주장을 뒷받침하기에는 증거가 많이 부족한 형편이야.

지하수가 나는 곳을 알려 주는 암호다?

나스카 지상화의 모서리가 가리키는 방향을 따라가면 지하수가 나온다는 거야. 나스카 사람들에게 물이 아주 귀한 자원인 것은 사실이지만, 이 주장을 뒷받침해 주는 증거 역시 너무 부족하단다.

외계인이 만든 UFO 착륙장이다?

황당해 보이지만 제일 널리 알려진 주장이기도 해. 인간의 능력으로는 이런 거대한 그림을 그릴 수 없으니 외계인이 그린 것이 분명하고, 또 나스카 지상화에 묘사된 약간 이상한 형태의 사람들은 외계인의 모습을 그린 것이라는 주장이야.

한눈에 보는 세계사 - 한국사 연표

세계사

약 400만 년 전	오스트랄로피테쿠스 등장
약 260만 년 전	호모 하빌리스 등장
약 180만 년 전	호모 에렉투스 등장
약 20만 년 전	호모 사피엔스 등장
약 5만 년 전	호모 사피엔스가 아프리카를 벗어나 세계 곳곳으로 확산

기원전 15000년 무렵	아메리카 대륙에 인류가 정착
기원전 10000년 무렵	빙하기가 끝남
기원전 8000년 무렵	메소포타미아 상류에서 농경이 시작됨
기원전 7000년 무렵	창장강 유역에서 벼농사가 시작됨
기원전 7000년 무렵	인더스강 북부에서 농경이 시작됨
기원전 6000년 무렵	메소포타미아 중부에서 농경이 시작됨
기원전 5000년 무렵	나일강 하류 삼각주에서 농경이 시작됨
기원전 3500년 무렵	우르크가 건설됨. 수메르인들이 전성기를 맞이함
기원전 3150년	상·하이집트가 통일됨
기원전 2500년 무렵	인더스 문명이 출현함
기원전 2560년	기자의 대피라미드가 건설됨
기원전 2500년 무렵	미노스 문명이 출현함
기원전 2500년 무렵	아메리카에 농경 마을이 등장함
기원전 2334년	아카드 제국이 메소포타미아를 통일함
기원전 2134년	이집트 고왕국이 멸망함
기원전 1750년 무렵	바빌로니아 제국이 메소포타미아를 통일함
기원전 1640년 무렵	힉소스인이 이집트를 정복함
기원전 1600년 무렵	히타이트가 강대국으로 부상함
기원전 1600년 무렵	중국에 상나라가 들어서고 청동기 시대가 시작됨
기원전 1550년	이집트에서 신왕국 시대가 시작됨
기원전 1500년 무렵	아리아인이 인도로 침입하고, 베다 시대가 시작됨
기원전 1500년 무렵	아메리카에서 올메카 문명이 출현함
기원전 1400년 무렵	미케네 문명이 전성기를 맞이함
기원전 1274년	카데시 전투가 벌어짐
기원전 1200년 무렵	도리스인이 그리스에 침입함
기원전 1200년 무렵	마야 문명 출현
기원전 1200년 무렵	바다사람들이 이집트를 침략함
기원전 1046년	중국에서 상나라가 멸망하고 주나라가 들어섬
기원전 1000년 무렵	중앙아시아에 최초의 유목민 출현함
기원전 900년 무렵	안데스고원 지대에서 차빈 문명이 출현함
기원전 500년 무렵	멕시코 오악사카 계곡에서 사포테카 문명이 출현함
기원전 100년 무렵	페루 해안 지역에서 나스카 문명이 출현함

수메르의 인물 조각상

기자의 대피라미드

모헨조다로의 여인 조각상

상나라의 동물 모양 청동기

한국사

약 70만 년 전   구석기 시대가 시작됨

주먹도끼

빗살무늬 토기

기원전 8000년 무렵   신석기 시대가 시작됨

기원전 2333년   고조선이 세워지다(《삼국유사》)

기원전 2000년 무렵   청동기 시대가 시작됨

비파형 동검

탁자식 고인돌

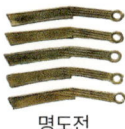
명도전

기원전 700년 무렵   고조선이 중국 제나라와 무역을 함
기원전 500년 무렵   고조선과 한반도에서 철기 사용이 시작됨
기원전 300년 무렵   고조선이 중국 연나라와 겨루며 성장함
기원전 194년   위만이 준왕을 몰아내고 고조선 왕이 됨

찾아보기

ㄱ
간빙기 29
갑골 248~252
강태공 267, 274~275
갠지스강 27, 179, 182, 206~209
걸왕 247, 262, 264
고산 기후 298
고왕국 26, 158
공자 266
관개 35~36, 44, 53, 86, 88, 131, 133, 206, 300
관료 제도 58
교역 도시 196, 201
구석기 시대 22, 29, 34, 38~40, 63, 188
구아노 319
《구약성서》 93, 115
그리스 93, 95, 126, 155~156, 160
기자 120, 123~124, 138, 175
기자 3대 피라미드 143~144, 175
길가메시 114~115

ㄴ
나르메르왕 132~135, 137
나스카 문명 278~279, 308, 310~312, 314
나스카 지상화 310, 312, 314, 320~323
나일강 118, 120~133, 136~137, 141, 146, 149~150, 157~158, 161~162
나일강 삼각주 121, 123,
126, 128, 131~133, 156, 160, 163, 166
네안데르탈인 17, 20~22
누비아 56, 160
뉴델리 181, 184
니푸르 103

ㄷ
데칸고원 179
도시 국가 55, 59, 83, 87, 103~104
동아시아 문명 228, 235, 269
드라비다인 27, 204~206, 210

ㄹ
라벤타 278, 295, 297
라스코 동굴 벽화 17
라에톨리 발자국 12
람세스 2세 51, 124, 165, 172
랴오허강 227, 234, 236, 238
량주 227
레반트 56, 121, 161, 163, 165~166
로제타석 155~156
로탈 178, 194
룩소르 120
룩소르 신전 172~173
룽산 227

ㅁ
마르두크 106
마스타바 142~143, 148
매머드 22, 286~287

메소아메리카 295~298, 303
메소포타미아 54, 57, 74, 78, 80~93, 96, 102~106, 110, 116, 252, 255, 289
메소포타미아 문명 26, 64, 75~76, 88, 165, 269
멕시코 278, 280~283, 293, 298, 302, 314
멕시코고원 278
멕시코시티 281, 283
멤피스 26, 120~123, 132~133, 137
모체 문명 279, 308, 311~314
모체 태양 신전 312~313
모헨조다로 27, 178, 191~196, 199
몬테 알반 278, 300~302
무왕 264~266, 275
뭄바이 182
미라 138~140, 142
민중 문자 154~155

ㅂ
바그다드 77
바빌로니아 제국 74~75, 105~106, 109~110, 165
바빌론 74, 104~106
바이샤 212, 215~216
백나일 127
《베다》 206~209
베링 해협 285
봉건 제도 266~267
부호 257
불가촉천민 212~215
브라만 202, 209~212

비옥한 초승달 지대 74, 80~81
빅토리아호 121, 126
빙하기 17~18, 22, 28~31, 33, 63, 128~129, 284~285, 287~288

ㅅ
사르곤왕 74, 103~105
사마라 85
사자의 서 170~171
사제 왕 195
사포테카 문명 298~302
사하라 사막 38, 120, 127~131
산로렌소 294
산스크리트어 206~208
삼황오제 242~244
상나라 226, 247~250, 252~253, 255~257, 260~267, 275
상이집트 120, 132~137
상하이 230
상형 문자 61, 152
서아시아 20, 56~57, 75~77, 80, 96~97, 106, 109, 110, 159, 314
수드라 212, 214~216
수메르 26, 74~77, 84~106, 150
수에즈 운하 121, 124
순임금 244~245
순장 238, 256~257
스크라브 161
스핑크스 175
시누헤 이야기 159
시리우스 별자리 150

시바 신 202~203
신관 문자 153~154
신농 243~244
신석기 시대 22, 26, 29~30, 32~35, 37~40, 44~46, 52, 54, 63~67, 84, 129~131, 188, 236
신성 문자 61, 153~155
신왕국 120, 130, 158, 165, 172
신전 도시 294
십진법 102, 152
싼싱두이 226, 258~259
쐐기 문자 98~102, 115

ㅇ

아나톨리아 56, 57
아리아인 179, 203, 204~210, 212
아부심벨 51, 124, 158, 172
아슈르 75
아스완 댐 121, 123, 172
아스테카 제국 49, 280~281, 314
아시리아 52, 75
아카드 제국 74~75, 102~104, 198, 289, 293
아프가니스탄 56
안데스고원 289, 293, 303, 307~308
알렉산드리아 121
알파카 70, 289~290
알프스산맥 29
야마(라마) 70, 289~290\
얼리터우 27, 226
에베레스트산 187
엔릴 103

엘니뇨 311, 313, 318~319
엘람 75, 104~106
여와와 복희씨 243~245
예리코 26, 39~42, 46, 69, 84
오리엔트 110, 126, 158, 161, 165
오벨리스크 174
오스트랄로피테쿠스 11, 13, 15
오악사카 계곡 298~302
올두바이 협곡 11, 13
올메카 문명 278, 293~298, 302~303
요임금 244~245
우임금 245~247
우르 75, 91, 98, 103~105, 107
우르크 75, 87~88, 103, 114
원로 회의 42, 46
원시 신앙 68
위구르족 231
유프라테스강 30, 75, 77, 81~83, 88, 104
육십진법 100, 102, 169
윤회 213, 214
융 263
은허 27, 227, 249, 252, 256~257
이난나 여신 93
이라크 21, 30, 76~79
이슬람교 68, 78, 79, 155, 180, 183
이집트 26, 51, 61, 96, 121~166, 192, 195, 252, 260, 288

이집트 문명 26, 122~175, 188
인더스강 178, 185, 188~191, 194~195, 197, 201~205, 207, 220~223
인더스 문명 26, 176~181, 187, 189, 190~199, 201~207, 210, 217, 220~223, 269
인도 96~97, 179, 180~185, 186~191 197~199, 202~205, 207~216, 220~223
인도 아대륙 178, 180, 181, 185~187
인두상 294~295, 298
인장 161, 191, 198~199, 203, 222~223

ㅈ

재규어 296~297, 301, 305, 307
정전제 266~267, 269
제후 256, 262, 265, 267, 270~271, 275
조세르왕 143
주 문왕 262~264, 274
주공 266~267
주나라 261, 264~267, 269
주먹도끼 14~15
주왕 262~264, 266
중왕국 158~159
지구라트 91, 94, 195~196
지중해 63, 124, 126
찍개 15

ㅊ

차빈 문명 279, 303~308
차탈휘위크 26, 39, 41, 44~46, 84
창장강 226, 230, 234, 238, 261
천명 261, 264~266
청나일 127, 129~130
청동기 160, 206, 226, 239, 242, 246, 252~253, 255, 257~261, 265, 289
청동기 시대 27, 50~54, 64, 65, 86, 87, 226, 246, 248
츠산 227
치우 243~245

ㅋ

카노푸스 139~140
카르나크 신전 158, 172, 174
카스트 제도 209~210, 212, 214
카이로 123
카이버 고개 178, 187~188
크레타섬 63
크로마뇽인 17
크샤트리아 212, 216

ㅌ

타실리 유적 벽화 38
태양력 150~152
태양신 라 121
태음력 95, 100, 150
테베 130, 132, 157~158
테오신테 291
티그리스강 30, 75, 77, 81, 83, 88~89, 104

ㅍ

파라오 132~133, 136~145, 153, 158~165, 174~175
파키스탄 70, 180, 185, 186~188, 197, 220
파피루스 135, 136, 145, 148, 159, 162, 174, 249
펀자브 185
펑터우산 27, 226
페루 293, 303, 307~308, 311, 318~319
품종 개량 291~292
피라미드 49, 120, 122, 124, 137, 138, 140, 142~150, 156~159, 169, 173, 195, 196, 260, 297, 300~301, 312, 313

ㅎ

하나라 27, 226, 242~247
하라파 27, 178, 191~192, 194, 220
하이집트 121, 132~137, 163, 166, 172
한족 231, 235
함무라비왕 105~110
허무두 227
헬리오폴리스 121, 174
호경 226, 264
호루스 134, 171
호모 사피엔스 15~22
호모 에렉투스 11, 14~15, 17
호모 하빌리스 11, 13
화베이 평원 229, 241~242, 264
황제(黃帝) 243~245

황투고원 240~241
황허강 226, 234~245, 247~248, 256, 258
훙산 227
희생 제의 313
히말라야산맥 178~179, 187, 197
힉소스 121, 156, 158, 161, 163, 165~166
힌두교 180, 182~183, 202, 206
힌두쿠시산맥 178, 187

참고문헌

국내 도서

2022 개정 교육과정에 따른 중학교, 고등학교 사회교과군 교과서.
21세기연구회 저/전경아 역, 《지도로 보는 세계민족의 역사》, 이다미디어, 2012.
E.H. 곰브리치 저/백승길, 이종숭 역, 《서양미술사》, 2012.
R.K. 나라얀 편저/김석희 역, 《라마야나》, 아시아, 2012.
R.K. 나라얀 편저/김석희 역, 《마하바라타》, 아시아, 2014.
가와카쓰 요시오 저/임대희 역, 《중국의 역사》, 혜안, 2004.
강선주 등저, 《마주보는 세계사 교실》, 1~8권, 웅진주니어, 2011.
강희숙, 공수진, 박미선, 이동규, 정기문 저, 《세계사 뛰어넘기 1》, 열다, 2012.
강창훈, 남종국, 윤은주, 이옥순, 이은정, 최재인 저, 《세계사 뛰어넘기 2》, 열다, 2012.
거지엔슝 편/정근희 외역, 《천추흥망》 1~8권, 따뜻한손, 2010.
고려대 중국학연구소 저, 《중국지리의 즐거움》, 차이나하우스, 2012.
고처, 캔디스&월튼, 린다 저/황보영조 역, 《세계사 특강》, 삼천리, 2010.
교육공동체 나다 저, 《피터 히스토리아》 1~2권, 북인더갭, 2011.
권동희 저, 《지리이야기》, 한울, 2005.
금현진 등저, 《용선생의 시끌벅적 한국사》 1~10권, 사회평론, 2016.
기노 쓰라유키 외 편/구정호 역, 《고킨와카슈(상/하)》, 소명출판, 2010.
기노 쓰라유키 외 편/최충희 역, 《고금와카집》, 지만지, 2011.
기쿠치 요시오 저/이경덕 역, 《결코 사라지지 않는 로마, 신성 로마 제국》, 다른세상, 2010.
김경묵 저, 《이야기 러시아사》, 청아, 2012.
김기협 저, 《냉전 이후》, 서해문집, 2016.
김대륜, 김윤태, 안효상, 이은정, 최재인 글, 《세계사 뛰어넘기 3》, 열다, 2013.
김대호 저, 《장건, 실크로드를 개척하다》, 아카넷주니어, 2012.
김덕진 저, 《세상을 바꾼 기후》, 다른, 2013.
김명호 저, 《중국인 이야기 1~5권》, 한길사, 2016.
김상훈 저, 《통세계사 1, 2》, 다산에듀, 2015.
김성환 저, 《교실 밖 세계사여행》, 사계절, 2010.
김수행 저, 《세계대공황》, 돌베개, 2011.
김영한, 임지현 편저, 《서양의 지적 운동》, 1-2권, 지식산업사, 1994/1998.
김용호 저, 《세계사 연표사전》, 문예마당, 2012.
김원중 저, 《대항해 시대의 마지막 승자는 누구인가?》, 민음인, 2011.
김종현 저, 《영국 산업혁명의 재조명》, 서울대학교출판문화원, 2013.
김진섭 편, 《한 권으로 읽는 인도사》, 지경사, 2007.
김진호 저, 《근대 유럽의 역사: 종교개혁부터 신자유주의까지》, 한양대학교출판부, 2016.
김창성 저, 《세계사 산책》, 솔, 2003
김태권 저, 《르네상스 미술이야기》, 한겨레출판, 2012.
김현수 저, 《이야기 영국사》, 청아출판사, 2006.

김형진 저, 《이야기 인도사》, 청아출판사, 2013.
김호동 역, 《마르코 폴로의 동방견문록》, 사계절, 2005.
김호동 저, 《아틀라스 중앙유라시아사》, 사계절, 2016.
김호동 저, 《황하에서 천산까지》, 사계절, 2011.
남경태 저, 《종횡무진 동양사》, 그린비, 2013.
남경태 저, 《종횡무진 서양사(상/하)》, 그린비, 2013.
남문희 저, 《전쟁의 역사 1, 2, 3》, 휴머니스트, 2011.
남종국 저, 《지중해 교역은 유럽을 어떻게 바꾸었을까?》, 민음인, 2011.
노명식 저, 《프랑스 혁명에서 파리 코뮌까지 1789~1871》, 책과함께, 2011.
누노메 조후 등저/임대희 역, 《중국의 역사: 수당오대》, 혜안, 2001.
닐 포크너 저/이윤정 역, 《좌파 세계사》, 엑스오북스, 2016.
데라다 다카노부 저/서인범, 송정수 공역, 《중국의 역사: 대명제국》, 혜안, 2006.
데이비드 O. 모건 저/권용철 역, 《몽골족의 역사》, 모노그래프, 2012.
데이비드 아불라피아 저/이순호 역, 《위대한 바다: 지중해 2만년의 문명사》, 책과함께, 2013.
도널드 쿼터트 저/이은정 역, 《오스만 제국사》, 사계절, 2008.
두보, 이백 등저/최병국 편, 《두보와 이백 시선》, 한솜미디어, 2015.
라시드 앗 딘 저/김호동 역, 《부족지: 몽골 제국이 남긴 최초의 세계사》, 사계절, 2002,
라시드 앗 딘 저/김호동 역, 《칭기스칸기》, 사계절, 2003.
라시드 앗 딘 저/김호동 역, 《칸의 후예들》, 사계절, 2005.
라인하르트 쉬메켈 저/한국 게르만어 학회 역, 《인도유럽인, 세상을 바꾼 쿠르간 유목민》, 푸른역사 2013.
러셀 프리드먼 저/강미경 역, 《1차 세계대전: 모든 전쟁을 끝내기 위한 전쟁》, 두레아이들, 2013.
로버트 M. 카멕 편저/강정원 역, 《메소아메리카의 유산》, 그린비, 2014.
로버트 템플 저/과학세대 역, 《그림으로 보는 중국의 과학과 문명》, 까치, 2009.
로스 킹 저/신영화 역, 《미켈란젤로와 교황의 천장》, 다다북스, 2007.
로스 킹 저/이희재 역, 《브루넬레스키의 돔》, 세미콜론, 2007.
로저 크롤리 저/이순호 역, 《바다의 제국들》, 책과함께, 2010.
루츠 판다이크 저/안인희 역, 《처음 읽는 아프리카의 역사》, 웅진씽크빅, 2014.
류시화, 《백만 광년의 고독 속에서 한 줄의 시를 읽다》, 연금술사, 2014.
르네 그루세 저/김호동, 유원수, 정재훈 공역, 《유라시아 유목제국사》, 사계절, 1998.
르몽드 디폴로마티크 기획/권지현 등 역, 《르몽드 세계사 1, 2, 3》, 휴머니스트 2008/2010/2013.
리처드 번스타인 저/정동현 역, 《뉴욕타임스 기자의 대당서역기》, 꿈꾸는돌, 2003.
린 화이트 주니어 저/강일휴 역, 《중세의 기술과 사회변화: 등자와 쟁기가 바꾼 유럽 역사》, 지식의 풍경, 2005.

마르크 블로크 저/한정숙 역, 《봉건사회 1, 2》, 한길사, 1986.
마리우스 B. 잰슨 저/김우영 등역, 《현대일본을 찾아서》, 이산, 2010.
마이클 우드 저/김승욱 역, 《인도 이야기》, 웅진지식하우스, 2009.
마이클 파이 저/김지선 역, 《북유럽세계사 1, 2》, 소와당, 2016.
마크 마조워 저/이순호 역, 《발칸의 역사》, 을유문화사, 2014.
마틴 버넬 저/오홍식 역, 《블랙 아테나 1》, 소나무, 2006.
마틴 자크 저/안세민 역, 《중국이 세계를 지배하면》, 부키, 2010.
마틴 키친 편저/유정희 역, 《사진과 그림으로 보는 케임브리지 독일사》, 시공아크로총서, 2001.
매리 하이듀즈 저/박장식, 김동역 역, 《동남아의 역사와 문화》, 솔과학, 2012.
문을식 저, 《인도의 사상과 문화》, 도서출판 여래, 2007.
미르치아 엘리아데 저/이용주 등 역, 《세계종교사상사 1, 2, 3》, 이학사, 2005.
미셸 파루티 저/ 권은미 역, 《모차르트: 신의 사랑을 받은 악동》, 시공디스커버리총서 011, 시공사, 1999.
미야자키 마사카쓰 저/노은주 역, 《지도로 보는 세계사》, 이다미디어, 2005.
미조구치 유조 저/정태섭, 김용천 역, 《중국의 공과 사》, 신서원, 2006.
박금표 저, 《인도사 108장면》, 민족사, 2007.
박노자 저, 《거꾸로 보는 고대사》, 한겨레, 2010.
박노자 저, 《러시아는 우리에게 무엇인가》, 신인문사, 2011.
박래식 저, 《이야기 독일사》, 청아출판사, 2006.
박수철 저, 《오다 도요토미 정권의 사사지배와 천황》, 서울대학교출판문화원, 2012.
박용진 저, 《중세 유럽은 암흑시대였는가?》, 민음인, 2011.
박윤덕 등저, 《서양사강좌》, 아카넷, 2016.
박종현 저, 《희랍사상의 이해》, 종로서적, 1990.
박지향 저, 《클래식영국사》, 김영사, 2012.
박찬영, 엄정훈 등저, 《세계지리를 보다 1, 2, 3》, 리베르스쿨, 2012.
박한제, 김형종, 김병준, 이근명, 이준갑 공저, 《아틀라스 중국사》, 사계절, 2015.
배병우 등저, 《신들의 정원, 앙코르와트》, 글씨미디어, 2004.
배영수 편, 《서양사 강의》, 한울아카데미, 2000.
배재호 저, 《세계의 석굴》, 사회평론, 2015.
버나드 루이스 편/김호동 역, 《이슬람 1400년》, 까치, 2001.
베른트 슈퇴버 저/최승완 역, 《냉전이란 무엇인가》, 역사비평사, 2008.
베빈 알렉산더 저/김형배 역, 《위대한 장군들은 어떻게 승리하였는가》, 홍익출판사, 2000.
벤자민 킨, 키스 헤인즈 공저/김원중, 이성훈 공역, 《라틴아메리카의 역사 상/하》, 그린비, 2014.
볼프람 폰 에센바흐 저/허창운 역, 《파르치팔》, 한길사, 2009.
브라이언 타이어니, 시드니 페인터 공저/이연규 역, 《서양 중세사》, 집문당, 2012.
브라이언 페이건 저/이희준 역, 《세계 선사 문화의 이해》, 사회평론아카데미, 2015.
브라이언 페이건 저/최파일 역, 《인류의 대항해》, 미지북스, 2012.
브라이언 페이건, 크리스토퍼 스카레 등저/이청규 역, 《고대 문명의 이해》, 사회평론아카데미, 2015.

비토리오 주디치 저/남경태 역, 《20세기 세계 역사》, 사계절, 2005.
사마천 저/김원중 역, 《사기 본기》, 민음사, 2015.
사마천 저/김원중 역, 《사기 서》, 민음사, 2015.
사마천 저/김원중 역 《사기 세가》, 민음사, 2015.
사마천 저/김원중 역 《사기 열전 1, 2》, 민음사, 2015.
사와다 아시오 저/김숙경 역, 《흉노: 지금은 사라진 고대 유목국가 이야기》, 아이필드, 2007.
새뮤얼 노아 크레이머 저/박성식 역, 《역사는 수메르에서 시작되었다》, 가람기획, 2000.
새뮤얼 헌팅턴 저/강문구, 이재영 역, 《제3의 물결: 20세기 후반의 민주화》, 인간사랑, 2011.
서영교 저, 《고대 동아시아 세계대전》, 글항아리, 2015.
서울대학교 독일학연구소 저, 《독일이야기 1, 2》, 거름, 2003.
서진영 저, 《21세기 중국정치》, 폴리테이아, 2008.
서희석, 호세 안토니오 팔마 공저, 《유럽의 첫 번째 태양, 스페인》, 을유문화사, 2015.
송영배 저, 《동서 철학의 교섭과 동서양 사유 방식의 차이》, 논형, 2004.
수잔 와이즈 바우어 저/꼬마이실 역, 《교양 있는 우리 아이를 위한 세계역사이야기》, 1-5권, 꼬마이실, 2005.
스테파니아 스타푸티, 페데리카 로마놀리 등저/박혜원 역, 《고대 문명의 역사와 보물: 그리스/로마/아스텍/이슬람/이집트/인도/켈트/크메르/페르시아》, 생각의나무, 2008.
시바료타로 저/양억관 역, 《항우와 유방 1, 2, 3》, 달궁, 2003.
시오노 나나미 저/김석희 역, 《로마 멸망 이후의 지중해 세계(상/하)》, 한길사, 2009.
시오노 나나미 저/김석희 역, 《로마인 이야기》, 1~15권, 한길사 2007.
신성곤, 윤혜영 저, 《한국인을 위한 중국사》, 서해문집, 2013.
신승하 저, 《중국사(상/하)》, 미래엔, 2005.
신준형 저, 《뒤러와 미켈란젤로》, 사회평론, 2013.
아사다 미노루 저/이하준 역, 《동인도회사》, 피피에, 2004.
아사오 나오히로 편저/이계황, 서각수, 연민수, 임성모 역, 《새로 쓴 일본사》, 창비, 2013.
아서 코트렐 저/까치 편집부역, 《그림으로 보는 세계신화사전》, 까치, 1997.
아일린 파워 저/이종인 역, 《중세의 사람들》, 즐거운상상, 2010.
안 베르텔로트 저/체계병 역, 《아서왕》, 시공사, 2003.
안병철 저, 《이스라엘 역사》, 기쁜소식, 2012.
안효상 저, 《미국은 어떻게 만들어졌을까》, 민음인, 2013.
알렉산드라 미네르비 저/조행복 역, 《사진으로 읽는 세계사 2: 나치즘》, 플래닛, 2008.
앙투안 갈랑/임호경 역, 《천일야화 1~6》, 열린책들, 2010.
애덤 하트 데이비스 편/윤은주, 정범진, 최재인 역, 《히스토리》, 북하우스, 2009.
양은영 저, 《빅히스토리: 제국은 어떻게 나타나고 사라지는가?》, 와이스쿨 2015.
양정무 저, 《난생 처음 한번 공부하는 미술 이야기 1, 2》, 사회평론, 2016.
양정무 저, 《상인과 미술》, 사회평론, 2011.
에드워드 기번 저/윤수인, 김희용 공역, 《로마제국 쇠망사 1~6》, 민음사,

2008.
에르빈 파노프스키 저/김율 역, 《고딕건축과 스콜라철학》, 한길사, 2015.
에릭 홉스봄 저/김동택 역, 《제국의 시대》, 한길사, 1998,
에릭 홉스봄 저/정도역, 차명수 공역, 《혁명의 시대》, 한길사, 1998.
에릭 홉스봄 저/정도영 역, 《자본의 시대》, 한길사, 1998.
에이브러헴 애셔 저/김하은, 신상돈 역, 《처음 읽는 러시아 역사》, 아이비북스, 2013.
엔리케 두셀 저/박병규 역, 《1492년, 타자의 은폐》, 그린비, 2011.
오토 단 저/오인석 역, 《독일 국민과 민족주의의 역사》, 한울아카데미, 1996.
웨난 저/이익희 역, 《마왕퇴의 귀부인 1, 2》, 일빛, 2005.
유랴쿠 천황 외 저/고용환, 강용자 역, 《만엽집》, 지만지, 2009.
유세희 편, 《현대중국정치론》, 박영사, 2009.
유용태, 박진우, 박태균 공저, 《함께 읽는 동아시아 근현대사 1, 2》, 창비, 2011.
유인선 등저, 《사료로 보는 아시아사》, 종이비행기, 2014.
이강무 저, 《청소년을 위한 세계사. 서양편》, 두리미디어, 2009.
이경덕 저, 《함께 사는 세상을 보여주는 일본 신화》, 현문미디어, 2005.
이기영 저, 《고대에서 봉건사회로의 이행》, 사회평론, 2017.
이노우에 고이치 저/이경덕 역, 《살아남은 로마, 비잔틴 제국》, 다른세상, 2010.
이명현 저, 《빅히스토리: 세상은 어떻게 시작되었을까?》, 와이스쿨, 2013.
이병욱 저, 《한권으로 만나는 인도》, 너울북, 2013.
이영림, 주경철, 최갑수 공저, 《근대 유럽의 형성: 16~18세기》, 까치글방, 2011.
이영목 등저, 《검은, 그러나 어둡지 않은 아프리카》, 사회평론, 2014.
이옥순 등저, 《세계사 교과서 바로잡기》, 삼인, 2011.
이익선 저, 《만화 로마사 1, 2》, 알프레드, 2017.
이희수 저, 《이슬람의 모든 것》, 주니어김영사, 2009.
일본사학회 저, 《아틀라스 일본사》, 사계절, 2011.
임태승 저, 《중국 서예의 역사》, 미술문화, 2006.
임승희 저, 《유럽의 절대 군주는 어떻게 살았을까?》, 민음인, 2011.
임한순, 최윤영, 김길웅 공역, 《에다. 북유럽신화》, 서울대학교출판문화원, 2015.
임홍배, 송태수, 장병기 등저, 《독일 통일 20년》, 서울대학교출판문화원, 2011.
자닉 뒤랑 저/조성애 역, 《중세미술》, 생각의 나무, 2004.
장문석 저, 《근대정신은 어떻게 탄생했을까?》, 민음인, 2011.
장 콩비 저/노성기 외 역, 《세계교회사여행: 고대 · 중세 편》, 가톨릭출판사, 2013.
장진퀘이 저/남은숙 역, 《흉노제국 이야기》, 아이필드, 2010.
장 카르팡티에, 프랑수아 르브룅 편저/강민정, 나선희 공역, 《지중해의 역사》, 한길사, 2009.
재레드 다이어먼드 저/김진준 역, 《총, 균, 쇠》, 문학사상, 2013.
전국역사교사모임 저, 《살아있는 세계사 교과서 1, 2》, 휴머니스트, 2013.
전국역사교사모임 저, 《처음 읽는 미국사》, 휴머니스트, 2013.
전국역사교사모임 저, 《처음 읽는 인도사》, 휴머니스트, 2013.
전국역사교사모임 저, 《처음 읽는 일본사》, 휴머니스트, 2013.
전국역사교사모임 저, 《처음 읽는 중국사》, 휴머니스트, 2013.
전국역사교사모임 저, 《처음 읽는 터키사》, 휴머니스트, 2013.
전종한 등저, 《세계지리: 경계에서 권역을 보다》, 사회평론아카데미, 2017.
정기문 저, 《그리스도교의 탄생: 역사학의 눈으로 본 원시 그리스도교의 역사》, 길, 2016.
정기문 저, 《역사보다 재미있는 것은 없다》, 신서원, 2004.
정수일 편저, 《해상 실크로드 사전》, 창비, 2014.
정재서 저, 《이야기 동양신화 중국편》, 김영사, 2010.
정재훈 저, 《돌궐 유목제국사 552~745》, 사계절, 2016.
제니퍼 올드스톤무어 저/이연승 역, 《처음 만나는 도쿄》, SBI, 2009.
제임스 포사이스 저/정재겸 역, 《시베리아 원주민의 역사》, 솔, 2009
조관희, 《중국사 강의》, 궁리, 2011.
조길태 저, 《인도사》, 민음사, 2012.
조르주 루 저/김유기 역, 《메소포타미아의 역사 1, 2》, 한국문화사, 2013.
조성일 저, 《미국학교에서 가르치는 미국역사》, 소이연, 2014.
조셉 린치 저/심창섭 등역, 《중세교회사》, 솔로몬, 2005.
조셉 폰타나 저/김원중 역, 《거울에 비친 유럽》, 새물결, 2005.
조지프 니덤 저/김주식 역, 《조지프 니덤의 동양항해선박사》, 문현, 2016.
조지형 등저, 《지구화 시대의 새로운 세계사》, 혜안, 2008.
조지형 저, 《빅히스토리: 세계는 어떻게 연결되었을까?》, 와이스쿨, 2013.
조홍국 등저, 《제3세계의 역사와 문화》, 한국방송통신대학교출판부, 2012.
존 루이스 개디스 저/박건영 역, 《새로 쓰는 냉전의 역사》, 사회평론, 2003.
존 리더 저/남경태 역, 《아프리카 대륙의 일대기》, 휴머니스트, 2013.
존 맥닐, 윌리엄 맥닐 공저/ 유정희, 김우역 역, 《휴먼 웹. 세계화의 세계사》, 이산, 2010.
존 줄리어스 노리치 편/남경태 역, 《위대한 역사도시70》, 위즈덤하우스, 2010.
주경철 저, 《대항해시대: 해상 팽창과 근대 세계의 형성》, 서울대학교출판부, 2008.
주경철 저, 《히스토리아》, 산처럼, 2012.
주디스 코핀, 로버트 스테이시 등저/박상익 역, 《새로운 서양 문명의 역사. 상》, 소나무, 2014.
주디스 코핀, 로버트 스테이시 등저/손세호 역, 《새로운 서양 문명의 역사. 하》, 소나무, 2014.
중앙일보 중국연구소 외, 《공자는 귀신을 말하지 않았다》, 중앙북스, 2010.
지리교육연구회 지평 저, 《지리 교사들, 남미와 만나다》, 푸른길, 2011.
지오프리 파커 편/김성환 역, 《아틀라스 세계사》, 사계절, 2009.
찰스 스콰이어 저/나영균, 전수용 공역, 《켈트 신화와 전설》, 황소자리, 2009.
최재호 등저, 《한국이 보이는 세계사》, 창비, 2011.
최충희 등역, 《햐쿠닌잇슈의 작품세계》, 제이앤씨, 2011.
카렌 암스트롱 저/장병옥 역, 《이슬람》, 을유문화사, 2012.

콘수엘로 바렐라, 로베르토 마자라 등저/신윤경 역, 《크리스토퍼 콜럼버스》, 21세기북스, 2010.
콘스탄스 브리텐 부셔 저/강일휴 역, 《중세 프랑스의 귀족과 기사도》, 신서원, 2005.
크리스 브래지어 저/추선영 역, 《세계사, 누구를 위한 기록인가?》, 이후, 2007.
클린 존스 저/방문숙, 이호영 공역, 《사진과 그림으로 보는 케임브리지 프랑스사》, 시공아크로총서, 2001.
타밈 안사리 저/류한월 역, 《이슬람의 눈으로 본 세계사》, 뿌리와이파리, 2011.
타키투스 저/천병희 역, 《게르마니아》, 숲, 2012.
토마스 말로리 저/이현주 역, 《아서왕의 죽음 1, 2》, 나남, 2009.
파멜라 카일 크로슬리 저/강선주 역, 《글로벌 히스토리란 무엇인가》, 휴머니스트, 2010.
패트리샤 버클리 에브리 저/이동진, 윤미경 공역, 《사진과 그림으로 보는 케임브리지 중국사》, 시공아크로총서 2010.
퍼트리샤 리프 애너월트 저/한국복식학회 역, 《세계 복식 문화사》, 예담, 2009.
페리클레스, 뤼시아스, 이소크라테스, 데모스테네스 저/김헌, 장시은, 김기훈 역, 《그리스의 위대한 연설》, 민음사, 2012.
페르낭 브로델 저/강주헌 역, 《지중해의 기억》, 한길사, 2012.
페르낭 브로델 저/김홍식 역, 《물질문명과 자본주의 읽기》, 갈라파고스, 2014.
페르디난트 자입트 저/차용구 역, 《중세의 빛과 그림자》, 까치글방, 2002.
폴 콜리어 등저/강민수 역, 《제2차 세계대전》, 플래닛미디어, 2008.
프레드 차라 저/강경이 역, 《향신료의 지구사》, 휴머니스트, 2014.
플라노 드 카르피니, 윌리엄 루부룩 등저/김호동 역, 《몽골 제국 기행: 마르코 폴로의 선구자들》, 까치, 2015.
피터 심킨스 등저/강민수 역, 《제1차 세계대전》, 플래닛미디어 2008.
피터 안드레아스 저/정태영 역, 《밀수꾼의 나라 미국》, 글항아리, 2013.
피터 홉커크 저/정영목 역, 《그레이트 게임: 중앙아시아를 둘러싼 숨겨진 전쟁》, 사계절, 2014.
필립 M.H. 벨 저/황의방 역, 《12전환점으로 읽는 제2차 세계대전》, 까치, 2012.
하네다 마사시 저/이수열, 구지영 역, 《동인도회사와 아시아의 바다》, 선인, 2012.
하름 데 블레이 저/유나영 역, 《왜 지금 지리학인가》, 사회평론, 2015.
하야미 이타루 저/양승영 역, 《진화 고생물학》, 서울대학교출판문화원, 2012.
하우마즈 데쓰오 저/김성동 역, 《대영제국은 인도를 어떻게 통치하였는가》, 심산, 2004.
하인리히 뵐플린 저/안인희 역, 《르네상스의 미술》, 휴머니스트, 2002.
한국교부학연구회 저, 《교부학 인명·지명 용례집》, 분도출판사, 2008.
한종수 저, 굽시니스트 그림, 《2차 대전의 마이너리그》, 길찾기, 2015.
해양문화연구원 편집위원회 저, 《해양문화 02. 바다와 제국》, 해양문화, 2015.
허청웨이 편/남광철 등역, 《중국을 말한다》 1~9권, 신원문화사, 2008.
헤수스 알바레스 고메스 저/강운자 편역, 《수도생활: 역사 II》, 성바오로, 2002.
호르스트 푸어만 저/안인희 역, 《중세로의 초대》, 이마고, 2005.
홍익희 저, 《세 종교 이야기》, 행성B잎새, 2014.
황대현 저, 《서양 기독교 세계는 왜 분열되었을까?》, 민음인, 2011.
황패강 저, 《일본신화의 연구》, 지식산업사, 1996.
후지이 조지 등저/박진한, 이계황, 박수철 공역, 《쇼군 천황 국민》, 서해문집, 2012.

외국 도서

クリステル・ヨルゲンセン 等著/竹内喜, 德永優子 譯, 《戦闘技術の歴史 3: 近世編》, 創元社, 2012.
サイモン・アングリム 等著/天野淑子 譯, 《戦闘技術の歴史 1: 古代編》, 創元社, 2011.
じェフリー・リ・ガン, 《ウィジュアル版〈決戦〉の世界史》, 原書房, 2008.
ブライアン・レイヴァリ, 《航海の歴史》, 創元社, 2015.
マーティン・J・ドアティ, 《図説 中世ヨーロッパ 武器・防具・戦術百科》, 原書房, 2013.
マシュー・ベネット 等著/野下祥子 譯, 《戦闘技術の歴史 2: 中世編》, 創元社, 2014.
リュシアン・ルスロ 等著/辻元よしふみ, 辻元玲子 譯, 《華麗なるナポレオン軍の軍服》, マール社, 2014.
ロバート・B・ブルース 等著/野下祥子 譯, 《戦闘技術の歴史 4: ナポレオンの時代編》, 創元社, 2013.
菊地陽太, 《知識ゼロからの世界史入門1部 近現代史》, 幻冬舎, 2010.
気賀澤保規, 《絢爛たる世界帝国 隋唐時代》, 講談社, 2005.
金七紀男, 《図説 ブラジルの-歴史》, 河出書房新社, 2014.
木下康彦, 木村靖二, 吉田寅 編, 《詳説世界史研究 改訂版》, 山川出版社, 2013.
山内昌之, 《世界の歴史 20: 近代イスラームの挑戦》, 中央公論社, 1996.
山川ビジュアル版日本史図録編集委員会, 《山川 ビジュアル版日本史図録》, 山川出版社, 2014.
西ヶ谷恭弘 監修, 《衣食住になる日本人の歴史 1》, あすなろ書房, 2005.
西ヶ谷恭弘 監修, 《衣食住になる日本人の歴史 2》, あすなろ書房, 2007.
小池徹朗 編, 《新・歴史群像シリーズ 15: 大清帝國》, 学習研究社, 2008.
水野大樹, 《図解 古代兵器》, 新紀元社, 2012.
神野正史, 《世界史劇場イスラーム三国志》, ベレ出版, 2014.
神野正史, 《世界史劇場イスラーム世界の起源》, ベレ出版, 2013.
五十嵐武士, 福井憲彦, 《世界の歴史 21: アメリカとフランスの革命》, 中央公論社, 1998.
宇山卓栄, 《世界一おもしろい 世界史の授業》, KADOKAWA, 2014.
伊藤賀一, 《世界一おもしろい 日本史の授業》, 中経出版, 2012.
日下部公昭 等編, 《山川 詳説世界史図録》, 山川出版社, 2014.
井野瀬久美恵, 《興亡の世界史 16: 大英帝国という経験》, 講談社, 2007.
佐藤信 等編, 《詳説日本史研究 改訂版》, 山川出版社, 2013.
池上良太, 《図解 装飾品》, 新紀元社, 2012.

後藤武士,《読むだけですっきりわかる世界史　近代編》, 玉島社, 2011.
後藤武士,《読むだけですっきりわかる現代編》, 玉島社, 2013.
後河大貴 外,《戦国海賊伝》, 笠倉出版社, 2015.
Acquaro, Enrico: 《The Phoenicians: History and Treasures of An Ancient Civilization》, White Star, 2010.
Albert, Mechthild: 《Das französische Mittelalter》, Klett, 2005.
Bagley, Robert: 《Ancient Sichuan: Treasures from a Lost Civilization》, Princeton University Press, 2001.
Beck, B. Roger&Black, Linda: 《World History: Patterns of Interaction》, Holt McDougal, 2010.
Beck, Rainer(hrsg.): 《Das Mittelalter》, C.H.Beck, 1997.
Bernlochner, Ludwig(hrsg.): 《Geschichten und Geschehen》, Bd. 1-6. Klett, 2004.
Bonavia, Judy: 《The Silk Road》, Odyssey, 2008.
Borst, Otto: 《Alltagsleben im Mittelalter》, Insel, 1983.
Bosl, Karl: 《Bayerische Geschichte》, Ludwig, 1990.
Brown, Peter: 《Die Entstehung des christlichen Europa》, C.H.Beck, 1999.
Bumke, Joachim: 《Höfische Kultur》, Bd. 1-2. Dtv, 1986.
Celli, Nicoletta: 《Ancient Thailand: History and Treasures of An Ancient Civilization》, White Star, 2010.
Cornell, Jim&Tim: 《Atlas of the Roman World》, Checkmark Books, 1982.
Davidson, James West&Stoff, Michael B.: 《America: History of Our Nation》, Pearson Prentice Hall, 2006.
de Vries, Jan: 《Die Geistige Welt der Germanen》, WBG, 1964.
Dinzelbach, P. (hrsg.): 《Sachwörterbuch der Mediävistik》, Kröner, 1992.
Dominici, David: 《The Maya: History and Treasures of An Ancient Civilization》, VMB Publishers, 2010.
Duby, Georges: 《The Chivalrous Society》, translated by Cynthia Postan, University of California Press, 1980.
Eco, Umberto: 《Kunst und Schönheit im Mittelalter》, Dtv, 2000.
Ellis, G. Elisabeth&Esler, Anthony: 《World History Survey》, Prentice Hall, 2007.
Fromm, Hermann: 《Basiswissen Schule: Geschichte》, Duden, 2011.
Funcken, Liliane&Fred: 《Rüstungen und Kriegsgerät im Mittelalter》, Mosaik 1979.
Gibbon, Eduard: 《Die Germanen im Römischen Weltreich,》, Phaidon, 2002.
Goody, Jack: 《The development of the family and marriage in Europe》, Cambridge University Press, 1988.
Grant, Michael: 《Ancient History Atlas》, Macmillan, 1972.
Großbongardt, Anette&Klußmann, Uwe, 《Spiegel Geschichte 5/2013: Der Erste Weltkrieg》, Spiegel, 2013.
Heiber, Beatrice(hrsg.): 《Erlebte Antike》, Dtv 1996.
Hinckeldey, Ch.(hrsg.): 《Justiz in alter Zeit》, Mittelalterliches Kriminalmuseum, 1989

Holt McDougal: 《World History》, Holt McDougal, 2010.
Horst, Fuhrmann: 《Überall ist Mittelalter》, C.H.Beck, 2003.
Horst, Uwe(hrsg.): 《Lernbuch Geschichte: Mittelalter》, Klett, 2010.
Huschenbett, Dietrich&Margetts, John(hrsg.): 《Reisen und Welterfahrung in der deutschen Literatur des Mittelalters》, Würzburger Beiträge zur deutschen Philologie. Bd. VII, Königshausen&Neumann, 1991.
Karpeil, Frank&Krull, Kathleen: 《My World History》, Pearson Education, 2012.
Kircher, Bertram(hrsg.): 《König Aruts und die Tafelrunde》, Albatros, 2007.
Klußmann, Uwe&Mohr, Joachim: 《Spiegel Geschichte 5/2014: Die Weimarer Republik》, Spiegel 2014.
Klußmann, Uwe: 《Spiegel Geschichte 6/2016: Russland》, Spiegel 2016.
Kölzer, Theo&Schieffer, Rudolf(hrsg.): 《Von der Spätantike zum frühen Mittelalter: Kontinuitäten und Brüche, Konzeptionen und Befunde》, Jan Thorbecke, 2009.
Langosch, Karl: 《Profile des lateinischen Mittelalters》, WBG, 1965.
Lesky, Albin: 《Vom Eros der Hellenen》, Vandenhoeck&Ruprecht, 1976.
Levi, Peter: 《Atlas of the Greek World》, Checkmark Books, 1983.
Märtle, Claudia: 《Die 101 wichtgisten Fragen: Mittelalter》 C.H.Beck, 2013.
McGraw-Hill Education: 《World History: Journey Across Time》, McGraw-Hill Education, 2006.
Mohr, Joachim&Pieper, Dietmar: 《Spiegel Geschichte 6/2010: Die Wikinger》, Spiegel, 2010.
Murphey, Rhoads: 《Ottoman warfare, 1500-1700》, Rutgers University Press, 2001
Orsini, Carolina: 《The Incas: History and Treasures of An Ancient Civilization》, White Star, 2010.
Pieper, Dietmar&Mohr, Joachim: 《Spiegel Geschichte 3/2013: Das deutsche Kaiserreich》, Spiegel 2013.
Pieper, Dietmar&Saltzwedel, Johannes: 《Spiegel Geschichte 4/2011: Der Dreißigjährige Krieg》, Spiegel 2011.
Pieper, Dietmar&Saltzwedel, Johannes: 《Spiegel Geschichte 6/2012: Karl der Große》, Spiegel 2012.
Pötzl, Nobert F.&Traub, Rainer: 《Spiegel Geschichte 1/2013: Das Britische Empire》, Spiegel, 2013.
Pötzl, Nobert F.&Saltzwedel: 《Spiegel Geschichte 4/2012: Die Päpste》, Spiegel, 2012.
Prentice Hall: 《History of Our World》, Pearson/Prentice Hall, 2006.
Rizza, Alfredo: 《The Assyrians and the Babylonians: History and Treasures of An Ancient Civilization》White Star, 2007.
Rösener, Werner: 《Die Bauern in der europäischen

Geschichte》, C.H.Beck, 1993.
Schmidt-Wiegand: 《Deutsche Rechtsregeln und Rechtssprichwörter》, C.H.Beck, 2002.
Seibt, Ferdinand: 《Die Begründung Europas》, Fischer, 2004.
Seibt, Ferdinand: 《Glanz und Elend des Mittelalters》, Siedler, 1992.
Simek, Rudolf: 《Erde und Kosmos im Mittelalter》, Bechtermünz, 2000.
Speivogel, J. Jackson: 《Glecoe World History》, McGraw-Hill Education, 2004.
Talbert, Richard: 《Atlas of Classical History》, Routledge, 2002.
Tarling, Nicholas(ed.): 《The Cambridge of History of Southeast Asia》, Vol. 1-4. Cambridge University Press 1999.
Todd, Malcolm: 《Die Germanen》Theiss, 2003.
van Royen, René&van der Vegt, Sunnyva: 《Asterix – Die ganze Wahrheit》, übersetzt von Gudrun Penndorf, C.H.Beck, 2004.
Wehrli, Max: 《Geschichte der deutschen Literatur im Mittelalter》, Reclam, 1997.
Zimmermann, Martin: 《Allgemeine Bildung: Große Persönlichkeiten》, Arena, 2004.

논문

기민석, 〈고대 '의회'와 셈어 mlk〉, 《구약논단》 17, 한국구약학회, 2005, 140-160쪽.
김병준, 〈진한제국의 이민족 지배: 부도위 및 속국도위에 대한 재검토〉, 역사학보 제217집, 2013, 107-153쪽.
김인화, 〈아케메네스조 다리우스 1세의 왕권 이념 형성과 그 표상에 대한 분석〉, 서양고대사연구 38, 2014, 37-72쪽
남종국, 〈12~3세기 이자 대부를 둘러싼 논쟁: 자본주의의 서막인가?〉, 서양사연구 제52집, 2015, 5-38쪽.
박병규, 〈스페인어권 카리브 해의 인종 혼종성과 인종민주주의〉, 이베로아메리카 제8권, 제1호. 93-114쪽.
박병규, 〈카리브 해 지역의 문화담론과 문화모델에 관한 연구〉, 스페인어문학 제42호, 2007, 261-278쪽.
박수철, 〈직전정권의 '무가신격화'와 천황〉, 역사교육 제121집, 2012. 221-252쪽.
손태창, 〈신 아시리아 제국 후기에 있어 대 바빌로니아 정책과 그 문제점: 기원전 745-627〉, 서양고대사연구 38, 2014, 7-35
우석균, 〈《포풀 부》와 옥수수〉, 이베로아메리카연구 제8권, 1997, 65-89쪽.
유성환, 〈아마르나 시대 예술에 투영된 시간관〉, 인문과학논총, 제73권 4호, 2016, 403-472쪽.
유성환, 〈외국인에 대한 이집트인들의 두 시선: 고왕국 시대에서 신왕국 시대까지 창작된 이집트 문학작품 속의 외국과 외국인에 대한 묘사를 중심으로〉, 서양고대사연구 제34집, 2013, 33-77쪽.
윤은주, 〈18세기 초 프랑스의 재정위기와 로 체제〉, 프랑스사연구 제16호, 2007, 5-41쪽.
이근명, 〈왕안석 신법의 시행과 대간관〉, 중앙사론 제40집, 2014, 75-103쪽.
이삼현, 〈하무라비法典 小考〉, 《법학논총》 2, 국민대학교 법학연구소, 1990, 5-49쪽.
이은정, 〈'다종교, 다민족, 다문화'적인 오스만제국의 통치 전략〉, 역사학보 제217집, 2013, 155-184쪽.
이은정, 〈오스만제국 근대 개혁기 군주의 역할: 셀림3세에서 압뒬하미드 2세에 이르기까지〉, 역사학보 제 208집, 2010, 103-133쪽.
이종근, 〈고대 메소포타미아의 수메르 우르-남무 법의 도덕성에 관한 연구〉, 《법학연구》 32, 한국법학회, 2008, 1-21쪽.
이종근, 〈메소포타미아 법사상 연구: 받는 소(Goring Ox)를 중심으로〉, 《신학지평》 16, 안양대학교 신학연구소, 2003, 297-314쪽.
이종근, 〈생명 존중을 위한 메소포타미아 법들이 정의: 우르 남무와 리피트이쉬타르 법들을 중심으로〉, 《구약논단》 15, 한국구약학회, 2003, 261-297쪽.
이종득, 〈멕시코-테노츠티틀란의 성장 과정과 한계: 삼각동맹〉, 라틴아메리카연구 제23권, 3호. 111-160쪽.
이지은, 〈"인도 센서스"와 식민 지식의 구축: 19세기 인도 사회와 정립되지 않은 카스트〉, 역사문화연구 제59집, 2016, 165-196쪽.
정기문, 〈로마 제국 초기 디아스포라 유대인의 팽창원인〉, 전북사학 제48호, 2016, 279-302쪽.
정기문, 〈음식 문화를 통해서 본 세계사〉, 역사교육 제138집, 2016, 225-250쪽.
정재훈, 〈북아시아 유목 군주권의 이념적 기초: 건국 신화의 계통적 분석을 중심으로〉, 동양사학연구 제122집, 2013, 87-133쪽.
정재훈, 〈북아시아 유목민족의 이동과 정착〉, 동양사학연구 제103집, 2008, 87-116쪽.
정혜주, 〈태초에 빛이 있었다: 마야의 천지 창조 신화〉, 이베로아메리카 제7권 2호, 2005, 31-62쪽.
조주연, 〈미학과 역사가 미술사를 만났을 때〉, 《미학》 52, 한국미학회, 2007. 373-425쪽.
최재인, 〈미국 역사교육의 쟁점과 전망: 아프리카계 미국인 역사교육을 중심으로〉, 역사비평 제110호, 2015, 232-257쪽.

인터넷 사이트

네이버 지식백과: terms.naver.com
미국 자율학습 사이트: www.khanacademy.org
미국 필라델피아 독립기념관 역사교육 사이트: www.ushistory.org
영국 브리태니커 백과사전: www.britannica.com
영국 대영도서관 아시아, 아프리카 연구 사이트:
britishlibrary.typepad.co.uk/asian-and-african
영국 BBC방송 청소년 역사교육 사이트: www.bbc.co.ukschools/primaryhistory
독일 브록하우스 백과사전: www.brockhaus.de
독일 WDR방송 청소년 지식교양 사이트: www.planet-wissen.de
독일 역사박물관 www.dhm.de
독일 청소년 역사교육 사이트: www.kinderzeitmschine.de
독일 연방기록원 www.bundesarchiv.de
위키피디아: www.wikipedia.org

사진 제공

수록된 사진 중 일부는 노력에도 불구하고 저작권자를 확인하지 못하고 출간하였습니다. 확인되는 대로 최선을 다해 협의하겠습니다.
퍼블릭 도메인은 따로 표기하지 않았습니다.

표지
고대 이집트 네바문 무덤 부조 대영박물관

0교시
인류의 진화 Alamy/게티이미지코리아
오스트랄로피테쿠스 아파렌시스 게티이미지코리아
라에톨리의 발자국 Alamy/게티이미지코리아
호모 하빌리스 게티이미지코리아
호모 에렉투스 게티이미지코리아
전곡리 주먹도끼 서울대학교박물관
호모 사피엔스 게티이미지코리아
호모 사피엔스 사냥꾼 무리 The Bridgeman Art Library
라스코 동굴 벽화 Mary Evans Picture Library/윤익이미지
네안데르탈인 게티이미지코리아
네안데르탈인과 현대인 두개골 DrMikeBaxter

1교시
뉴욕 맨해튼 Alamy/게티이미지코리아
소머리 123RF
나르메르왕의 화장판(뒷면) 게티이미지코리아
수메르인 입상 Lessing Images/토픽이미지스
예리코 성벽 Alamy/게티이미지코리아
인더스 문명 인장 Alamy/게티이미지코리아
얼리터우 청동 잔 Prof. Gary Lee Todd
펑터우산 출토 쌀 Imagine China/연합뉴스
갑골 게티이미지코리아
알프스산맥의 빙하 게티이미지뱅크
이라크 남부 습지 게티이미지코리아
신석기 식량 획득 도구들 게티이미지코리아
파푸아뉴기니 원주민 사냥꾼 Alamy/게티이미지코리아
오이도 조개무지 뉴스뱅크
튀르키예 토기 Granger/윤익이미지
암사동 빗살무늬 토기 국립중앙박물관
중국 붉은 물병 게티이미지코리아
야생 밀과 재배 밀 게티이미지코리아, Dag Terje Filip Endresen
수단 물길 공사 게티이미지코리아
타실리 유적 벽화 게티이미지코리아
예리코 신석기 농경 마을 Alamy/게티이미지코리아
차탈휘위크 키벨레 게티이미지코리아

사슴 사냥 벽화 게티이미지코리아
전쟁에 나서는 바빌론왕 게티이미지코리아
제사를 지내는 왕 게티이미지코리아
청동 검 Alamy/게티이미지코리아
아부심벨 부조 게티이미지코리아
포로로 잡혀가는 사람들 Alamy/게티이미지코리아
메소포타미아 수로망 지도 The Schøyen Collection(Oslo and London)
유리 세공품 Jonathan Cardy
청금석 The Bridgeman Art Library
이집트 신성 문자 게티이미지코리아
미노스 선형 문자B Alamy/게티이미지코리아
재규어 영혼 숭배 Alamy/게티이미지코리아
부리야트족 샤먼 게티이미지코리아
독수리 토템 The Bridgeman Art Library
예리코 두상 Alamy/게티이미지코리아
로도스 도자기 Marie-Lan Nguyen
키르타르 국립 공원 야생 염소 Ardea/이미지코리아
양치기 개 보더콜리 John Cancalosi/Ardea/Mary Evans Picture Library/윤익이미지
논을 가는 소 북앤포토

2교시
무라트강 주변 EvgenyGenkin
사르곤왕 Lessing Images/토픽이미지스
함무라비 법전이 새겨진 비석(상단) 게티이미지코리아
아슈르바니팔왕의 사자 사냥 Carole Raddato
사마라 접시 Einsamer Schütze
엘람 물병 Zereshk
우르 아치 Agefotostock/토픽이미지스
바그다드 전경 USACE HQ/JIM GORDAN/CIV/USACE
이맘 알리 사원 연합뉴스
이라크 석유 공장 Alamy/게티이미지코리아
바그다드 서쪽 지방 농민들 Reuters
아르빌 전경 게티이미지코리아
이슬람 극단주의 무장 단체 IS 연합뉴스
쿠르드인 민병대 게티이미지코리아
우르크 아누 신전 게티이미지코리아
사마라 모신 조각상 PHGCOM
황소 등에 올라탄 사자 Lessing Images/토픽이미지스
티그리스강 수문 게티이미지코리아
우르 지구라트 Agefotostock/토픽이미지스
이난나 여신 Agefotostock/토픽이미지스

비너스 Alamy/게티이미지코리아
수메르인의 쟁기 겸 파종기 게티이미지코리아
수메르인 수레바퀴 부조 Akg Images/이미지코리아
쐐기 123RF
쐐기 문자 점토판 Akg Images/이미지클릭
나람신 승전비 The Bridgeman Art Library
우르의 황금 단검 Agefotostock/토픽이미지스
함무라비 법전이 새겨진 비석(전체) Louvre Museum
길가메시 부조 게티이미지코리아
길가메시 점토판 Akg Images/이미지클릭

3교시
나일강 삼각주 농부들 게티이미지코리아
알렉산드리아 등대 게티이미지코리아
카이로 전경 게티이미지코리아
기자의 3대 피라미드 게티이미지뱅크
룩소르 신전 람세스 2세 Savingfutures
아스완 댐 Orlova-tpe
헬리오폴리스 오벨리스크 Akg Images/이미지코리아
힉소스인 복원도 Alamy/게티이미지코리아
나일강 삼각주 수로 Alamy/게티이미지코리아
나세르호 게티이미지코리아
기자 피라미드와 관광객들 123RF
이집트 농촌의 가족 Alamy/게티이미지코리아
아부심벨 대양신 축제 Alamy/게티이미지코리아
사막 모래 폭풍 Alamy/게티이미지코리아
나일강변 Radius Images/윤익이미지
고대 이집트 항아리 Artachive/게티이미지코리아
농부 세네뎀과 그의 아내 The Bridgeman Art Library
나일강의 신 하피 The Bridgeman Art Library
파라오 Jeff Dahl
나르메르왕의 화장판(앞면) 게티이미지코리아
늪지대의 새 사냥 The Bridgeman Art Library
헤테페레스 1세의 황금 의자 The Bridgeman Art Library
미라 Lessing Images/토픽이미지스
카노푸스 Captmondo
난쟁이 세네브의 가족 The Bridgeman Art Library
조세르왕의 계단식 피라미드 Alamy/게티이미지코리아
토리노 파피루스 게티이미지코리아
이집트의 수학 교과서 Akg Images/게티이미지코리아
이집트 측량사 Lessing Images/토픽이미지스
이집트 신성 문자와 소리 대응표 Science Photo Library
로제타석 게티이미지코리아
세누스레트 2세의 피라미드 게티이미지코리아
몬투호테프 2세 The Bridgeman Art Library
시누헤 이야기가 새겨진 도자기 조각 The Bridgeman Art Library
영화 〈이집트인 시누헤〉 Album/게티이미지코리아
네페루프타 공주의 목 장식 The Bridgeman Art Library
세누스레트 3세의 목걸이 장식 Akg Images/게티이미지코리아

나일강가 파피루스 Alamy/게티이미지코리아
사자의 서 The Bridgeman Art Library
아부심벨 신전 입구 람세스 2세 조각상 북앤포토
아부심벨 신전과 나세르 호 북앤포토
카르나크 신전 전경 Agefotostock/토픽이미지스
룩소르 신전 전경 Alamy/게티이미지코리아
오페트 축제 상상도 Balage Balogh/Art Resource/NY/Scala/Florence
카프레왕의 스핑크스 게티이미지뱅크

4교시
펀자브 지역 홍수 AP Images
힌두쿠시산맥 Akbar Asif22
카이버 고개 Alamy/게티이미지코리아
신석기 시대 토기 EdgarLOwen.com
모헨조다로 사제 왕 게티이미지코리아
인장 The Bridgeman Art Library
로탈 유적 Bernard Gagnon
히말라야산맥 Shutterstock
데칸고원 Shutterstock
뉴델리 라지브 쵸크 게티이미지코리아
발리우드 영화 한 장면 게티이미지코리아
갠지스강의 사람들 123RF
다양한 종교의 아이들 Agefotostock/토픽이미지스
벵갈루루의 건물들 Prateek Karandikar
뉴델리 레스토랑 게티이미지코리아
카레와 난 북앤포토
향신료 게티이미지뱅크
인도 독립 기념식 Reuters
빔베트카 구석기 시대 동굴 벽화 Bernard Gagnon
구리 창끝 게티이미지코리아
기하학 문양 도기 게티이미지코리아
하라파 곡물 창고 터 J.M. Kenoyer/Harappa.com/Courtesy Dept. of Archaeology and Museums/Govt. of Pakistan
하라파 청동 수레 Akg Images/이미지클릭
모헨조다로 유적 Comrogues
개인 주택 목욕탕 자리 J.M. Kenoyer/Harappa.com/Courtesy Dept. of Archaeology and Museums/Govt. of Pakistan
모헨조다로의 춤추는 여인 청동상 The Bridgeman Art Library
모헨조다로 도시 복원도 게티이미지코리아
청금석 코끼리 The Bridgeman Art Library
황금잔 The Bridgeman Art Library
홍옥 123RF
금과 홍옥으로 만든 목걸이 The Bridgeman Art Library
상인들이 사용한 인장 The Bridgeman Art Library, 게티이미지코리아
갠지스강 상류 Peter McBride
하층민 소녀 게티이미지코리아
주사위 게티이미지코리아
피투 J.M. Kenoyer/Harappa.com/Courtesy Dept. of

Archaeology and Museums/Govt. of Pakistan
장기 게티이미지코리아
미로 찾기 Alamy/게티이미지코리아
강아지 인형 J.M. Kenoyer/Harappa.com/Courtesy Dept. of Archaeology and Museums/Govt. of Pakistan
장난감 수레 Sharri R. Clark and Laura J. Miller/Harappa.com/Courtesy Dept. of Archaeology and Museums/Govt. of Pakistan

5교시

황허강 게티이미지코리아
황허강 폭포 Leruswing
양사오 채도 Prof. Gary Lee Todd
호경 청동기 Imagine China/연합뉴스
싼싱두이 청동 두상 Bairuilong
츠산 도기 Prof. Gary Lee Todd
랴오허강 Imagine China/연합뉴스
창장강 Shutterstock
산둥 지역 백도 Mountain
허무두 흑도 Imagine China/연합뉴스
베이징 자금성 Shutterstock
베이징 거리 Shutterstock
베이징 야경 Shutterstock
상하이 황푸 지구 야경 게티이미지코리아
창족 처녀들 Cheng Nan
신장웨이우얼 자치구 어린이들 Colegota
양리웨이 연합뉴스
월병 123RF
중국 명절 Anthony Hartman from Meizhou, Chin
중국 거리 음식 AWL Images/이미지코리아
쓰촨 요리 Shutterstock
딤섬 Shutterstock
중국 황사 Imagine China/연합뉴스
나무 심기 행사 연합뉴스
조와 기장 북앤포토, Alamy/게티이미지코리아
황투고원 황허강 Istock Photo
보석이 박힌 청동 장식 Daderot
무더기로 발굴된 갑골 Chez Câsver
후모무정 Mlogic
동물 모양 청동기 게티이미지코리아
정교한 청동 제기 Brooklyn Museum
상나라 청동 전차 게티이미지코리아
상나라 청동 단검 Claire H.
부호의 무덤 Alamy/게티이미지코리아
부호 무덤 부장품들 G41rn8, Imagine China/연합뉴스
싼싱두이 유적 발굴 모습 Imagine China/연합뉴스
청동 인물상 Imagine China/연합뉴스
새 모양의 조각품 Imagine China/연합뉴스
청동 인물 입상 Imagine China/연합뉴스
주나라 청동기와 금문 Siyuwj, Wikipedia
강태공 Imagine China/연합뉴스
낚시하는 강태공 Imagine China/연합뉴스

6교시

안데스산맥 계곡 게티이미지뱅크
올메카 인두상 The Bridgeman Art Library
멕시코고원 Shutterstock
사포테카 문명 유골 용기 Madman2001
라벤타 유적 게티이미지코리아
모체 채색 토기 Agefotostock/토픽이미지스
재규어 신전 내부 돌기둥 Akg Images/게티이미지코리아
나스카 범고래 신 토기 Lyndsayruell
멕시코시티 게티이미지뱅크
전통 복장의 멕시코 남녀 Alamy/게티이미지코리아
타코 게티이미지뱅크
2016년 리우 올림픽 축구 경기 연합뉴스
믹스테카족 전통춤 Oaxaca Profundo
과달루페 성당 Akg Images/게티이미지코리아
매머드 게티이미지뱅크
매머드 뼈 가옥 복원 모형 Nandaro
야마 Alamy/게티이미지코리아
알파카 Acabashi
토종 옥수수 Alamy/게티이미지코리아
흙으로 빚은 아기 인형 The Bridgeman Art Library
물고기 모양 토기 Madman2001
라벤타 피라미드 게티이미지코리아
몬테 알반 Agefotostock/토픽이미지스
재규어 발 모양 세 발 접시 Wolfgang Sauber
옥으로 만든 박쥐 신상 De Agostini Picture Library/윤익이미지
장례용 유골 항아리 Daderot
차빈 데 완타르 신전 Martin St-Amant
차빈 금속 공예품 Lombards Museum
북 치는 사람 모양 물병 Hiart
나스카 지상화 – 벌새 Thinkstock
전사 모양 채색 토기 Alamy/게티이미지코리아
무릎 꿇은 여인 모양 채색 토기 The Bridgeman Art Library
모체 귀걸이 Bernard Gagnon
모체 태양 신전 유적 Martin St-Amant
페루 어업 게티이미지코리아
바예스타스섬 게티이미지뱅크
영국 남부 백마 지상화 Charles Walker/Topfoto.co.uk
나스카 지상화 – 소용돌이 게티이미지뱅크
나스카 지상화 – 외계인 게티이미지뱅크

연표

비파형 동검 국립중앙박물관
탁자식 고인돌 Hairwizard91
명도전 국립중앙박물관

퀴즈 정답

1교시

1 O, X, O, X
2 ③
3 ①
4 문자
5 ④
6 ③

2교시

1 메소포타미아
2 ③
3 X, O, X
4 지구라트
5 O, O, X
6 ①

3교시

1 ③
2 하이집트, 상이집트
3 파라오
4 X, O, O
5 ④
6 힉소스
7 ②

4교시

1 ①
2 ②
3 ③
4 ②
5 베다
6 O, X, O, X

5교시

1 황허강
2 O, X, O
3 ① 점, ② 갑골 문자
4 천명
5 ②
6 정전제

6교시

1 ④
2 ③
3 ③
4 사포테카
5 O, O, X
6 ①-㉠, ②-㉡, ③-㉢

일러두기

- 맞춤법과 띄어쓰기는 국립국어원에서 펴낸 《표준국어대사전》을 따랐습니다.
- 역사 용어와 띄어쓰기는 《교과서 편수자료》의 표기 원칙을 따랐습니다.
  단, 학계의 일반적인 표기와 다른 경우 감수자의 자문을 거쳐 학계의 표기를 따랐습니다.
- 중국의 지명은 현재까지 남아 있는 지명은 중국어 발음, 남아 있지 않은 지명은 한자음을 따랐습니다.
- 중국의 인명은 변법자강 운동을 기준으로 그 이전은 한자음, 그 이후는 중국어 발음을 따라하는 것을 원칙으로 했습니다.
- 일본의 지명과 인명은 일본어 발음을 따랐습니다.

- 이 책에 실린 사진은 북앤포토를 통해 저작권자로부터 사용허가를 받았습니다.
- 일부 사진은 wikipedia commons public domain에 게재되어 있습니다.
- 저작권자와 접촉이 되지 않는 등 불가피한 사정으로 사용 허가를 받지 못한 사진에 대해서는
  저작권자의 허락을 구하는 대로 게재 허락을 받고 사용료를 지불하겠습니다.
- 이 책에 실려 있는 지도와 그림의 저작권은 별도의 표기가 없는 한 (주)사회평론에 있습니다.

교양으로 읽는 용선생 세계사 ① 고대 문명의 탄생 — 4대 문명과 아메리카 고대 문명

전면 개정판 1쇄 발행	2025년 7월 23일
전면 개정판 2쇄 발행	2025년 10월 27일

글	이희건, 차윤석, 김선빈, 박병익, 김선혜
그림	이우일, 박기종
지도	김경진
구성	정지윤
자문 및 감수	김병준, 박병규, 성춘택, 유성환, 이지은
교과 과정 감수	박혜정, 한유라, 원지혜
어린이사업본부	은지영
편집	송용운, 김언진, 윤선아
마케팅	윤영채, 정하연, 안은지, 박찬수, 염승연
경영지원	나연희, 주광근, 오민정, 정민희, 김수아
디자인	이수경
본문디자인	박효영, d.purple
사진	북앤포토
영상 제작	(주)트립클립

펴낸이	윤철호
펴낸곳	(주)사회평론
전화	02-326-1182
팩스	02-326-1626
주소	03993 서울시 마포구 월드컵북로6길 56 사평빌딩
용선생 클래스	yongclass.com
출판등록	1993년 10월 6일 제 10-876호

ⓒ사회평론, 2017

ISBN 979-11-6273-360-8 73900

- 이 책 내용의 일부나 전부를 다시 사용하려면 저작권자와 사회평론의 동의를 받아야 합니다.
- 잘못 만들어진 책은 구입하신 곳에서 바꾸어 드립니다.

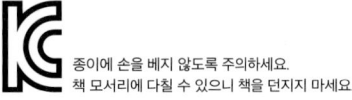
종이에 손을 베지 않도록 주의하세요.
책 모서리에 다칠 수 있으니 책을 던지지 마세요.

이 책을 만드는 데 강의, 자문, 감수하신 분

강영순(한국외국어대학교 강사)
아세아연합신학대학교 아세아학과를 졸업하고 한국외국어대학교 대학원 아시아학과에서 석사 학위를, 국립 인도네시아대학교에서 박사 학위를 받았습니다. 현재 한국외국어대학교 말레이·인도네시아어통번역 학과에서 강의를 하고 있습니다. 〈인도네시아 환경정치에 대한 연구: 열대림을 중심으로〉, 〈수까르노와 이승만: 제2차 세계 대전 후 건국 지도자 비교〉, 〈인도네시아 서 파푸아 특별자치제에 관한 연구〉 등의 논문을 지었습니다.

김광수(한국외국어대학교 HK교수)
한국외국어대학교를 졸업하고 남아프리카 공화국 노스-웨스트대학교 역사학과에서 석사·박사 학위를 받았습니다. 현재 한국외국어대학교 아프리카연구소 HK교수로 재직 중입니다. 지은 책으로 《스와힐리어 연구》, 《에티오피아 악숨 문명》 등이 있고, 함께 지은 책으로 《7인 7색 아프리카》, 《남아프리카사》 등이 있으며 《현대 아프리카의 이해》를 우리말로 옮겼습니다.

김병준(서울대학교 교수)
서울대학교 동양사학과를 졸업하고 같은 학교 대학원에서 석사·박사 학위를 받았습니다. 현재 서울대학교 역사학부 교수로 재직 중입니다. 《순간과 영원: 중국고대의 미술과 건축》, 《고사변 자서》 등을 우리말로 옮겼고, 《중국고대 지역문화와 군현지배》 등을 지었습니다. 함께 지은 책으로 《사료로 보는 아시아사》, 《역사학의 성과와 역사교육의 방향》, 《동아시아의 문화교류와 소통》 등이 있습니다.

남종국(이화여자대학교 교수)
서울대학교 서양사학과를 졸업하고 같은 학교 대학원에서 석사 학위를, 프랑스 파리1대학에서 박사 학위를 받았습니다. 현재 이화여대 사학과 교수로 재직하고 있습니다. 지은 책으로 《이탈리아 상인의 위대한 도전》, 《지중해 교역은 유럽을 어떻게 바꾸었을까?》, 《세계사 뛰어넘기》 등이 있으며 《프라토의 중세 상인》을 우리말로 옮겼습니다.

박병규(서울대학교 HK교수)
고려대학교 서어서문학과를 졸업하고 멕시코 국립대학(UNAM)에서 문학 박사 학위를 받았습니다. 현재는 서울대 라틴아메리카연구소 HK교수로 재직 중입니다. 《불의 기억》, 《파블로 네루다 자서전 - 사랑하고 노래하고 투쟁하다》, 《1492년, 타자의 은폐》 등을 우리 말로 옮겼습니다.

박상수(고려대학교 교수)
고려대학교 사학과를 졸업하고 같은 학교 대학원에서 석사학위와 박사과정 수료를, 프랑스 국립 사회과학고등연구원에서 박사 학위를 받았습니다. 현재 고려대학교 사학과 교수로 재직하고 있습니다. 지은 책으로 《중국혁명과 비밀결사》 등이 있고, 함께 지은 책으로는 《동아시아, 인식과 역사적 실재: 전시기(戰時期)에 대한 조명》 등이 있습니다. 《중국현대사 - 공산당, 국가, 사회의 격동》을 우리말로 옮겼습니다.

박수철(서울대학교 교수)
서울대학교 역사교육과를 졸업하고 같은 대학 대학원 동양사학과에서 석사를, 일본 교토대에서 박사 학위를 받았습니다. 현재는 서울대학교 역사학부 교수로 재직 중입니다. 지은 책으로는 《오다·도요토미 정권의 사사지배와 천황》이 있으며, 함께 지은 책으로는 《아틀라스 일본사》, 《사료로 보는 아시아사》, 《일본사의 변혁기를 본다》 등이 있습니다.

성춘택(경희대학교 교수)
서울대학교 고고미술사학과와 대학원에서 고고학을 전공했으며, 워싱턴대학교 인류학과에서 고고학으로 석사와 박사 학위를 받았습니다. 현재 경희대학교 사학과 교수로 재직 중입니다. 《석기고고학》이란 책을 쓰고, 《고고학사》, 《다윈 진화고고학》, 《인류학과 고고학》 등을 우리말로 옮겼습니다.

유성환(서울대학교 강사)
부산대학교 영문학과를 졸업하고 미국 브라운대학교에서 박사 학위를 받았습니다. 현재 서울대 아시아언어문명학부에서 강의를 하고 있습니다. 〈이히, 시스트럼 연주자 - 이히를 통해 본 어린이 신 패턴〉과 〈외국인에 대한 이집트인들의 두 시선〉 등의 논문을 지었습니다.

윤은주(국민대학교 강의 전담 교수)
서울대학교 서양사학과를 졸업하고 프랑스 사회과학고등연구원에서 박사 학위를 받았습니다. 현재 국민대학교 교양대학 강의 전담 교원으로 일하고 있습니다. 《넬슨 만델라 평전》을 우리말로 옮겼으며 《히스토리》의 4~5장과 유럽 국가들의 연표를 우리말로 옮겼습니다.

이근명(한국외국어대학교 교수)
서울대학교 동양사학과를 졸업하고 같은 학교 대학원에서 석사·박사 학위를 받았습니다. 현재 한국외국어대학교 사학과 교수로 재직하고 있습니다. 지은 책으로는 《남송 시대 복건 사회의 변화와 식량 수급》, 《아틀라스 중국사(공저)》, 《동북아 중세의 한족과 북방민족》 등이 있고, 《중국역사》, 《중국의 시험지옥 - 과거》, 《송사 외국전 역주》 등을 우리말로 옮겼습니다.

이은정(서울대학교 강사)
한국외국어대학교 터키어과를 졸업하고 터키 국립 앙카라 대학교 역사학과에서 석사 학위를, 서울대학교 서양사학과에서 박사 학위를 받았습니다. 현재는 서울대학교 등에서 강의를 하고 있습니다. 〈16-17세기 오스만 황실 여성의 사회적 위상과 공적 역할 - 오스만 황태후의 역할을 중심으로〉와 〈'다종교·다민족·다문화'적인 오스만 제국의 통치전략〉 등의 논문을 지었습니다.

이지은(한국외국어대학교 전임연구원)
이화여대 사학과를 졸업하고 한국외국어대학교와 인도 델리대학교, 네루대학교에서 석사·박사 학위를 받았습니다. 현재 한국외국어대학교 인도연구소 전임연구원으로 일하고 있습니다. 함께 지은 책으로는 《탈서구중심주의는 가능한가》가 있으며 〈인도 식민지 시기와 국가형성기 하층카스트 엘리트의 저항 담론 형성과 역사인식〉, 〈반서구중심주의에서 원리주의까지〉 등의 논문을 지었습니다.

정기문(군산대학교 교수)
서울대학교 역사교육과를 졸업하고 같은 학교 대학원에서 석사·박사 학위를 받았습니다. 현재 군산대학교 사학과 교수로 재직하고 있습니다. 지은 책으로는 《한국인을 위한 서양사》, 《내 딸을 위한 여성사》, 《역사란 무엇인가》 등이 있고, 《역사, 시민이 묻고 역사가가 답하고 저널리스트가 논하다》, 《고대 로마인의 생각과 힘》, 《지식의 재발견》 등을 우리말로 옮겼습니다.

정재훈(경상대학교 교수)
서울대학교 동양사학과를 졸업하고 같은 학교 대학원에서 석사·박사 학위를 받았습니다. 현재 경상대학교 사학과 교수로 재직 중입니다. 지은 책으로는 《돌궐 유목제국사》, 《위구르 유목 제국사(744~840)》 등이 있고 《유라시아 유목제국사》, 《사료로 보는 아시아사》 등을 우리말로 옮겼습니다.

최재인(서울대학교 강사)
서울대학교 서양사학과를 졸업하고 같은 학교 대학원에서 석사·박사 학위를 받았습니다. 현재 서울대학교 강사로 일하고 있습니다. 함께 지은 책으로 《서양여성들 근대를 달리다》, 《여성의 삶과 문화》, 《다민족 다인종 국가의 역사인식》, 《동서양 역사 속의 다문화적 전개양상》 등이 있고, 《가부장제와 자본주의》, 《유럽의 자본주의》, 《세계사 공부의 기초》 등을 우리말로 옮겼습니다.